»Ideen machen den Menschen zum Menschen. Mit ihnen verändern wir die Welt und uns selbst. Aber woher kommen unsere Ideen? Der schöpferische Verstand, der uns gegenüber allen Geschöpfen der Natur und gegenüber künstlichen Intelligenzen hervorhebt, gilt noch immer als die rätselhafteste Eigenschaft unseres Wesens. Man vermutet göttliche Eingebungen oder die unerklärlichen Geistesblitze auserwählter Genies am Werk. Nun aber zeigen Hirnforschung, Kognitionswissenschaft und neue archäologische Funde aus der fernen Vergangenheit, was uns einfallsreich macht: Ideen entstehen nicht in einzelnen Köpfen, sondern in unserem Zusammenleben. Kreativität lässt sich entfesseln.
Künftig werden wir unsere Ideen in einer Symbiose mit Maschinen entwickeln. In einer solchen Welt zählt Vorstellungskraft mehr als logisches Denken. Werden wir die Computer beherrschen oder sie uns? An der Zukunft der Intelligenz entscheidet sich die Zukunft unserer Art.«
Stefan Klein

»Einer der besten Sachbuchautoren, die wir haben.«
Hamburger Abendblatt

Stefan Klein, geboren 1965, ist einer der erfolgreichsten deutschsprachigen Wissenschaftsautoren. Er studierte Physik und analytische Philosophie in München, Grenoble und Freiburg und forschte über theoretische Biophysik. Er wurde Autor, weil er »die Menschen begeistern wollte für eine Wirklichkeit, die aufregender ist als jeder Krimi«. ›Die Glücksformel‹ (2002) stand über ein Jahr auf den Bestsellerlisten. Nach vielfach ausgezeichneten Büchern über Zeit, Träume und Künstliche Intelligenz erschienen zuletzt ›Das All und das Nichts‹ (2017) und ›Wie wir die Welt verändern. Eine kurze Geschichte des menschlichen Geistes‹ (2021). Stefan Klein lebt in Berlin.

Weitere Informationen finden Sie auf www.fischerverlage.de

Stefan Klein

WIE WIR DIE WELT VERÄNDERN

Eine kurze Geschichte des menschlichen Geistes

Mit Illustrationen von Stefanie Harjes

FISCHER Taschenbuch

Für Dora, Irene und Elias

MIX
Papier | Fördert gute Waldnutzung
FSC® C014496

Erschienen bei FISCHER Taschenbuch
Frankfurt am Main, Juli 2024

Satz: Dörlemann Satz, Lemförde
Druck und Bindung: GGP Media GmbH, Pößneck
ISBN 978-3-596-03574-8

INHALT

Einleitung Prometheus sind wir

Was heute unvorstellbar ist, kann morgen Wirklichkeit sein. Als Glanzleistungen menschlicher Schaffenskraft gelten gewöhnlich spektakuläre Werke – wie die Pyramiden oder der Eiffelturm, Mozarts Symphonien oder Leonardos »Mona Lisa«, Shakespeares Sonette oder Technikwunder vom Rang der Mondraketen. Aber das schöpferische Denken manifestiert sich ebenso und vielleicht noch eindrucksvoller in den kleinen, vermeintlich alltäglichen Dingen. Die Tatsache, dass wir uns an einem Wintertag unter eine heiße Dusche stellen können, ist kein geringerer Triumph des menschlichen Einfallsreichtums als die Entdeckung der Relativitätstheorie.

Jeder, der einmal versucht hat, ein Lagerfeuer zu entfachen, weiß, was für eine Herausforderung eine solch elementare Tätigkeit darstellen kann – erst recht, wenn das Holz feucht ist. Und dabei müssen wir heute nur Streichhölzer aus der Tasche ziehen, um eine Flamme zu entzünden. Unsere Vorfahren hatten es schwerer. Einfach Feuersteine gegeneinanderzuschlagen, wie es spielende Kinder tun, bringt nicht das kleinste Flämmchen zum Lodern.

Bevor unsere Ahnen ihr erstes Feuer entfachen konnten, bedurfte es vielmehr einer ganzen Reihe von höchst unwahrscheinlichen Ideen. Zudem mussten die frühen Menschen diese Einfälle miteinander verketten: Die Lösung lag darin, Feuerstein mit einem weicheren Mineral wie Katzengold und leicht brennbarem

Zunder zu paaren. Schlägt man mit dem Feuerstein in einem spitzen Winkel auf das Katzengold, erzeugt man durch Reibung glühende Späne. Gelingt es, diese Funken mit dem Zunder aufzufangen, entsteht ein kaum sichtbares Glutnest, dessen Wärme sich schließlich durch genau dosierte Atemstöße auf ein Bündel Gras übertragen lässt.

Der Zunder wurde gewöhnlich aus einem Baumpilz gewonnen, was wiederum erstaunliche Einfälle voraussetzt. So, wie man den harten Zunderschwamm von der Rinde eines sterbenden Baums ablöst, brennt er nämlich gar nicht. Wie erkannten unsere Vorfahren, dass sie das Hutfleisch, eine dünne Schicht unter der Pilzhaut, freilegen und weichklopfen mussten? Und woher kam die Einsicht, dass der Zunder leichter Feuer fängt, wenn man das Hutfleisch erst in einer Mischung aus Wasser und Asche auskocht und dann drei Wochen lang in Urin einlegt?

Mit diesem Wissen überlebten unsere Ahnen Winter, die viel kälter waren als heute. Das bezeugt der Mann, der vor 5300 Jahren das Tiroler Tisenjoch überquerte, auf dem Gletscher mit einem Pfeilschuss ermordet wurde und dessen tiefgefrorene Mumie heute als »Ötzi« im Bozener Landesmuseum ausgestellt ist.[1] In seiner Gürteltasche führte Ötzi eine schwarze Masse mit sich, die Forscher als bearbeitetes Hutfleisch eines Zunderpilzes identifizierten. In dem Zunder glitzerte Katzengoldstaub.

Unser Denken wurzelt tief in der Vergangenheit. Schon Ötzi griff auf die Erfahrung Zehntausender Generationen zurück. Mit Sicherheit die Neandertaler, höchstwahrscheinlich auch schon weit frühere Menschen schlugen mit Zunder und Katzengold Feuer.[2] Wir wissen nicht, wann genau es unseren ersten Vorfahren gelang, erstmals eine Flamme zu entzünden. Aber wir wissen, dass kein Ereignis die Geschichte der Menschheit auch nur annähernd so geprägt hat wie dieser Moment. Denn mit dem Feuer, das sie nun kontrollierten, veränderten die Menschen nicht nur die Welt, sondern zudem sich selbst. Indem sie ihre Nahrung kochten, machten sie deren Inhaltsstoffe besser verwertbar. Mehr Energie erlaubte das Wachstum immer größerer Gehirne, bis diese Dimensionen erreichten, die in der Natur einmalig waren.[3] Der Weg zu Computern und Raumfahrt begann am Kochtopf. Doch dass Menschen sich auf diesen Weg begeben konnten, verdankten sie ihrem Einfallsreichtum.

Erst unsere Ideen haben uns zu denen gemacht, die wir sind. Unsere Vorstellungskraft formt unser Wesen. Darin unterscheiden wir uns von jedem anderen Geschöpf der Natur. Über beeindruckende Technik verfügen zwar auch Tiere. Die Kunst, mit der zum Beispiel Termiten ihre gewaltigen, klimatisierten Bauten für Hunderttausende Artgenossen errichten, steht menschlichen Errungenschaften keineswegs nach. Die in der Luft schwebenden Architekturen von Fangnetzen, Wohnkammern, Baldachinen, Klebefäden, Signalschnüren und Brückenleinen, die Spinnen aus ihrer Seide weben, ringen jedem Ingenieur Bewunderung ab. Und die Jagdstrategien, mit denen manche Krokodile trotz ihrer winzigen Gehirne viel intelligentere, auch wendigere Vögel erlegen, erscheinen kaum minder raffiniert als die Kontrolle des Feuers.[4]

Aber Termiten wissen nicht, wie sie ihre Bauten erstellen, Spinnen ist unbekannt, wie man Netze aufspannt. Sie haben ihre Kunst weder selbst erfunden noch von anderen gelernt. Sie mussten es nicht, denn sie kamen als Baumeister auf die Welt. Die Pläne und die richtige Ausführung ihrer Konstruktionen sind in ihre Gene geschrieben. Auch Krokodile führen nur aus, was die Natur ihnen einprogrammiert hat.

Bei uns Menschen ist das ganz anders. Die Natur hat uns nicht beigebracht, Feuer zu schlagen. Jeder Städter, der ohne Feuerzeug und Daunenschlafsack in einer kalten Wildnis ausgesetzt wird, würde erfrieren. Selbst wenn es ihm gelänge, Feuersteine zu finden: Woher sollte er wissen, dass Funken aus Feuerstein niemals heiß genug werden, um einen Brand anzufachen? Dass er Späne von weicherem Katzengold abschlagen muss? Und wer würde denken, dass ein Pilz brennt?

Den unscheinbaren Termiten und Spinnen genügt ihr Instinkt, um sich Städte zu bauen und Luftschlösser zu weben. Der Mensch hingegen braucht eine Serie von Geistesblitzen, bevor er auch nur eine Flamme anstecken kann.

Woher kommen diese Einfälle? Die längste Zeit vermutete man, dass göttliche Kräfte dem Menschen seine Ideen eingeben. Und weil keine Erfindung so lebenspendend war wie die Zähmung des Feuers, erzählt jede Kultur ihren Mythos, nach dem ein höheres Wesen das Feuer auf die Erde gebracht hat. In der griechischen Sage muss Prometheus dafür büßen, dass er dem Göttervater Zeus die Flammen geraubt hat. Niemand konnte sich seinerzeit vorstellen, dass die Menschen aus eigener Geisteskraft Herrschaft über das Feuer erlangt hatten.

Heute sind wir weniger geneigt, übernatürliche Mächte für unsere Einfälle verantwortlich zu machen. Und doch wird das schöpferische Denken der Menschen noch immer als eines der größten Rätsel überhaupt angesehen. Gemeinsam mit dem Mysterium des Bewusstseins markiere es »den Rand unseres Wissens«, schreibt der Neurowissenschaftler Eric Kandel, der für die Entdeckung grundlegender Mechanismen des Lernens im Jahr 2000 den Nobelpreis erhielt.[5]

Das schöpferische Denken erscheint geheimnisvoll, weil es unberechenbar ist. Ideen gehen, oft zu unserem Leidwesen, ihre eigenen Wege. Wenn ein Problem neue Lösungen erfordert und wir um Einfälle ringen, wollen sie sich nicht einstellen, sosehr wir uns auch um sie bemühen – oder gerade deswegen? Dann aber überfallen sie uns, wenn wir am wenigsten mit ihnen rechnen: Während wir unter der Dusche stehen, mit dem Fahrrad auf einer vielbefahrenen Kreuzung abbiegen, manchmal sogar in einem Traum fängt der Verstand plötzlich an, Funken zu schlagen.

Wohl weil Menschen sie so lange göttlichen Mächten zuschrieben, hat die Fähigkeit, Ideen hervorzubringen und umzusetzen, erst seit 150 Jahren einen Namen. Genauso lange ist ungeklärt, was Kreativität – das Vermögen, Neues und Wertvolles zu schaffen – eigentlich ausmacht.

Handelt es sich um eine Gabe, die lediglich den größten Geistern der Menschheit, den Mozarts, Picassos und Einsteins zukommt? Die Verehrung von Genies erscheint nur zu verständlich: Unbestritten sind die letzten Takte der Jupitersymphonie ein Wunder, eröffneten die »Demoiselles d'Avignon« ein neues Kapitel der Malerei. Zweifellos fiel mit der Relativitätstheorie ein Schleier von unserem Bild des Universums. Menschen, die solche Werke schaffen, für Auserwählte zu halten, liegt aus demselben Grund nahe, aus dem Mythen das Feuer als göttliche Gabe beschreiben – man konnte sich die schöpferische Leistung nicht anders erklären.

Doch sowenig Prometheus eine historische Gestalt ist, so wirklichkeitsfremd ist der Geniekult. Jüngste Erkenntnisse der Hirnforschung zeigen, dass Kreativität kein besonderes Talent ist, mit dem einige Auserwählte beschenkt wurden und der sogenannte Durchschnittsmensch nicht. Die folgenden Seiten wollen Sie davon überzeugen, dass Kreativität zugleich grundlegender und viel interessanter ist: Schöpferisches Denken ergibt sich aus den elementaren Funktionen des Verstands, über die jeder Mensch verfügt.

Mehr noch: Welche Früchte unser Verstand trägt, hängt weniger von den persönlichen Anlagen ab als vielmehr davon, wie wir uns mit anderen Menschen austauschen können. Denn Kreativität entfaltet sich nicht so sehr im Kopf eines Einzelnen, sondern in der fruchtbaren Auseinandersetzung mit anderen Personen und ihren Gedanken. Und weil das so ist, lässt Kreativität sich entfesseln.

Nur nach einer romantischen Vorstellung schöpfen Genies große Ideen aus sich selbst. Das Gegenteil trifft zu: Jedes schöpferische Denken entspringt dem Zusammenspiel vieler Menschen. Ideen entwickeln sich als Antworten auf Fragen, die andere Individuen oder die Umwelt uns stellen. Ohne diese Anregungen von außen wäre die stärkste Vorstellungskraft machtlos. Um Antworten zu finden, benötigt der Verstand geistige Werkzeuge und geeignetes Material – so, wie selbst der beste Zimmermann ohne Holz und Säge keinen Dachstuhl richten kann. Diese geistigen Werkzeuge und das Material, aus denen die Vorstellungskraft neue Einfälle formt, nennt man Kultur.

In der Geschichte der Menschheit erlebte das Denken drei Revolutionen. Diese Zäsuren formten den menschlichen Geist. Mit den Werkzeugen und aus dem Material, die in diesen Zeiten des Umbruchs entstanden, bringen wir heute unsere Ideen hervor. Eine vierte Revolution erschüttert die Welt heute. Alle diese Umwälzungen gehen auf eine gemeinsame Ursache zurück: Die Menschen entwickelten einen neuen Umgang mit Information.

Die erste Revolution vollzog sich vor mehr als 3,3 Millionen Jahren, als unsere Vorfahren lernten, wie man Steine zu Klingen behaut. Diese Werkzeuge verliehen ihren Körpern übermenschliche Kräfte, so dass die frühen Menschen sich ein Stück weit aus der Natur lösten. Die Kapitel eins bis drei dieses Buchs erzählen davon, wie unsere Urahnen begannen, ihre Welt zu gestalten. Weil bereits sie darauf angewiesen waren, voneinander zu lernen, benötigten sie einen neuen Weg der Verständigung. Darum entstand wohl schon in dieser ersten Wendezeit die Sprache.

Im Zuge der zweiten Revolution entdeckte der Mensch das symbolische Denken. Wann und wie genau dieser Umbruch einsetzte, wissen wir nicht. Fest steht, dass unsere Ahnen sich vor mindestens 100 000 Jahren ein neues Verständnis der Welt aneigneten. Sie erkannten ihre Freiheit, den Dingen ihrer Umgebung eine Bedeutung zu geben. Plötzlich war eine Muschel nicht mehr nur der Überrest eines Meerestiers – sie konnte ein Schmuckstück sein, das seinem Besitzer Ansehen verlieh. Ein geschwungener Strich, mit einem verkohlten Ast auf eine Felswand gezogen, stand für den Rücken eines Tieres. Der farbige Abdruck einer Hand erinnerte an die Person, die ihn angebracht hatte. Zum ersten Mal speicherten Menschen Information außerhalb ihres Gehirns.

Symbole sind Werkzeuge für den Verstand. Wie wir in den Kapiteln vier bis sechs sehen werden, ermöglichten sie den Menschen das Zusammenleben in größeren Gruppen, später die Sesshaftwerdung. Aus einfachen Bildsymbolen entwickelten sich Zahlen und Schrift, die immer abstraktere Vorstellungen erlaubten. Durch den Gebrauch von Symbolen potenzierte der Mensch die Möglichkeiten seines Gehirns.

Die dritte Revolution entfesselte Information, sie führte die Menschheit in ein Zeitalter, in dem sich Gehirne auf der ganzen Welt miteinander vernetzten. Den Beginn der Massenkommunikation können wir bis auf ein paar Monate genau datieren: Um das Jahr 1450 nach Christus nahm der Goldschmied Johannes Gutenberg in Mainz ein neuartiges Gerät in Betrieb. Seine Druckerpresse mit beweglichen Lettern aus Zinn erlaubte es, Informationen schnell und massenhaft zu verbreiten. Innerhalb weniger Jahre strömten Millionen Blätter aus den Druckereien. Die Kapitel sieben bis neun untersuchen, wie Wissen zunehmend den Glauben als Orientierung ersetzte. Wissenschaft wurde eine Macht in der Welt, entfesselte die verborgenen Kräfte der Natur und verschaffte Milliarden Menschen einen nie gekannten Lebensstandard.

Die vierte Revolution wühlt uns derzeit auf. Menschen haben Maschinen geschaffen, die ihrem Verstand immer mehr Aufgaben abnehmen und selbständig lernen. In kürzester Zeit sind wir von unseren Computern abhängig geworden. Die Geschwindigkeit, mit der dieser Übergang sich vollzieht, hat viele Menschen überrascht, auch erschreckt. Die Kapitel zehn und elf analysieren das Dilemma, in dem wir stecken: Einerseits werden Maschinen auf immer mehr Gebieten unsere Intelligenz übertreffen und für uns Entscheidungen fällen. Andererseits werden wir mit Hilfe der sogenannten künstlichen Intelligenz unser eigenes Denken besser verstehen – und können es dadurch weiterentwickeln.

Der Aufstieg des Menschen stelle sich als »ein ständiges Wachsen und Erweitern der menschlichen Vorstellungskraft« dar, bemerkte der britische Mathematiker und Biologe Jacob Bronowski. Der Weg unserer Art zum Herrscher über die Erde war nicht so sehr ein Triumph der Intelligenz – sondern einer der Phantasie.

Die erstaunlichste Fähigkeit des menschlichen Geistes ist, dass er immer wieder sich selbst übertrifft. Aber jede Revolution, die ihn auf eine neue Stufe hob, brachte auch eine Krise mit sich, in der eine alte Ordnung zerbrach. So beschäftigen uns heute die Fragen, die der rasante Siegeszug von Computern, Internet und künstlicher Intelligenz aufwirft. Vielleicht hilft uns ein Blick auf die Geschichte des menschlichen Geistes, sinnvolle Antworten zu finden.

TEIL I *Das Erwachen*

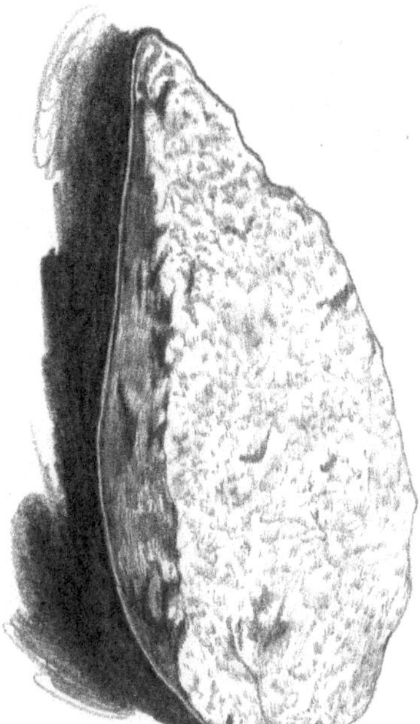

Steinwerkzeug aus Lomekwi,
3,3 Millionen Jahre vor unserer Zeit

1 Die Botschaft der Steine

Es ist umstritten, ob die menschliche Hand das menschliche Gehirn oder das Gehirn die Hand geschaffen hat. Sicherlich ist die Verbindung intim und wechselseitig.
ALFRED NORTH WHITEHEAD[1]

Wir würden eine Reise durch die Wüste nach Norden antreten, kündigte der Fahrer uns an, das genaue Ziel dürfe er uns nicht nennen. So fuhren wir durch die Dunkelheit, während jedes Schlagloch uns gegen die Wände des Landcruisers prallen ließ. Als die Sonne aufging, zeigte sich eine Landschaft von eigenartiger Schönheit. Links der Fahrbahn erstreckten sich endlose Schotterflächen, aus denen sich in der Ferne ein Gebirge erhob. Auf dem Geröll wuchsen ein paar Akazien, wir sahen eine Ziegenherde und ein Kamel. Im Übrigen schien die Gegend verlassen. Zu unserer Rechten aber schimmerte tiefblau und bis zum Horizont Wasser. Am Ufer wuchsen Palmen so üppig, dass ein Foto als Werbung für einen Karibikstrand hätte durchgehen können, nur die Nilkrokodile, die sich im Sand sonnten, störten. Dies war der Turkana-See, der größte Wüstensee der Welt, dessen Salzwasser auf 250 Kilometern Länge das weite Tal des afrikanischen Grabenbruchs füllt.

Gegen Mittag näherten wir uns der äthiopischen Grenze. Wir passierten ein paar aus Palmwedeln geflochtene Hütten, vor denen Menschen saßen, die es irgendwie schafften, in dieser Ödnis zu überleben. Dann bog der Fahrer plötzlich ab und steuerte, die Piste hinter uns lassend, in ein ausgetrocknetes Flussbett hinein. Über das Geröll und durch die Felsen dirigierte er den Geländewagen, bis wir schließlich auf einem Hügel ankamen, wo er uns auszusteigen bat. Das Panorama war überwältigend. Zu unseren Füßen lag ein natürliches Amphitheater, vom Wasser der Regenzeit aus dem roten und gelben Tuff gewaschen. In Richtung See zog sich das Flusstal, durch das wir gekommen waren. Die senkrechten Wände des Tals leuchteten in allen Erdfarben und trugen Gesteinssäulen, wie das Gemäuer einer Kathedrale.

Lange standen wir, der Fahrer, die Archäologin Sonia Harmand, ein Fotograf und ich selbst, auf dem Hügel, schauten in die Ferne und schwiegen. Dies sei der Ort, an dem sie die Entdeckung ihres Lebens gemacht habe, sagte endlich Harmand, eine zierliche Französin mittleren Alters. Sie deutete auf einen Haufen bräunlicher Steine vielleicht zwanzig Schritte vor uns. Hier, zu unseren Füßen liege das erste Zeichen vom Erwachen der Menschheit.

Am 9. Juli 2011 habe es sie zufällig hierherverschlagen, das Datum werde sie niemals vergessen. Mit ihrem Mann, Archäologe auch er, habe sie sich in der Wüste verirrt. Um sich zu orientieren, waren sie in der Mittagshitze auf den Hügel gestiegen, auf dem wir jetzt standen. Es war ihr fünfzehnter Sommer in dieser Wüste am Äquator, der man nachsagt, die heißeste Gegend der Erde zu sein, und in der 45 Grad im Schatten normal sind – wenn man denn Schatten findet. »Na und?«, fragte Harmand. Dies sei ihr Land.

Nach ihrem Abitur in Paris war sie nach Ostafrika gereist, angezogen von nichts weiter als einer Sehnsucht. Und dort angekommen habe sich tatsächlich eine unerklärliche und überwältigende

Vertrautheit mit diesem Kontinent eingestellt, der vor Millionen von Jahren die Menschheit hervorgebracht hat. In den Savannen des großen Grabenbruchs fühlte sich Sonia Harmand nicht in der Fremde, sondern heimgekommen an einen Ort, an dem sie schon einmal, lange Zeit vor ihrer Erinnerung, war. Da sei ihr klar gewesen, sie würde zurückkehren. Harmand studierte Archäologie in Paris, trat eine Professur in New York an und brach zu den Ufern des Turkana-Sees auf, wo so viele Hinterlassenschaften der frühesten Menschen und Vormenschen entdeckt worden waren wie nirgends sonst auf der Erde.

Als sich die Verirrten an diesem heißen Julitag verorteten, stellten sie überrascht fest, dass sie die Gegend schon mehrmals besucht hatten. Nur wenige hundert Meter entfernt war zehn Jahre zuvor ein rätselhaftes Fossil aufgetaucht – der vollständige Schädel eines Hominiden. Die Knochen waren 3,5 Millionen Jahre alt, stammten also aus einer Zeit, lange bevor *Homo sapiens* die Erde betrat. Jeder solche Fund ist sensationell, dieser Schädel aber sah noch dazu mehr als ungewöhnlich aus: Das Gesicht des Verstorbenen besaß keine tiefen Augenhöhlen, kein fliehendes Kinn, wie man sie sonst von Vormenschen kannte. Vielmehr wirkte es so flach und ebenmäßig, dass es auf einem Gruppenfoto in heutiger Gesellschaft kaum auffallen würde. Auch sonst erinnerte wenig an die bekannten Fossilien aus dieser Epoche. Nachdem die Paläontologin Louise Leakey den Schädel untersucht hatte, kam sie zu dem Schluss, dass der Tote Vertreter einer bislang unbekannten Art Mensch gewesen sein müsse, die sie *Kenyanthropus platyops*, »flachgesichtigen Keniamensch« nannte. Und ein Wort aus der Familie Leakey hat Gewicht. Louise ist die Enkelin des legendären Paares Louis und Mary Leakey, deren Fossilienfunden wir die Einsicht verdanken, dass der Mensch aus Afrika stammt. Als Kind war Louise dann zugegen, als ihre Eltern Richard und

Meave Leakey in den 1970er Jahren am Turkana-See die ältesten Knochen der Gattung *Homo* ausgruben.

Barg der unscheinbare Hügel im Ödland des Turkana-Sees noch ein Geheimnis? Harmand funkte ihre Helfer herbei. Zwei Dutzend Männer schwärmten aus. In Ketten einer neben dem anderen durchkämmten sie das Gelände, darauf geschult, mit überscharfen Augen die kleinsten Auffälligkeiten am Boden wahrzunehmen. Das Land an den Ufern des Turkana-Sees ist so trocken, dass kein Humus die Fossilien längst ausgestorbener Geschöpfe bedeckt; sobald ein kräftiger Guss in der Regenzeit eine Schicht Schotter wegwäscht, liegen die Überreste aus Jahrmillionen frei.

Noch am selben Nachmittag dieses 9. Juli 2011 meldete Sammy Lokorodi, ein Fossilienjäger aus dem Volk der Turkana, über Walkie-Talkie Erfolg. An einem Abhang hatte er gut faustgroße Basaltsteine mit ungewöhnlich scharfen Kanten entdeckt. Dies konnte unmöglich Naturbruch sein, jemand musste mit großer Kraft auf die Steine eingewirkt haben. Zu erkennen waren sogar die Schlagmale, wo dieser Jemand immer wieder angesetzt hatte, um die Steine zu spalten und Schneidkanten herauszubrechen.

Die Forscher markierten die Fundstelle mit farbigen Fähnchen, blau für einen behauenen Stein, gelb für Fossilien. Nach einer halben Stunde steckten 50 Fähnchen im Boden auf einer Fläche so groß wie ein Zimmer.

Harmand ließ graben. Anhand der Lage der Gesteinsschichten konnte sie das Alter der Funde datieren. Die Steinwerkzeuge waren fast eine Million Jahre älter als alle bis dahin bekannten Artefakte von Menschen oder auch Tieren. Sie entstanden vor mindestens 3,3 Millionen Jahren, zu einer Zeit, als *Kenyathropus platyops*, das Flachgesicht, noch auf der Erde weilte. Harmand hielt den Ort ihrer Entdeckung geheim. Kein Plünderer und kein Konkurrent sollte sich der Lagerstätte bemächtigen können, weshalb auch wir nicht erfahren durften, wo genau wir eigentlich waren. Der Weiler aus Palmwedelhütten, den wir passiert hatten, heiße Lomekwi, sagte Harmand. Mehr wollte sie nicht preisgeben.

Ihre Männer gruben vier Sommer lang, denn das Sediment war hart wie Zement und musste vorsichtig aufgebrochen werden. Schließlich hatten die Archäologen fast 150 bearbeitete Steine beisammen. Spektakulärer noch als die Schneidgeräte waren Fundstücke, die als Spitzhämmer und Ambosse zur Herstellung der Klingen gedient haben mussten. Die größten Werkzeuge wogen 15 Kilo, und viele steckten so tief im Boden, dass sie unmöglich später an diese Stelle geraten sein konnten. Zweifellos hatte hier nicht bloß ein einzelner Handwerker Steine behauen: Dies waren die Überreste einer Industrie, so nennen Paläontologen eine Tradition der Werkzeugherstellung. Und die Industrie musste sehr lange in Betrieb gewesen sein, wie die vielen Artefakte in mehreren Geröllschichten verrieten. Jahrhunderte-, wenn nicht jahrtausendelang hatte Generation um Generation intelligenter Wesen hier Werkzeuge hergestellt. An diesem Hügel vor unseren Augen hatten menschenähnliche Wesen voneinander gelernt, Ideen entwickelt und weitergegeben. Die Schöpfer der Klingen, wer immer sie waren, hatten eine Kultur.

Als Harmand endlich im Jahr 2015, kurz vor meinem Besuch, in einer Fachzeitschrift über ihre Grabungen berichtete, feierten die Kollegen ihre Entdeckung als »die wichtigste der letzten 50 Jahre«. Die Funde von Lomekwi sind das Zeugnis der ältesten bekannten Kultur überhaupt, ein Schlüssel, um das Erwachen der Menschheit zu verstehen. Sie erzählen vom Aufstieg einer neuen Macht auf der Erde – einer Spezies, die mit ihrer Intelligenz ihr eigenes Schicksal zu lenken und die Welt nach ihren Vorstellungen zu verändern begann. Ideen, nicht mehr allein die Natur, bestimmten fortan das Geschehen auf dem Planeten. Und die Steine von Lomekwi geben auch Aufschluss darüber, was diese schöpferische Intelligenz auszeichnet und wie sie entstand.

Bis zu Harmands Funden vermutete man, schöpferisches Denken erfordere ein großes Gehirn. Man erzählte die Geschichte ungefähr so: Als *Homo*, dem Vorfahren des modernen Menschen, durch einen Klimawandel vor gut zwei Millionen Jahren die Nahrung knapp wurde, wurde er kreativ. Er nutzte seine damals schon überragende Intelligenz, um Werkzeuge herzustellen, mit denen er neue Nahrungsquellen erschloss. Aus Steinen machte er Waffen und Messer, um Fleisch zu zerteilen. So verwandelte *Homo*, ein von Natur aus schwächliches Geschöpf, sich in einen Jäger, der es mit den größten Tieren der Savanne aufnehmen konnte. Das Fleisch wiederum bot ihm so hochwertige Nahrung, dass *Homo* es sich leisten konnte, ein noch größeres Gehirn zu versorgen. Und je intelligenter er wurde, umso effizienter konnte er jagen: *Homo* wurde zum erfolgreichsten Raubtier auf dem Planeten, der Beherrscher der Welt. Und irgendwann, viel später, begann er zu sprechen.

Aber so kann die Geschichte unmöglich stimmen. Erstens ging die Industrie von Lomekwi schon lange vor jenem Klimawandel in Betrieb. Mindestens eine halbe Million Jahre bevor die globale Erwärmung den Urwald verdorren ließ und die afrikanische Savanne entstand, wurden hier schon Steine zu Werkzeugen behauen.[2] Zweitens waren die Werkzeuge, die Sonia Harmand und ihre Helfer entdeckten, weder Fleischmesser noch Waffen. Nirgends im Gelände waren Tierknochen mit Schneidkerben zu finden. Und die Spuren auf den Klingen selbst deuten darauf hin, dass damit Pflanzen bearbeitet wurden. Die Geräte dienten offenbar dazu, Nüsse zu knacken, Wurzelknollen zu teilen oder Insekten aus Baumstämmen zu lösen. Und drittens besaßen die Schöpfer der Artefakte kein großes Gehirn. Das Flachgesicht *Kenyanthropus platyops* verfügte, seinem modernen Aussehen zum Trotz, gerade einmal über ein Drittel des Schädelvolumens heutiger Menschen. Zwar existierten vor drei Millionen Jahren auch andere Arten von Menschen. Aber keines dieser Geschöpfe hatte ein Gehirn größer als das eines modernen Schimpansen. Und doch waren sie sichtlich dazu imstande, ihre Ideen Wirklichkeit werden zu lassen.

Was also, wenn nicht ein großes Gehirn, beflügelte ihre Vorstellungskraft? Auf den Fähigkeiten, die sich in unseren Vorfahren entwickelten, beruht unser schöpferisches Denken bis heute. Um unsere Kreativität zu verstehen, müssen wir also den Hintergrund kennen, vor dem sich die erste Revolution des menschlichen Denkens vollzog.

Intelligenz kam nicht erst mit dem *Homo sapiens* auf die Welt. Als Paläontologen in der ersten Hälfte des vorigen Jahrhunderts zum ersten Mal auf Fossilien von Hominiden, menschenartigen Wesen, stießen, die älter als eine Million Jahre waren und kleine Gehirne besaßen, verwischte sich die bis dahin scharfe Grenze zwischen Mensch und Tier. Man versuchte sie neu zu definieren, indem man erklärte, Menschen zeichneten sich durch ihre Gabe aus, Werkzeuge zu benutzen. Um diese Behauptung zu prüfen, beauftragte der Fossilienjäger Louis Leakey eine junge Frau, die keine andere Qualifikation vorweisen konnte, als dass sie wilde Tiere beobachten wollte, in den Urwald zu gehen und genau das zu tun. Jane Goodall erwies sich als überragende Verhaltensforscherin. Schon 1964 filmte sie in Tansania, wie Schimpansen Stöcke einsetzen, um Termiten zu jagen. Als sie Leakey aufgeregt von ihrer Entdeckung telegraphierte, antwortete dieser: »Wir müssen jetzt neu festlegen, was ein Mensch ist ... oder Schimpansen als Menschen akzeptieren.«

Heute sind viele Beispiele für den Werkzeuggebrauch bei Tieren bekannt. Gorillas verwenden Stöcke als Krücken, wenn sie Flüsse durchqueren; Orang-Utans gebrauchen Blätter als Handschuhe bei der Suche nach Früchten in Dornengestrüpp; Kapuzineraffen graben mit flachen Steinen nach essbaren Wurzeln. Elefanten klemmen sich belaubte Zweige in den Rüssel und vertreiben so Fliegen. Delfine stülpen sich Schwämme über die Schnauze, um sich beim Stöbern auf steinigem Grund vor Verletzungen zu schützen. Und selbst weniger hoch entwickelte Tiere behelfen sich mit Instrumenten: Krokodile balancieren Zweige auf der Schnauze, um Vögel zu schnappen, die nach Nistmaterial suchen; Oktopusse legen sich Muschelschalen als Verstecke zurecht.[3]

Eine der schönsten Beobachtungen dieser Art stammt ebenfalls von Jane Goodall. Sie beschreibt den rasanten Aufstieg eines jungen Schimpansen, den sie Mike nannte, zum Anführer der Horde. Bemerkenswert erschien Mikes Karriere, weil normalerweise viel ältere Männchen die Alpha-Rolle einnehmen. Noch erstaunlicher war, wie Mike seinen Weg gemacht hatte – er errang seine Position ohne einen einzigen Kampf, sondern dank eines brillanten Einfalls: Mike hatte zwei leere Benzinkanister entdeckt, sich ihrer bemächtigt und gelernt, die Blechbehälter mit solchem Karacho gegeneinanderzuschlagen, dass jeder Gegner Reißaus nahm.[4]

Kreativität nennt man die Fähigkeit, neue, überraschende und wertvolle Lösungen zu finden. Jedes einzelne der gerade genannten Verhalten entspricht dieser weithin anerkannten Definition: Kreativität ist kein Alleinstellungsmerkmal von Menschen. Auch

Tiere sind kreativ. Und dabei müssen sie nicht einmal über ein im Verhältnis zu ihrem Körper großes Gehirn verfügen.[5] All das legt nahe, dass Kreativität entstanden sein muss, lange bevor die Evolution den Menschen hervorgebracht hat. Tatsächlich werden wir in Kapitel fünf erkennen, wie tief schöpferisches Denken in jeder Tätigkeit unseres Verstandes verankert ist.

Als die Vorläufer des *Homo sapiens* vor mehr als drei Millionen Jahren die ersten Steinwerkzeuge herstellten, war schöpferische Intelligenz also schon lange nichts Neues mehr. Aber die Handwerker von Lomekwi leisteten etwas, wozu die wenigsten Tiere imstande sind. Wenn Kapuzineraffen Wurzeln, Elefanten Zweige, Oktopusse Muscheln als Werkzeug gebrauchen, verwenden sie die Dinge nur so, wie sie diese zufällig finden. Sie verwandeln sie nicht. Sich aber ein Werkzeug herzustellen, das man später für einen bestimmten Zweck einsetzt, erfordert sehr viel mehr Einsicht, Planung und Vorstellungskraft. Erst nach vielen Arbeitsgängen ist aus einem rohen Stein eine Klinge geformt. Jeder einzelne Schritt verlangt eine präzise Idee von dem, was noch nicht ist, aber sein soll.

Nur Menschenaffen und einige Vögel bringen die zur Werkzeugherstellung nötigen geistigen Voraussetzungen mit. Kaledonische Gelbschnabelkrähen, die als die intelligentesten Vögel überhaupt gelten, biegen sich Zweige und Palmenblätter zu Haken, mit denen sie dann Larven und ausgewachsene Insekten aus Baumritzen angeln; auf diese Weise decken diese Krähen einen Großteil ihres Nahrungsbedarfs.[6]

Schimpansen wurden in Ostafrika dabei beobachtet, wie sie Stöcke mit ihren Zähnen zuspitzten. Und in Westafrika fertigen die Menschenaffen regelrechte Waffen. Aus der Savanne von Fongoli im südöstlichen Senegal, aber nur dorther, wurden folgende Szenen berichtet: Die Schimpansen brechen junge Zweige von

Bäumen, befreien sie von allem Bewuchs und spitzen die Enden mit ihren Zähnen an. Mit den so entstandenen Spießen jagen sie Buschbabys, kleine Feuchtnasenaffen, die sich in Baumhöhlen verstecken. Interessanterweise scheint die Jagd mit Waffen im Senegal Frauensache zu sein. Weit mehr weibliche als männliche Schimpansen führen die Lanzen.[7] Vielleicht haben unsere Vorfahren so ähnlich gejagt.

Und doch haben es nur Menschen so weit gebracht, Gene zu entschlüsseln, Symphonien zu komponieren und ihre Zeit in Videokonferenzen zu verbringen. Warum beherrschen heute wir die Erde, nicht ein anderer Vertreter der Menschenaffen oder die Krähen? Was also ist das Eigentümliche am menschlichen Geist?

Um dieses Rätsel zu lösen, müssen wir noch einmal zurück an die Anfänge gehen. Die Industrie von Lomekwi nährt einen Verdacht: Vielleicht erfordert es mehr als schöpferische Intelligenz, um aus seinen Einfällen nachhaltig Nutzen zu ziehen. Und vielleicht hat dieses »mehr« unseren Ahnen den entscheidenden Startvorteil verschafft.

Einen Zweig in einen Speer oder auch einen Krummhaken zu verwandeln, ist zwar eine beachtliche geistige Leistung, doch ist die Sache in wenigen Minuten erledigt. Für solch einfache Holzarbeiten benötigt man weder besondere Anleitung noch Übung: Man findet durch Versuch und Irrtum heraus, wie es geht.

Wie viel schwieriger es dagegen ist, aus einem harten Stein eine Klinge zu fertigen, weiß ich aus eigener Erfahrung. Nachdem wir von den Fundstätten bei Lomekwi in das Camp der Forscher zurückgekehrt waren, drückte Sonia Harmand einer Gruppe von Studenten und mir Basaltbrocken in die Hand. Dann bat sie uns, daraus ein paar der angeblich so primitiven ersten Werkzeuge herzustellen. Sie führte uns einmal vor, wie es funktioniert, und ließ uns mit unserer Aufgabe allein. Wir klopften einen ganzen Nachmittag lang. Die Steine spalteten sich, aber nie so, wie sie sollten. Wir versuchten, unsere Werkstücke hochkant zu stellen und quer, überlegten, ob wir mit einer Wurftechnik größere Wucht auf sie ausüben könnten oder ob wir Hammer und Amboss vertauschen sollten. Nichts half. Alles, was uns gelang, waren ein paar jämmerliche Splitter, die nicht einmal als Buttermesser hätten durchgehen können. Selten habe ich so viel Respekt vor den Fähigkeiten meiner Vorfahren empfunden.

Zum Trost ließ Harmand uns am Abend wissen, dass die meisten Menschen wochenlang üben müssen, bis sie die Technik beherrschen. Zwischen 150 und 300 Trainingsstunden quälen sich Studenten der Archäologie, bevor ihnen die Herstellung eines ansehnlichen Werkzeugs gelingt – Hunderte Stunden, in denen sie alle erdenklichen Irrwege gehen, bis sie endlich den nötigen Erfahrungsschatz aufgebaut haben.[8]

Mit solchen Basaltbrocken sei sie in den Zoo gefahren, erzählte Harmand. Dort setzte sie sich ins Affenhaus und zeigte den Tieren, wie man scharfkantige Abschläge erzeugt – so, wie sie es auch uns vorgeführt hatte. Sie demonstrierte den Menschenaffen auch, was man alles mit einem Messer anstellen kann.

Die Schimpansen beobachteten sie höchst interessiert und fingen sofort selbst an, Steine gegeneinanderzuschlagen. Es mangelte ihnen keineswegs an Geschicklichkeit, das war zu erwarten. Selbst die kleinen Kapuzineraffen im Nordosten Brasiliens hämmern so erfolgreich auf allerdings weicheren Steinen herum, dass dabei scharfe Kanten abbrechen.[9] Aber statt damit etwas zu schneiden, lecken diese Äffchen nur an den Trümmern, denn der Gesteinsstaub enthält nahrhafte Mineralien. Viele große Entdeckungen gehen auf eine Wirkung des Zufalls zurück; aber man muss imstande sein, den Wert seiner Früchte zu sehen. So klug sind Kapuzineraffen nicht.

Die Schimpansen dagegen begriffen die Vorteile eines Messers sehr schnell. Sie sprühten geradezu vor Ideen. Als ihre ersten Versuche scheiterten, erprobten sie immer wieder neue Schlagtechniken. Aber es ging den Affen nicht besser als mir: Entweder klopften sie zu schwach oder zu heftig, oder sie hielten ihre Werkstücke nicht im richtigen Winkel, jedenfalls trafen die Basaltsteine nie so aufeinander, dass Bruchstücke mit scharfen Kanten entstanden. Und dann gaben die Tiere auf, verloren ihr Interesse an der Messerfabrikation und wandten sich einer anderen Beschäftigung zu.

Wäre Kreativität bloß eine Frage von Einsicht und Einfallsreichtum, hätten Menschenaffen Messer herstellen können, lange bevor unsere Ahnen es taten. Möglicherweise würden dann sie heute uns in ihren Zoologischen Gärten bestaunen. Aber nur der Mythos behauptet, dass sich Kreativität einzig einem spontanen Geistesblitz verdankt. Selbst wenn es nur darum geht, einen Stein in ein Schneidwerkzeug zu verwandeln:

Schöpferisches Denken verlangt mehr als Ideen. Es setzt Praxis und die Bereitschaft voraus, immer wieder Rückschläge einzustecken und trotz unsicherer Belohnung weiter sein Ziel zu verfolgen.[10] Jeder, der eine komplexe schöpferische Leistung vollbringt, begibt sich für längere Zeit auf unbekanntes Terrain. An zu wenig Selbstkontrolle und langfristiger Planung, nicht an mangelnder Intelligenz, waren die Schimpansen gescheitert. Und daran, wenn wir ehrlich sind, scheitern allzu häufig auch wir.

In einem faszinierenden Experiment filmten Forscher Szenen, wie sie sich vermutlich unter den frühen Menschen vor mehr als drei Millionen Jahren zugetragen haben. Die Versuchspersonen –

Zwergschimpansen – kamen unseren fernen Vorfahren so nahe, wie ein Lebewesen heute ihnen überhaupt ähnlich sein kann: Bonobos verfügen über Gehirne, die so groß und so aufgebaut sind, wie es wohl jene der Handwerker waren, die das Geröll am Turkana-See bearbeiteten. Auch in Körperbau und Größe unterscheiden sie sich kaum. Das Genom von Zwergschimpansen gleicht dem menschlichen bis auf einen Anteil von nur 0,3 Prozent.[11]

Die beiden Bonobos des Experiments waren besondere Tiere: Kanzi und seine Halbschwester Panbisha lebten von Geburt an in amerikanischen Forschungsinstituten, zuletzt im Bundesstaat Iowa. Die Primatologin Susan Savage-Rumbaugh hat die Geschwister ihr Leben lang begleitet und auf einmalige Weise gefördert. So gelangte Kanzi zu Ruhm als der »sprechende Affe«. Über eine Computertastatur mit Symbolen kann der mittlerweile Vierzigjährige seine Wünsche, Gefühle und Gedanken mitteilen; Kanzis Wortschatz umfasst ungefähr 500 Begriffe. Er versteht auch gesprochenes Englisch. Die im Jahr 2012 verstorbene Panbisha beherrschte einen noch größeren Wortschatz.

Im Jahr 1990 begannen Wissenschaftler, den beiden Bonobos beizubringen, wie man Steine behaut.[12] Kanzi, damals neun Jahre alt, brauchte einige Wochen, regelmäßige Anleitung, Belohnung und viel gutes Zureden, bis ihm tatsächlich ein paar kleine Abschläge gelangen, mit denen er ein Seil durchschneiden konnte, das eine Schachtel mit Leckereien verschloss. Von seinen Erfolgen ermutigt und immer wieder mit Delikatessen belohnt, übte er weiter. Und so sahen die Forscher im Affenhaus, was sich vor mehr als drei Millionen Jahren in den Hügeln von Lomekwi abgespielt haben mag, als Vormenschen die Herstellung von Werkzeugen erlernten. Nach ein paar Monaten entdeckte Kanzi eine neue Technik: Wenn er die Steine aus Überkopfhöhe auf den Fliesenboden seiner Unterkunft schmetterte, entstanden bei dem Aufprall mehr brauchbare Splitter als durch das mühsame Klopfen.

Savage-Rumbaugh ließ einen Teppichboden verlegen, um Kanzis Eifer zu bremsen, doch der riss den Teppich heraus. Schließlich musste er in ein Gehege mit einem Boden aus Rindenmulch umziehen; dort zeigte er erneut seine Kreativität. Nun zielte er mit kleineren auf größere Steine und entwickelte mit der Zeit eine so große Treffsicherheit, dass immer schärfere Klingen entstanden. Nach wiederum ein paar Monaten allerdings kehrte er zu der Schlagtechnik zurück, die ihm seine menschlichen Lehrer anfangs beigebracht hatten. Er beherrschte jetzt sein Handwerk so gut, dass er mit selbsthergestellten Messern Behälter mit Naschwerk, auch die Lederbezüge von Sesseln in seinem Gehege aufschneiden konnte.

Panbisha hingegen kam zunächst nicht über das Anfangsstadium hinaus und gab auf, beobachtete indes interessiert, wie ihrem Halbbruder immer bessere Werkzeuge gelangen. Doch eines Tages erschien statt der männlichen Wissenschaftler eine Anthropologin bei Kanzi als Lehrerin. Da griff Panbisha zu den Steinen, die sie so lange nicht angefasst hatte, und erprobte die Schläge, die sie von ihrem Bruder abgeschaut hatte. Bald wurden ihre Werkzeuge so gut wie seine – als hätte sie nur ein weibliches Vorbild gebraucht, um ebenfalls eine Expertin zu werden.

Zwar verfügten Kanzi und Panbisha über eine für Menschenaffen ungewöhnliche Intelligenz. Andere Bonobos und Schimpansen, denen Wissenschaftler Symbolsprachen beizubringen versuchten, haben längst keinen so umfangreichen Wortschatz erlernt. Aber auf sich allein gestellt wären den beiden trotzdem keine Steinwerkzeuge gelungen. Was sie von ihren Artgenossen unterschied, war das Ausmaß, in dem sie sich mit ihren menschlichen Betreuern verständigen konnten.

Erst dieses Umfeld vermittelte ihnen die Motivation und die Kenntnisse, die nötig waren, um den langen Weg voller Entdeckungen und Rückschläge zu gehen. Kanzi und Panbisha benötigten Ermutigung und Belohnung, vielleicht wollten sie auch ihren menschlichen Freunden gefallen. Und hätte Panbisha nicht in einer Frau ein Modell für eine Handwerkerin gefunden, wäre Kanzi wohl der einzige nicht menschliche Steinmetz geblieben. So verdankte sich die schöpferische Leistung der beiden Bonobos letztlich weniger ihrer überragenden Begabung als vielmehr den Beziehungen, welche die Geschwister eingingen.

Entscheidender noch als Motivation war die Anleitung, die sie bekamen. Im Gegensatz zu jenen Schimpansen, denen Sonia Harmand vergeblich die Werkzeugherstellung beizubringen versuchte, konnten Kanzi und Panbisha ihre Lehrer verstehen. Das jahrelange Sprachtraining hatte ihnen nicht nur eine Zeichensprache und gesprochenes Englisch vermittelt, sondern sie auch darin geschult, sich in den Verstand und die Absichten ihres Gegenübers hineinzuversetzen. Eine Kultur, die menschliche, hatte das Denken von Kanzi und Panbisha geprägt – und befähigte die beiden zu sonst unerreichbaren geistigen Leistungen.

Auch *Homo sapiens* mit seinem viel größeren Hirn braucht eine Kultur, selbst wenn er sich nur die einfachsten Hilfsmittel verschaffen will, derer sich seine Vorfahren vor Millionen Jahren bedienten. In den wenigen Steinzeitgesellschaften, die heute noch existieren, hämmert keiner für sich allein. In den Urwäldern von Papua-Neuguinea etwa versammelt man sich, um gemeinsam Steine zu bearbeiten. Anfänger erhalten da Anleitung, erfahrene Handwerker beraten sich über die nächsten Schläge, und alle bestärken einander. Ist einem Mitglied der Gruppe ein schöner Abschlag gelungen, wird es mit Jubel belohnt.[13]

Wer schöpferisch handeln will, benötigt ein Vorbild, und der Erfolg hängt davon ab, wie Lehrer und Schüler kommunizieren. Drückt man einem modernen Menschen wortlos das Material für eine Steinaxt in die Hand, ist er verloren, wie es ein Steinzeitmensch auf dem Pilotensitz eines Düsenjets wäre. Als spanische Paläontologen im Jahr 2017 Neulinge in die Produktion prähistorischer Werkzeuge einführten, verteilten sie die Auszubildenden auf drei Gruppen: Der ersten Gruppe führten Experten die Technik lediglich vor; die zweite Gruppe durfte mit Handzeichen Hinweise erfragen, musste allerdings schweigen; nur in der dritten Gruppe wurde gesprochen.[14]

Das Ergebnis sollte alle skeptisch stimmen, die glauben, dass Lehrer in Fleisch und Blut ausgedient haben, weil man sich jede beliebige Fähigkeit online aneignen kann. Die erste Gruppe, die das richtige Behauen von Steinen nur zu sehen, aber keine Gelegenheit zur Verständigung mit dem Lehrer bekam, lieferte nämlich viel schlechtere Klingen ab als diejenigen, die entweder über Handzeichen oder Sprache mit dem Trainer Kontakt aufnehmen konnten. Gleichwohl waren die zum bloßen Zuschauen verurteilten Steinzeit-Novizen die fleißigsten von allen, sie hämmerten fast doppelt so viel auf den Werkstücken herum wie ihre Kollegen. Aber sosehr sie sich auch anstrengen mochten, ohne einen gelegentlichen Hinweis vom Meister blieben die Klingen jämmerlich stumpf. Die größten Unterschiede wurden aber deutlich, als sich die Trainer zurückzogen. Sobald die Schüler auf sich allein gestellt waren, glückte nur noch denen, die vorher mit ihren Lehrern reden konnten, die richtige Technik. Denjenigen, die nur zuschauen oder gestikulieren durften, gelang es offenbar nicht, die halbwegs erlangte Fähigkeit zu fixieren.

Wann genau der Mensch zu sprechen begann, werden wir niemals erfahren. Weil der Klang einer Stimme keine Spuren in der archäologischen Überlieferung hinterlässt, kursieren über die ersten Worte der Menschheit Dutzende Theorien. Manche behaupten, Sprache habe sich früh aus Gebrabbel zwischen Kind und Mutter entwickelt, habe zu den frühesten Äußerungen geführt. Andere vermuten den Anfang der Sprache viel später und erklären Tratsch am Lagerfeuer zum Ursprung allen Geredes.

Im Licht der Entdeckungen von Lomekwi erscheinen all diese Theorien wenig glaubhaft. Denn es kann kein Zweifel bestehen, dass sich schon die Schöpfer dieser drei Millionen Jahre alten Werkzeuge zu verständigen wussten. Gewiss verfügten sie noch nicht über die Eloquenz späterer Menschen; ihre Stimmbänder und Münder vermochten vielleicht noch keine Worte zu bilden. Die Laute der Menschen vor drei Millionen Jahren dürften sich wie das Pfeifen, Bellen und schnarrende Lachen der Menschenaffen angehört haben, zudem teilten sie sich bestimmt in einzelnen Tönen und Gesten mit, wie es auch Menschenaffen tun. Doch einen entscheidenden Unterschied gab es: Der Vorrat an Gesten und Lauten der Menschenaffen ist angeboren und deswegen starr.[15] Die Handwerker am Turkana-See hingegen müssen schon imstande gewesen sein, Zeichen für neue Situationen zu erfinden. Ohne die Fähigkeit, aufeinander einzugehen und einander komplexe Hinweise zu geben, hätten sie keine Industrie aufbauen können, die über Jahrtausende bestand.

Die Kultur begann mit dem Zeigen. Und je weiter sich die Technik unserer Vorfahren entwickelte, desto besser mussten sie sich verständigen. Individuen und Gruppen, die sich genauer auszudrücken verstanden als andere, waren nun im Vorteil, weil es ihnen leichter fiel, voneinander zu lernen.

In der Folge entwickelte sich die Struktur ihres Gehirns. Dass wir reden, Sprache und Gesten verstehen, verdanken wir einem Gehirnareal, das im Kopf moderner Menschen ungefähr so groß wie ein Pfirsichkern ist. Bei den meisten von uns befindet es sich an der linken Schläfe, bei knapp jedem Zehnten dagegen in der rechten Hälfte des Großhirns. Entdeckt hat es der französische Chirurg Paul Broca schon im Jahr 1861; wie er feststellte, können Menschen keine Wörter mehr aussprechen, wenn das Areal beschädigt ist, selbst wenn ihre Stimme einwandfrei funktioniert. In den letzten Jahren allerdings erwies sich, welch engen Zusammenhang zwischen Sprechen, Zeigen und Nachahmen das Broca-Areal herstellt. Es steuert nicht nur gesprochene Sprache, sondern auch Verständigung durch Fingerzeige, Handzeichen und andere Signale des Körpers. Und es trägt wesentlich dazu bei, dass Menschen einmalig gut darin sind, die Tätigkeiten anderer zu imitieren.[16]

Auf dem Weg zum *Homo sapiens* blähte sich das Broca-Areal auf wie ein Ballon; es ist beim heutigen Menschen mehr als sechsmal so groß wie beim Schimpansen, obwohl sich das Volumen unserer und ihrer Gehirne nur um den Faktor drei unterscheidet.[17] Dass unser Broca-Areal viel größer und leistungsfähiger ist als das unserer nächsten Verwandten, führt einerseits dazu, dass wir sprechen, andererseits, dass wir Handlungen sehr viel präziser nachahmen können als sie. Schon Kleinkinder kopieren Gesten und Handlungen, die ihnen vorgemacht werden, mit größerer Präzision, Ausdauer und Lust, als jeder Menschenaffe es tut.[18] Zu Unrecht unterstellen wir anderen Affen, dass sie »nachäffen«; in Wirklichkeit passt dieser Begriff viel besser auf uns.

Dass Menschen hemmungslos einander nachahmen, verdient höchste Anerkennung, keine Verachtung. Denn unserer Gabe der Imitation verdanken wir unsere Existenz. Ohne sie hätten sich unsere Vorfahren unmöglich immer bessere Werkzeuge verschafft. Und der *Homo sapiens* hätte nie die Erde betreten.

Dies ist die Botschaft der Steine von Lomekwi: Die erste Revolution des Denkens war, dass die Menschen lernten, voneinander zu lernen. Und umso virtuoser sie die Erfindungen anderer kopierten, umso einfallsreicher konnten sie selbst werden. Denn Neues entsteht zwischen den Menschen, nicht in einem einzelnen Hirn. Keiner denkt für sich allein.

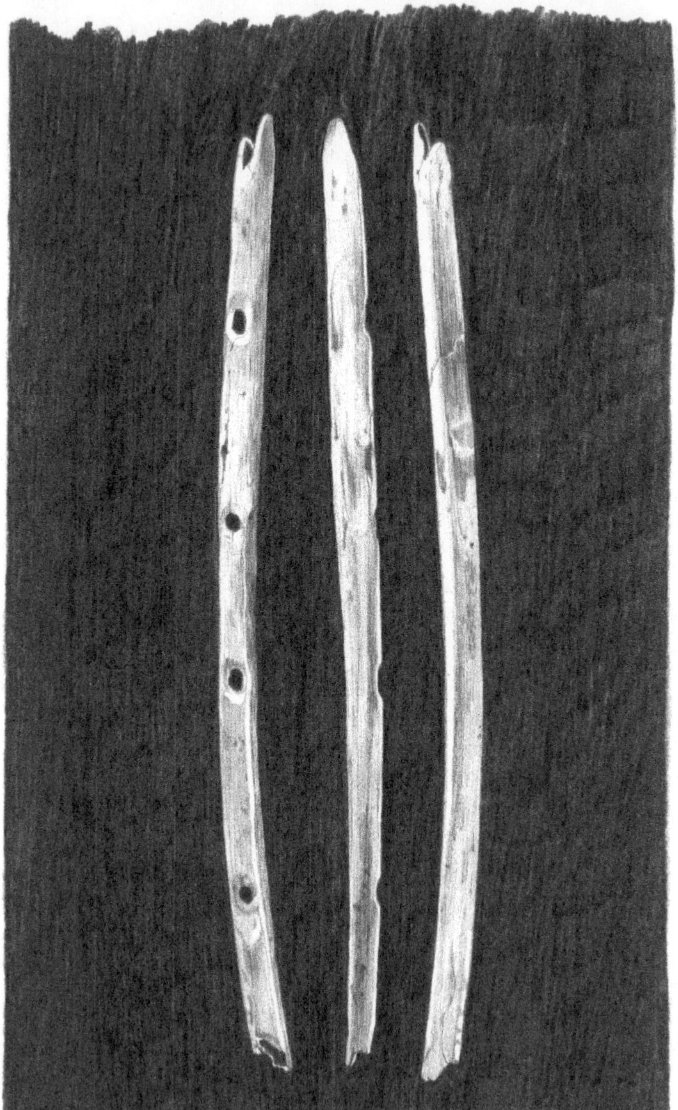

Knochenflöte aus dem Hohlfels bei Ulm, 40 000 Jahre vor unserer Zeit

2 Explosion der Schaffenskraft

Unser Einfallsreichtum zeigt sich in Kunstwerken, Musik und Geschichten, er lässt sich aber auch an den Dingen ablesen, mit denen wir uns umgeben. Wer das Glück hat, im 21. Jahrhundert in einem entwickelten Land zu leben, für den ist es selbstverständlich, bereits in der eigenen Wohnung Zugriff auf Tausende verschiedener Gegenstände zu haben.

Die meisten dieser Objekte beachten wir kaum. Wir lagern sie in irgendeinem Winkel und erinnern uns nur unter besonderen Umständen an sie. Auf einem Kellerregal meines Hauses zum Beispiel steht eine wenig ansehnliche orange Plastikbox, die Werkzeuge enthält. Da ich kein passionierter Heimwerker bin, ziehe ich sie lediglich alle paar Wochen hervor, um etwas zu reparieren. Aber welcher Reichtum an Dingen hat sich in dem bescheidenen Werkzeugkasten angesammelt! Kreuz und quer durcheinander liegen da allein sechs Sorten unterschiedlicher Zangen. Ich besitze eine Beißzange zum Ziehen von Nägeln, zwei Rohrzangen für gelegentliche Arbeiten an einer Wasserinstallation sowie je eine Flachzange mit geraden und schnabelförmigen Backen. Eine Abisolierzange und ein Seitenschneider finden sich, sollte ein Elektrokabel auszuwechseln sein, eine Lochzange habe ich angeschafft, um Gürtel anzupassen. Ähnliche Listen könnte ich für Akkuschraubereinsätze, Bohrer, Klebstoffe, Pinsel, Schraubenschlüssel und Zwingen anlegen. Ich habe den Inhalt der orangen Box einmal ausgebreitet, sortiert und die unterschiedlichen Gegenstände gezählt: Ich kam auf 103. Jede noch so unspektakuläre Reißahle, jeder Kreuzschlitzschraubendreher verdankt sich einem Geistesblitz: Mein Werkzeugkasten ist ein Monument der schöpferischen Intelligenz. Auf solche Zeugnisse der Kreativität stößt man, wohin in der heutigen Welt man nur schaut. Es scheint, als sei dem Menschen ein Drang angeboren, sich mit Einfällen das Leben leichter und interessanter zu machen.

Aber die Geschichte nährt an dieser heroischen Vorstellung Zweifel. Gewiss, wir bewundern, welch raffinierte Dinge sich die Menschen in früheren Jahrhunderten ausgedacht haben. Wir besichtigen die Spiegelsäle in Schlössern und die Wasserspiele von Versailles; wissen, dass es schon in den antiken römischen Bädern Zentralheizungen gab; bestaunen im Museum die chirurgischen Instrumente der Pharaonenzeit. Leicht übersehen wir allerdings, wie jung fast alle Errungenschaften sind, die wir heute genießen, manchmal verfluchen. Die Gegenwart versperrt uns den Blick auf eine größere Wirklichkeit. Wir können uns eine Welt ohne allgegenwärtiges Internet kaum ausmalen, dabei liegt eine solche Realität gerade zwanzig Jahre zurück.

In den längsten Phasen ihrer Geschichte besaß die Menschheit fast nichts. Die Abbildung 1 zeigt auf ihrer waagerechten Achse die Zeit, die lange Periode von der Erfindung der ältesten Steinwerkzeuge bis vor 700 000 Jahren erscheint gegenüber der späteren Skala um das Siebenfache gestaucht. Die senkrechte Achse misst die Zahl unterschiedlicher Dinge, über die Menschen in der entsprechenden Ära verfügten, wie man sie anhand archäologischer Funde hochrechnet. Die Kurve zeigt, mit welch quälender Langsamkeit unsere Vorfahren über Jahrmillionen neue Gegenstände erfanden. Erst seit relativ kurzer Zeit vermehren sich die Einfälle immer schneller. Tatsächlich fiel der Anstieg in den letz-

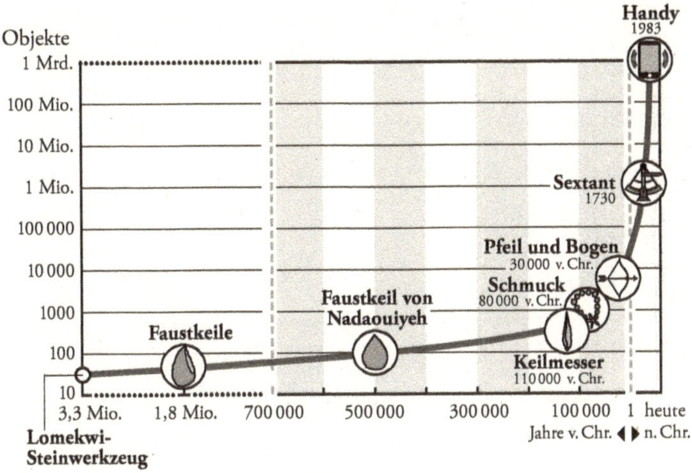

Abb. 1: Im Lauf der Geschichte wuchs die Zahl der unterschiedlichen, von Menschen erfundenen Objekte exponentiell. Siehe Text.

ten Jahrhunderten noch dramatischer aus, als er in der Graphik dargestellt ist. Der Maßstab folgt nämlich einer logarithmischen Skala, das heißt, jeder Skalenstrich auf der Senkrechten entspricht einer Verzehnfachung.

Die Zahl der genutzten Gegenstände ist ein Maß für den Reichtum einer Kultur, ein anderes ist verfügbare Information. Die zweite Graphik zeigt, wie viel die Menschen einander mitzuteilen vermochten. Während der Vorgeschichte erfuhr jeder Mensch nur durch die in seiner Umgebung gesprochenen Worte die Ideen und das Wissen von anderen. Als in der Antike die Schrift aufkam, konnten Lesekundige sich auch mit Abwesenden austauschen, sogar an den Gedanken von Toten teilhaben. Information, die jetzt die Zeit überdauerte, sammelte sich an. Die Erfindung des Buchdrucks in der frühen Neuzeit, mit dessen Hilfe sich Informationen beliebig vervielfältigen ließen, ließ die Kurve

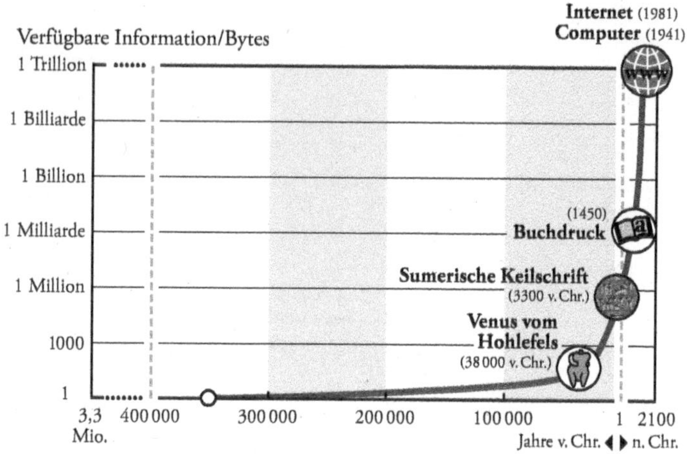

Abb. 2: Ebenfalls exponentiell nahm die Menschen verbreitete Information zu

weiter ansteigen. Seit dem späten 20. Jahrhundert ist fast alles Wissen, sind fast alle Ideen der Menschheit elektronisch gespeichert und über das Internet abrufbar.

Die Mehrung sowohl der erfundenen Dinge als auch der Information spiegelt die Aktivität des menschlichen Geistes. Beide Kurven steigen exponentiell. Viele Vorgänge in der Natur und in der Gesellschaft folgen einem exponentiellen Wachstumsgesetz – etwa die ungebremste Verbreitung von Krankheitserregern in einer Pandemie oder die Vermögensmehrung durch Zinseszins auf einem Konto. Jedes exponentielle Wachstum zeichnet sich durch ständige Beschleunigung aus.

Versteht man die beiden Graphiken als Fieberkurven der Kultur, so leben wir in einer Zeit außerordentlicher Kreativität. Heute produziert die Menschheit um Größenordnungen mehr Ideen als in der Renaissance, die wir mit ihren Meistern wie Leonardo da Vinci und Michelangelo als goldene Ära des schöpferischen Denkens ansehen. Und alles spricht dafür, dass der Anstieg sich fortsetzt, Neuerungen künftig noch häufiger und schneller in die Welt kommen. Bei exponentiellem Wachstum beschleunigt sich eine Beschleunigung. Nicht nur die Geschwindigkeit der Veränderung selbst nimmt also fortwährend zu, sondern auch die Geschwindigkeit, mit der diese Geschwindigkeit wächst. Wir werden in den nächsten Jahrzehnten mehr einschneidende Umwälzungen erleben als unsere Vorfahren in Jahrmillionen.

Wie kam es zu dieser Beschleunigung? Über Millionen Jahre änderte sich das Leben unserer Vorfahren kaum. Die Steine von Lomekwi sind die frühesten Zeugnisse dafür, dass Menschen überhaupt Gegenstände besaßen. Vermutlich schärften die ersten Handwerker außerdem Stöcke zu Spießen, wie Schimpansen es in manchen Wäldern Afrikas heute noch tun. Insgesamt bestand die Ausrüstung dieser frühen Menschen aus höchstens ein paar Dutzend verschiedenen Dingen.[1]

Und dabei blieb es. Nach der großen Entdeckung, dass man mit Steinen als Werkzeug fast alle Materialien in der Natur bearbeiten kann, entwickelte sich die Technik lange nicht weiter. Man verwandelte Steine in Messer, Schaber und Schaufeln, indem man von einem harten Brocken lediglich an einer Seite eine Kante oder auch mehrere Kanten abschlug. An seinen anderen Seiten blieb der Stein roh. Mit solchen Einseitern arbeiteten die Menschen eineinhalb Millionen Jahre lang.

Mehr als 50 000 Generationen wurden geboren und starben, bis sich endlich die Einsicht durchsetzte, dass man Steine auch an zwei Seiten behauen kann. Das Ergebnis war der birnenförmige, nach oben spitz zulaufende Faustkeil, mit dem vor 1,8 Millionen Jahren die nächste Ära begann. Das neue Werkzeug war den alten Geräten bei den täglichen Arbeiten nicht unbedingt überlegen, zudem schwieriger herzustellen, hatte aber einen unschätzbaren Vorteil: Ein guter Faustkeil war Messer, Schaber und Schaufel, Beil und Hammer zugleich. Wer solch ein Stück hatte, konnte damit ein ganzes Arsenal anderer Steine ersetzen, sparte auf seinen Wanderungen Gewicht.[2]

Der Faustkeil war das Werkzeug einer neuen Art Mensch. Aus den Hominiden hatte sich *Homo erectus* entwickelt, der »aufrechte Mensch«.[3] Die frühesten Fossilien dieser Art fanden sich am Turkana-See nur wenige Kilometer von dem Hügel entfernt, an dem Sonia Harmand ihre Steinwerkzeuge entdeckt hat: mehrere Schädel und ein vollständiges Skelett. Obwohl diese Knochen zwischen 1,9 und 1,6 Millionen Jahre alt sind, lassen sie auf einen erstaunlich modernen Körperbau schließen. *Homo erectus* erreichte die Größe heutiger Menschen; sein Gehirn hatte im Vergleich zu früheren Hominiden auf mehr als das doppelte Volumen zugelegt, aber noch lange nicht seine heutigen Dimensionen angenommen. Beides, den größeren Körper und das im Verhältnis zur Körpergröße überproportional gewachsene Hirn, hatte erst die durch Werkzeuggebrauch verbesserte Ernährung ermöglicht.

Der *Homo erectus* beherrschte das Feuer und eroberte die Welt. Sippen dieser Art wanderten aus Ostafrika aus, erreichten bereits vor 1,8 Millionen Jahren den Kaukasus, zogen weiter bis nach China und Indonesien. Und sie verbreiteten sich über Europa, wo aus dem *Homo erectus* letztlich der Neandertaler hervorging.

Auf drei Kontinenten hinterließ dieser kühne Eroberer seine Spuren. Er war unternehmungslustiger als seine Vorgänger, diesen auch geistig und technisch klar überlegen. Aber wie schöpferisch war der Mensch, der die ganze alte Welt in Besitz nahm? Über wiederum 50 000 Generationen erzählen archäologische Funde von wenig mehr als einem einzigen Gegenstand – dem Faustkeil. Geschickte Handwerker fertigten Keilmesser, Keilschaber und vor allem immer schärfere Schneiden. Schnittspuren auf Knochen von Beutetieren zeigen, dass Jäger ihre Faustkeile auch einsetzten, um Tiere zu häuten. Offenbar hatten sie Verwendung für die Felle gefunden. Nun hätte es sich angeboten, die Knochen und das harte Geweih der Jagdbeute ebenfalls zu verwerten und daraus Haken, Spitzen und andere nützliche Dinge zu schnitzen. Die Schneiden der Faustkeile wären dafür ein geeignetes Werkzeug gewesen. Aber niemand kam auf diese Idee. Über 1,5 Millionen Jahre lang hinterließen die Handwerker bloß keilförmig behauene Steine, als hätten sie unter einem inneren Zwang gestanden, der ihnen andere Ideen verbot.

Dabei war *Homo erectus* alles andere als primitiv. Zum ersten Mal in der Geschichte regte sich in ihm eine Sehnsucht nach Schönheit. Sogar dieses Bedürfnis versuchte er mit dem Universalobjekt der Ära zu stillen. In Nadaouiyeh, am Rand eines Beckens in der syrischen Wüste, fanden Archäologen Tausende Faustkeile von extremer Verfeinerung, entstanden vor 500 000 Jahren. In der Gestalt von Dreiecken, Tropfen, Mandeln und Herzen waren die Objekte perfekt symmetrisch, die Oberflächen so glatt geschlagen und poliert, dass der Feuerstein glänzte. Kein praktischer Nutzen dieser so aufwendigen Bearbeitung ist zu erkennen.[4] Offenbar hatten die Menschen Gefallen an ästhetischer Raffinesse gefunden. Ihr Schönheitsempfinden drückte sich in dem einen Werkzeug aus, das ihre Kultur und ihr Leben bestimmte.

Vor rund 350 000 Jahren entwickelte sich allmählich so etwas wie eine Vielfalt der Dinge. Steinerne Messer und feine Bohrer entstanden. Handwerker präparierten ihre Rohlinge nun mit einer komplizierten Technik, um dann mit einem einzigen gezielten Schlag das gewünschte Werkzeug daraus zu lösen; das ermöglichte noch dünnere und damit schärfere Schneiden. Hatte man in der

Ära des Faustkeils immer wieder das gleiche Objekt gefertigt, erfanden die Menschen jetzt Kombinationen. Indem sie etwa eine Spitze aus Feuerstein auf das Ende einer Lanze montierten, fertigten sie die ersten komplexen Geräte.

Die archäologische Überlieferung der folgenden 300 000 Jahre liest sich wie die Geschichte einer wenngleich sehr langsamen Befreiung. Frühere Generationen klammerten sich über zweieinhalb Millionen Jahre an die Ideen, die ihre Ahnen in ferner Vergangenheit erfolgreich gemacht hatten. Nun lernten die Menschen zu denken, was für ihre Vorfahren undenkbar war. Sie erfanden Fettlampen zur Beleuchtung ihrer Höhlen und nähten sich Kleider, gewannen Farbstoffe aus Mineralien und Pflanzen,[5] und sie bestatteten ihre Toten. In Europa kochten Neandertaler, die Abkömmlinge des *Homo erectus*, vor 200 000 Jahren Klebstoffe aus Birkenpech, um damit Steinklingen an hölzerne Griffe zu heften.[6] In Asien baute man Wasserfahrzeuge, mit denen *Homo erectus* schließlich Australien erreichte.

Ihre geistige Beweglichkeit verdankten die Menschen dieser Zeit auch einem leistungsfähigeren Hirn. Seit dem Auftreten des *Homo erectus* war sein Schädelvolumen ständig gewachsen. Die ältesten Fossilien dieser Art enthielten 850 Kubikzentimeter, männliche Neandertaler erreichten bis zu 1700 Kubikzentimeter, womit ihre Gehirne deutlich mehr Raum einnahmen als die heutiger Menschen. Nun ist größer nicht unbedingt besser. An Volumen und Gewicht übertrifft das Gehirn der Elefanten das unsere bei weitem. Bezieht man jedoch die Größe des Gehirns auf die Körpergröße, so erhält man ein durchaus verlässliches Maß für Intelligenz. Und damit konnten unsere Vorfahren einen Zuwachs verzeichnen. Ihre Körpergröße veränderte sich kaum, seit vor rund 1,8 Millionen Jahren der *Homo erectus* erschien, während das Gehirn um das Doppelte zugelegt hat.[7]

Zudem änderte sich auf dem Weg zum modernen Menschen die Organisation des Gehirns. Davon profitierten verschiedene Funktionen des Verstandes. So wuchs das Broca-Areal an der Schläfe, das der Verarbeitung von Sprache, der Verständigung mit Blicken und Handzeichen, aber auch dem Nachahmen dient, wie im vorigen Kapitel beschrieben. Diese Ausdehnung vollzog sich vor mehr als 1,8 Millionen Jahren.[8]

Später legte das Großhirn in einem weiteren Bereich zu, der direkt mit der Steuerung der Kreativität in Verbindung gebracht wird.[9] Das sogenannte Areal 10, hinter der Stirn gelegen, sorgt unter anderem dafür, dass Sinneseindrücke mit Absichten zusammengeführt, Handlungen geplant und dazu passende Erinnerungen abgerufen werden. Ist dieses Areal, etwa nach einem Schlaganfall, beschädigt, schwindet der Einfallsreichtum.[10] Offenbar verhilft Areal 10 uns zu assoziativerem und komplexerem Denken.[11]

Die Gedanken waren in Fluss gekommen, aber noch entwickelten sie sich mit der Geschwindigkeit eines Gletschers. Wenn sich die Dinge, die Menschen herstellten, veränderten, dann im Lauf von Zehntausenden Jahren. Meistens veränderten sie sich nicht. Und es lag keineswegs daran, dass es den Menschen vor 150 000 Jahren an Einfällen fehlte. Immer wieder bezeugen archäologische Funde gute, sogar kühne Ideen, die bald wieder vergessen wurden, weil niemand sie übernahm. Etwa war die Herstellung von schlanken steinernen Klingen und Messern gelungen, die viel schärfer und noch dazu handlicher als die alten Faustkeile waren. Doch die neue Technik fand keine Verbreitung. Schlanke Steinklingen aus dieser Zeit wurden lediglich an einer Handvoll verstreuter Orte in Marokko, Tansania und Südafrika geborgen, während Fundstätten überall sonst auf der Welt lediglich die schon überholten Faustkeile enthielten.[12]

Und warum gebrauchten die Menschen so lange weder Knochen noch Stoßzähne als Material? Beides hatten sie reichlich, beides lässt sich viel leichter bearbeiten als Feuerstein. Trotzdem entstanden die frühesten bekannten Werkzeuge aus Knochen erst vor rund 80 000 Jahren. Es sind Stichel und Speerspitzen, gefunden in einzelnen südafrikanischen und zentralafrikanischen Höhlen – aber nur dort.[13] Dabei besiedelten Menschen zu dieser Zeit längst die halbe Welt – vom Kap der Guten Hoffnung bis England, von Gibraltar bis Indonesien. Doch bis sich auch anderswo Knochengeräte durchsetzten, verstrichen noch einmal 50 000 Jahre, kamen und gingen also 1500 Generationen.

Dann aber beschleunigte sich die Entwicklung dramatisch. Als versuchte die Menschheit in kürzester Zeit aufzuholen, was sie über Äonen versäumt hatte, setzten sich vor rund 40 000 Jahren mit einem Mal fortschrittliche Techniken durch. Schlanke, gut handhabbare Steinmesser und Dolche tauchten nun überall auf. Knochenspitzen und rasiermesserscharfe, winzige Klingen aus Feuerstein verwandelten Speere in Präzisionswaffen. Pfeil und Bogen kamen in Gebrauch. Aus Knochen und Geweih entstanden Angelhaken und Harpunen, die den Menschen neue Nahrungsquellen erschlossen, und man erfand Netze und Netzbeschwerer. Die ersten Nähnadeln, aus Knochen geschnitzt, erleichterten die Herstellung von Kleidern. Auch Elfenbein wurde zum weithin verwendeten Werkstoff. Immer häufiger taucht Schmuck in den Fundstätten auf.

Und während Europa seine letzte Eiszeit durchmachte, die mittleren Sommertemperaturen im heutigen Süddeutschland kaum den Gefrierpunkt überstiegen und Norddeutschland unter Gletschern lag, explodierte ein Feuerwerk künstlerischen Schaffens. Musik erklang, Skulpturen entstanden. Die frühesten

Zeugnisse davon, wie Menschen sich mit Musik und gegenständlicher Kunst ausdrückten, fanden sich auf der Schwäbischen Alb, wo Archäologen im Jahr 2008 zwei spektakuläre Entdeckungen machten. Aus zwei Karsthöhlen bargen sie die ältesten bekannten Musikinstrumente der Menschheit: mehrere Flöten, die vor knapp 40 000 Jahren aus den Knochen eines Gänsegeiers und Mammutelfenbein hergestellt wurden.[14] Eine der beiden Fundstätten, die Hohlefelshöhle, enthielt zudem eine aus Elfenbein geschnitzte Figur. Die daumengroße Plastik zeigt den Torso einer Frau mit fülligem Bauch und üppigen Brüsten; gleichzeitig mit den Flöten entstanden, ist sie die erste bekannte Darstellung eines menschlichen Körpers.

Wenig später schufen Künstler die Kolossalbilder der südfranzösischen Chauvet-Höhle, die mehr als 300 Tiere naturgetreu wiedergeben. Ganze Herden von Rentieren, Wisenten, Auerochsen und Raubkatzen sind mit einer Meisterschaft gezeichnet, als hätten die Urheber eine jahrelange Ausbildung genossen. Auf den Muskeln von Löwen, die eine Felswand zieren, spielen Schatten und Licht. Rhinozerosse scheinen miteinander zu kämpfen, ihre Hörner zornig ineinander verhakt; Pferdeherden in perspektivischer Sicht galoppieren am Betrachter vorbei, dem Ausgang entgegen.

Die spektakulären Bilder, die Skulpturen und Flöten, die neuen Präzisionswerkzeuge erzählen vom Aufbruch in eine neue Zeit, in der sich die Kultur stürmisch zu entfalten begann.

Diese außerordentliche Dynamik vor rund 40 000 Jahren verlangt nach einer Erklärung. Die einfachste Begründung lautet, der Mensch selbst habe sich damals verändert. Zu dieser Theorie passt, dass Europa kurz zuvor eine große Einwanderungswelle erlebte. Vor 50 000 Jahren begannen Migranten, aus Kleinasien über den Balkan nach Norden zu ziehen. Rund 10 000 Jahre später hatten sie sich in allen eisfreien Teilen Europas niedergelassen, wo bis dahin nur Neandertaler lebten.[15] Die Einwanderer sahen anders aus als die einheimische Bevölkerung: Sie waren etwas kleiner und von weniger robuster Statur; ihre Stirn ragte steil auf; ihnen fehlten sowohl der langgezogene Hinterkopf, der die großen Gehirne der Neandertaler aufnahm, als auch die Wülste über den Augen. Diese Gruppe wird *Homo sapiens* genannt, der weise Mensch.

Der *Homo sapiens* sei, seinem Namen entsprechend, mit überlegenen Geistesgaben ausgestattet gewesen und habe dank seiner Intelligenz vor rund 40 000 Jahren nach langem Vorgeplänkel die eigentliche Geschichte der Menschheit ins Rollen gebracht: So steht es noch immer in fast allen populären Darstellungen und sogar in vielen Fachbüchern zu lesen. Die Vorteile dieser Erzählung kann man unmöglich bestreiten; sie ist nicht nur eingängig und einfach, sondern für uns moderne *Homo sapiens* zudem schmeichelhaft. Was allerdings der Bequemlichkeit nützt und dem Selbstwertgefühl wohltut, wird deswegen noch lange nicht wahr. Und so angenehm es sein mag, die Weltgeschichte mit der Vortrefflichkeit des *Homo sapiens* zu erklären – drei Fakten sprechen dagegen.

Erstens weiß niemand genau, was ein *Homo sapiens* ist. Denn unklar bleibt, wie man die verschiedenen Versionen der Gattung »*Homo*« voneinander abgrenzen soll. Oft bezeichnet man *Homo sapiens* und Neandertaler als Menschen verschiedener Arten. Aber in der Biologie kursiert mindestens ein halbes Dutzend Definitionen des Begriffs »Art«. Am häufigsten wird die Meinung vertreten, Lebewesen gehörten einer Art an, wenn sie sich miteinander vermehren können. Araberpferde und Haflinger gehören beide der Art Hauspferd an, weil man sie kreuzen kann und die Nachkommen fortpflanzungsfähig sind; Hauspferde und Esel hingegen sind unterschiedliche Arten, weil ihre Nachkommen, Maultiere oder Maulesel, steril sind.

Doch die *Homo sapiens*, die vor rund 50 000 Jahren nach Europa einwanderten, und die bereits dort lebenden Neandertaler haben miteinander fruchtbare Nachkommen gezeugt – nämlich uns. Im Erbgut aller heutigen Europäer sind die Gene der Migranten und der Neandertaler vermischt. Jeder von uns hat mindestens einen Neandertaler zum Vorfahren. Der Neandertaler wurde weder vom *Homo sapiens* ausgerottet, noch starb er aus, sondern er ging in der eingewanderten Bevölkerung auf. Der Beitrag des Neandertalers zum Genom moderner Europäer beträgt zwischen einem und vier Prozent. Somit war der *Homo sapiens* von unseren beiden Ahnen klar der erfolgreichere, obwohl dem Neandertaler körperlich unterlegen. Dass sich die Gene der Einwanderer besser verbreiteten, lag wahrscheinlich schlicht daran, dass sie zahlreicher als die Urbevölkerung waren. *Homo sapiens* war also kein Mensch einer neuen Art. Er zeichnet sich lediglich durch einige anatomische Merkmale aus, die ihn unter allen frühen Menschen am meisten uns ähneln ließen.

Zweitens war dieser *Homo sapiens* vor 40 000 Jahren alles andere als neu auf der Welt. Schon vor rund 300 000 Jahren hatten sich in Afrika anatomisch moderne Menschen aus dem *Homo erectus* entwickelt, wie genetische Untersuchungen zeigen.[16] Warum aber nahm ihre Kultur so viel später an Fahrt auf? »Eine Veränderung im Nervensystem« habe *Homo sapiens* vor gut 50 000 Jahren schlagartig klüger gemacht, behaupten manche Forscher wie der Paläontologe Richard Klein von der amerikanischen Standford-Universität. »Die außerordentliche Fähigkeit des modernen Menschen zur Innovation« verdankt sich ihm zufolge einer zufälligen Genmutation, durch die sich die Leistungsfähigkeit des Gehirns plötzlich steigerte.[17]

Was genau mutierte, kann Klein aber nicht sagen. Schon im Jahr 1989 gab er zu, dass eine Mutation, wie er sie vermutete, schwer nachweisbar sei, und seither hat sich die Beweislage verschlechtert. Mittlerweile ist es gelungen, aus Skeletten intakte Erbsubstanz des Neandertalers zu bergen und sein Genom zu entschlüsseln. Beim Vergleich mit dem Erbgut des modernen Menschen fanden sich keinerlei Hinweise auf Gene, die für einen besonderen Einfallsreichtum des *Homo sapiens* verantwortlich sein könnten. Wenn die Daten überhaupt Schlüsse auf die Intelligenz zuließen, dann zeigten sie das Gegenteil. Ein Gen namens FOXP2 etwa, das für die Sprachentwicklung eine wichtige Rolle spielt und daher mit Intelligenz in Verbindung gebracht wird, trug der Neandertaler genauso in sich. Bereits der letzte gemeinsame Vorfahre von *Homo sapiens* und Neandertaler, der vor mehr als 300 000 Jahren lebte, besaß diese Erbanlage.[18]

Drittens mangelte es den Vorgängern des europäischen *Homo sapiens* weder an Intelligenz noch an Vorstellungskraft. Wie wir sahen, erfanden sie Knochengeräte, scharfe Messer, Klebstoffe und Schiffe. Dass sich Kulturen langsam entwickelten, lag keineswegs an zu wenig Einfallsreichtum. Das Problem war vielmehr, dass sich Neuerungen kaum durchsetzen konnten. Erfindungen wurden ersonnen und wieder vergessen. Die große Errungenschaft der Einwanderer war, dass es ihnen gelang, gute Einfälle dauerhaft in der Gemeinschaft zu verankern. (Das vierte Kapitel wird das Erfolgsgeheimnis verraten.)

Die traditionelle Geschichtsschreibung gerät durch diese Tatsachen in eine Sackgasse. Sie versucht die enorme Entwicklung der Kultur vor rund 40 000 Jahren mit einem Quantensprung der menschlichen Intelligenz zu erklären, für den es aber keine Anzeichen gibt.

Diese Sicht auf die Vergangenheit erzählt die geistige Entwicklung der Menschheit als Heldensaga. Bedeutende Ideen entstehen demnach in brillanten Köpfen, die erkennen, wofür andere blind sind. An diese Erzählung haben wir uns gewöhnt. Ideen, so haben wir gelernt, gehen mit den Namen von außergewöhnlichen Menschen in die Geschichte ein, die wir für ihre Urheber halten. Schon als Schulkinder kamen uns bei Geometrie als Erstes Thales und Pythagoras in den Sinn. Sokrates, der Buddha und Jesus lehrten die Menschen Moral, hieß es im Unterricht, und Isaac Newton habe die Schwerkraft entdeckt. Carl Friedrich Gauß wurde uns als Fürst unter den Mathematikern vorgestellt. Wir erfuhren, dass wir Thomas Edison die Glühbirne und Marie Curie das Wissen über Radioaktivität verdanken. Darum schien es uns später natürlich, dass das iPhone nur das Werk eines Mannes sein konnte, nämlich Steve Jobs. Für den Fortschritt in jeder historischen Epoche huldigen wir ein paar Genies. Da liegt es nahe, die ferne Vergangenheit betreffend dasselbe zu tun. Und so wird die geistige Revolution in der Steinzeit ebenfalls als Großtat eines Auserwählten dargestellt, dessen überragenden Talenten wir alle Errungenschaften dieser Ära zuschreiben – *Homo sapiens* als Einstein der Vorgeschichte. Unbekümmert erzählt die gängige Geschichtsschreibung von *Homo sapiens* wie über eine Person, nicht wie über eine Gruppe von Menschen.

Hatten nun die Menschen, deren Ideen die Welt veränderten, ein besonderes Gehirn? In die Köpfe unserer Vorfahren vor 40 000 Jahren können wir nicht mehr schauen. Wohl aber sind wir imstande zu prüfen, ob sich an Personen, die in unserer Epoche mit Ideen hervortraten, anatomische Auffälligkeiten feststellen lassen. Um etwa herauszufinden, wie es Albert Einstein möglich war, ein neues Weltbild zu erschaffen, wurde ihm sieben Stunden nach seinem Tod am 18. April 1955 der Schädel geöffnet. Ein Anatom entnahm Einsteins Gehirn, fotografierte, konservierte und zerschnitt es in 240 Blöcke, die man für weitere Studien in Kunstharz eingoss. Ein gutes Dutzend Untersuchungen sind an den Präparaten angestellt worden. Man versuchte, die Neuronen zu zählen, studierte die Nervenfasern, welche die Hirnhemisphären verbinden, zeichnete auf Fotos den Verlauf der Furchen in der Hirnrinde nach. Keine der Forschungsanstrengungen lieferte irgendein Ergebnis, das auf Einsteins außergewöhnliche Produktivität hindeutete.[19]

Es war im Übrigen nicht die erste Vermessung eines als genial angesehenen Hirns. Bereits nach dem Tod des Mathematikers Carl Friedrich Gauß im Jahr 1855 hatte ein ehrgeiziger Anatom der Universität Göttingen das Schädelinnere des berühmten Professorenkollegen entnommen und konserviert. Als eine Wissenschaftlerin des Göttinger Max-Planck-Instituts für biophysikalische Chemie 2013 das Präparat mit modernen Methoden studierte, stellte sie »keine anatomische Auffälligkeit« fest.[20] Ebenfalls unter das Mikroskop gelegt wurde Lenins Gehirn – die Einzelheiten behielten die sowjetischen Forscher wohl aus guten Gründen für sich.

Niemand stellt die Leistungen der genannten Persönlichkeiten in Frage. Wenige Physiker trugen auch nur annähernd so viel zu ihrer Wissenschaft bei wie Albert Einstein, in der Mathematik gilt Ähnliches für Carl Friedrich Gauß. Lenin war ein brillanter Organisator der Revolution, was immer man von den Ergebnissen halten mag. Eine Geschichtsschreibung aber, welche die Entwicklung der Menschheit auf die Einfälle besonders Begabter zu reduzieren versucht, muss diese These begründen. Sie hat zu erklären, was diese Treiber der Kultur auszeichnet und wie sie zu ihren weltbewegenden Erkenntnissen gelangten.

Auf diese Frage sind zwei Antworten üblich. Die ältere Antwort zieht sich darauf zurück, dass Menschen außerstande seien, ihr eigenes schöpferisches Denken zu erfassen. Kreativität verdanke sich übernatürlicher Inspiration. So schrieb schon Platon, der Vater der antiken Philosophie, »dass nicht menschliche Kunst, sondern göttliche Kraft zu Schöpfungen befähigt«. Am Beispiel der Dichter, die er besonders verehrte, erklärte er, dass »der Gott selbst es ist, der da redet und durch sie zu uns spricht«.[21]

Etwas weniger mystisch klingt die zweite Antwort, die im 18. Jahrhundert aufkam. In der Epoche des »Sturm und Drang« führten Dichter und Denker den Begriff »Originalgenie« ein, um Kreativität zu erklären. Das Originalgenie war für sie das Ideal eines Menschen, der mit seinen Ideen die Welt aus den Angeln hebt. Das Originalgenie braucht keine Vorbilder, keine Kultur – es schöpft seine Ideen aus sich selbst und aus der Natur. Dazu befähigt es ein besonderes Talent der Intuition, mit dem nur die wenigsten begabt seien. Worin genau diese Gabe besteht und welchen Personen sie aus welchen Gründen beschert ist, blieb offen. Die Suche nach auffälligen Strukturen in den Gehirnen ist ein moderner Versuch, eine Antwort auf solche Fragen zu finden.

Das Wort »Originalgenie« ist heute vergessen. Doch die Vorstellung, für die es steht, ist Allgemeingut geworden: Ideen entstehen in einzelnen Köpfen. Der Glaube, Kreativität setze eine spezielle Begabung voraus, prägt bis heute unser Bild der Geschichte und von uns selbst. Dieser Mythos lässt viele Menschen daran zweifeln, zu schöpferischem Denken fähig zu sein. Er macht uns glauben, dass nur eine plötzliche Veränderung in den Gehirnen unserer Vorfahren die steinzeitliche Kulturrevolution ausgelöst haben kann. Und er nährt die Angst, dass die künstliche Intelligenz uns schon bald überrollen wird. Keine dieser Annahmen ist realistisch. Wir brauchen eine bessere Erklärung der Geschichte, ein realistisches Selbstbild.

Ein Qulliq. Die Inuit verwenden diese Öllampen als Beleuchtung, Heizung und Herd.

3 Das kollektive Gehirn

»Die Akte des weißen Entdeckers« nennt der amerikanische Anthropologe Joseph Henrich seine gesammelten Geschichten von Menschen, die sich weitab aller Zivilisation durchschlagen mussten. Meist handelte es sich um europäische Schiffbrüchige, die in einer fremden Umgebung strandeten und ohne Aussicht auf Rettung ausharren mussten. Manche fanden sich allein in ihrer Notlage, andere in Gemeinschaft von Leidensgenossen. Aber jede Hilfe war fern. Jetzt hing das Überleben nur noch vom Glück ab – und von guten Einfällen.[1] Das Ringen der Verschollenen um ihr Dasein zeigt, was der Verstand leisten kann, wenn er ohne jede Unterstützung und Anregung von außen eine unbekannte Situation bewältigen muss. Henrichs Sammlung lässt erkennen, welche geistigen Fähigkeiten Menschen angeboren sind und welche sich erst in einer Kultur entfalten. So geben die Geschichten Aufschluss über die schöpferischen Talente – und auch Antworten auf die Frage, was die geistige Revolution ausgelöst hat, die vor rund 50 000 Jahren die Fundamente unserer Zivilisation legte.

Eine fiktive Begebenheit dieser Art erzählte Daniel Defoe in seinem berühmten Abenteuerroman »Robinson Crusoe«. Durch Schiffbruch verschlägt es den Helden auf eine einsame Insel, wo er sich eine Existenz aufzubauen beginnt. Nur auf sich gestellt, findet Robinson Crusoe heraus, wie man Reis und Gerste anbaut, jagt und Kleidung aus dem Fell wilder Ziegen herstellt. Er lernt sogar, Keramik zu töpfern. So entwickelt er seine eigene Kultur, bis er nach Jahren von einem Ureinwohner namens Freitag Unterstützung erhält. Schließlich wird Crusoe gerettet.

Die wahren Berichte, die der Anthropologe Henrich in seiner »Akte des weißen Entdeckers« zusammengestellt hat, lesen sich weniger rosig. Wie echte Robinsonaden verlaufen, erfuhr beispielsweise der britische Admiral Sir John Franklin mit seiner Expedition. Es handelte sich nicht um irgendein Unternehmen: Mit zwei hochmodernen, dampfbetriebenen Schiffen und einer handverlesenen Besatzung von 133 Mann brach Franklin 1845 auf, um die Nordwestpassage zwischen Neufundland und dem Pazifik zu finden. An Bord befanden sich Vorräte für drei Jahre, 4200 Liter Zitronensaft zur Vorbeugung gegen Skorbut, die besten Navigationsgeräte seiner Zeit und sogar eine Drehorgel zur Unterhaltung der Matrosen. Auch war Franklin nicht irgendein Kommandant. Seit er zwei frühere, mehrjährige Entdeckungsfahrten hinter sich gebracht hatte, genoss er den Ruf, die Arktis besser als jeder andere zu kennen. Da die Suche nach der Nordwestpassage kaum in einer Saison zu bewältigen war, plante Franklin, mit seinen beiden Schiffen HMS Erebus und HMS Terror im Packeis zu überwintern. Wenn irgendjemand die Herausforderung bewältigen konnte, dann Franklin mit seiner Mannschaft.

Den ersten Winter im Packeis brachten die Männer wie vorgesehen hinter sich. Im darauffolgenden Sommer allerdings erreichten die HMS Erebus und HMS Terror nicht die offene See, sondern nur die King-William-Insel vor der kanadischen Nordküste, so dass sie im Herbst erneut im Eis festsaßen. Das nächste Frühjahr war kühl; als sich im April 1848 abzeichnete, dass sich das Packeis nicht zurückziehen würde, und die Nahrungsvorräte zur Neige gingen, befahl der Kapitän, die Schiffe aufzugeben und den Sommer zu nutzen, um zu Fuß nach Süden zu ziehen. Das Risiko, in der Arktis auf sich allein gestellt zu überleben, meinte

Franklin eingehen zu können. Die Besatzung war bestens aufeinander eingespielt und bei Kräften. Polarkleidung, Gewehre und Werkzeuge besaßen sie reichlich.

Was weiter geschah, ist ungewiss. Als in ebendiesem Frühjahr 1848 jede Nachricht von Franklin ausblieb, entschloss sich die Admiralität zu einer ersten Rettungsaktion. Zwei Marinekorps stachen in See, ein drittes machte sich auf den Landweg. Alle kehrten ohne Ergebnis zurück. In den folgenden Jahren schickte England nicht weniger als 14 weitere Schiffe, um die Verschollenen aus dem Packeis zu bergen. Mehrere dieser Expeditionen gerieten selbst in Not.

Erst im Jahr 1854 stieß ein schottischer Polarforscher bei einheimischen Inuit zufällig auf Silberbesteck und andere Ausrüstungsgegenstände der Franklin-Expedition. Die Inuit erzählten, hungernde weiße Männer seien über das Eis gewandert und dabei einer nach dem anderen gestorben. Die Ausrüstung hätten sie später bei deren Leichen gefunden. Ihr Bericht bestätigte sich, als eine letzte Expedition schließlich die Skelette von Franklins Männern entdeckte.

Nachdem die Besatzung ihre beiden Schiffe verlassen hatte, war sie offenbar außerstande gewesen, in der Arktis zu überleben. Dabei ist die King-William-Insel, wo Franklin die Schiffe aufgegeben hatte, für ihren Reichtum an Robben bekannt. Auch Karibus leben auf der Insel. Die Inuit nennen ihren Hauptort Uqsuqtuuq – »jede Menge Speck«. Aber Franklins Männer wussten weder, wie man Iglus baut, noch, wie die Karibus ziehen oder wie man Robben jagt. Und die versammelte Intelligenz einer Hundertschaft polarerfahrener Männer reichte nicht aus, um rechtzeitig die nötigen Ideen zu entwickeln. Den Europäern fehlten die Kenntnisse, die sich die auf der King-William-Insel lebenden Inuit in Jahrtausenden angeeignet haben.

Um etwa Robben, die wichtigste Nahrung der Inuit, zu erlegen, gilt es als Erstes, deren Luftlöcher im Eis zu erkennen. Erfolg versprechen aber nur Luftlöcher, deren Geruch verrät, dass sie noch in Gebrauch sind, und deren Umgebung von ausreichend Schnee bedeckt ist, weil die Robbe sonst die Jäger hört und flüchtet. Im Loch muss man dann eine Pose versenken, die die Inuit aus dem gebogenen Ende eines Rentiergeweihs herstellen. Wenn, oft nach einer Wartezeit von mehreren Stunden, die Pose sich bewegt und so anzeigt, dass eine Robbe auftaucht, rammen die Inuit unter Einsatz ihres ganzen Körpergewichts eine Harpune in das Loch, die sie zuvor mit einer ablösbaren Spitze aus dem besonders harten Knochen eines Eisbären versehen haben. Dann gilt es, die Robbe in einem längeren Kampf zu bezwingen und auf die Eisoberfläche zu hieven.

Damit sind mitnichten alle Probleme gelöst: Robbenfleisch lässt sich nur gegart genießen, doch Feuerholz fehlt auf der Insel. Deshalb verbrennen die Inuit das ausgelassene Fett früher erlegter Robben in speziellen Öfen, Qullig genannt, die sie aus Speckstein fertigen und mit Dochten aus Moos versehen.

All diese besonderen Techniken, die nötig gewesen wären, um zu überleben, konnten die Männer der Polarexpedition unmöglich erfinden. Ihnen mangelte schon an den richtigen Einfällen, um sich in der Arktis fortzubewegen. Sie verausgabten sich, indem sie ihre Ausrüstung und Vorräte in den Beibooten der aufgegebenen Schiffe über das Eis zogen. Die Inuit hingegen gebrauchen Schlitten, die sie aus dem wenigen verfügbaren Treibholz zusammensetzen und von Hunden ziehen lassen. Aber der Bau und Betrieb solcher Schlitten erfordert nicht weniger Kenntnisse als die Robbenjagd.

Ein einzelnes Gehirn – und sei es noch so genial – ist mit diesen Aufgaben rettungslos überfordert. Auch eine kleine Gruppe von

Menschen kann unmöglich all die Einfälle hervorbringen, von denen ihr Überleben abhängt. Das bezeugt Henrichs »Akte des europäischen Entdeckers« für Gestrandete auf allen Kontinenten, in allen Klimazonen, in allen Landschaften: Eine Chance hatten nur Schiffbrüchige, die mit der einheimischen Bevölkerung Verbindung aufnahmen und von dieser lernten. Schon um sein nacktes Dasein zu sichern, ist jeder Einzelne auf die Ideen und das Wissen einer Kultur angewiesen. Der Anthropologe Henrich spricht von einem »kollektiven Gehirn«, dem der Mensch seine Existenz verdankt.

Schöpferisches Denken entspringt dem kollektiven Gehirn. Ein Mensch, der ein Problem zu lösen versucht, etwa um seine Überlebenschancen in der Arktis zu verbessern, wird scheitern, wenn er nach dem Idealbild des Originalgenies meint, alle Einfälle aus sich selbst schöpfen zu können. Aussicht auf Erfolg hat nur, wer die in einer Kultur geronnenen Erfahrungen anderer kennt und zur Grundlage seiner Überlegungen macht. Das im kollektiven Gehirn gespeicherte Wissen ist das Material, aus dem sich Ideen formen.

Schon in seinen Ursprüngen beruhte schöpferisches Denken und Handeln auf einem kulturellen Umfeld, wie die Geschichte der Steinwerkzeuge beweist. Um eine scharfe Bruchkante aus einem Stein zu schlagen, benötigen Menschen ebenso wie Bonobos ein kollektives Gehirn – sie scheitern ohne das Vorwissen, das ihnen ein Lehrer vermittelt. Nur auf der Basis solchen Vorwissens vermögen sie neue, bessere Methoden zu entwickeln.

Denn die meisten Ideen entstehen aus der Kombination von Bekanntem. Bevor sie an einen Hundeschlitten auch nur denken konnten, mussten die Bewohner der Arktis das Prinzip eines Schlittens verstehen, die Bearbeitung von Holz und Herstellung von Lederriemen aus Fellen beherrschen, schließlich Polarwölfe zu Hunden domestizieren. Erst auf dieser Grundlage konnten sie das neue Transportmittel erfinden. Der Hundeschlitten erforderte also kein von Grund auf neues Konzept, die schöpferische Leistung bestand vielmehr darin, Vorhandenes auf sinnvolle Art zu kombinieren.

Seit ihren Anfängen ist Kultur ein Baukasten, der sich selbst zu erweitern vermag: Menschen verbinden Konzepte zu neuen Konzepten. Und je weiter sich eine Kultur entwickelt, je mehr Wissen, Erfahrungen und Vorstellungen sich im kollektiven Gehirn sammeln, umso größer wird der Raum an Möglichkeiten für neue Ideen.

Nach einer gängigen Theorie ist schöpferisches Denken sogar nichts weiter als die Kunst der Kombination.[2] »Kreativität besteht schlicht darin, Dinge zu verbinden«, behauptete etwa Steve Jobs, der offenbar selbst daran zweifelte, das Originalgenie zu sein, für das man ihn hielt.[3] In der Radikalität, mit der Jobs sie vertrat, trifft die Theorie allerdings nicht zu. Wie wir in späteren Kapiteln sehen werden, lassen sich keineswegs alle Ideen als eine Zusammenstellung von Bekanntem erklären. Tatsächlich ist Kombination nicht die einzige, wohl aber die einfachste Form der Kreativität – und damit ihr Königsweg.

Welch besseres Beispiel für die umwälzende Kraft raffinierter Kombinationen ließe sich finden als das von Jobs ersonnene iPhone? Kurz nach der Jahrtausendwende sei ihm der Gedanke gekommen, einen Zwitter aus Computer und den damals üblichen elektronischen Notizbüchern zu schaffen, auf deren Touchscreen man mit einem Griffel schrieb, erzählte Jobs in einem Interview kurz vor seinem Tod im Jahr 2011.[4] Könnte man also einen dieser sogenannten Persönlichen Digitalen Assistenten mit einem vollwertigen Rechner verbinden und den Bildschirm obendrein auf Fingerdruck reagieren lassen? Dann hätte man einen Computer zum Anfassen, der sich kaum mehr technisch anfühlen würde, sondern eher wie ein lebendiges Wesen.

Er habe gut tausend Angestellte auf dieses Geheimprojekt angesetzt, doch in dem Moment, als ihm die Ingenieure den ersten Prototyp präsentierten, sei ihm eine weitere Kombination eingefallen: Das Gerät könne außerdem als Telefon dienen. Da habe er die Entwicklung des Tabletcomputers zurückstellen lassen, und der Erfolg gab ihm recht. In der Nacht vor der Markteinführung des iPhones im Juni 2007 kampierten die Menschen in amerikanischen Metropolen auf der Straße, um als Erste die neue Technik zu ergattern. Zehn Jahre später hatte Apple mehr als eine Milliarde iPhones verkauft.

Ähnlich lässt sich die Geschichte fast aller bedeutender Erfindungen nachzeichnen. Nur der Mythos behauptet, dass wir Druckerpresse, Dampfmaschine, Automobil, Glühbirne oder Flugzeug den Eingebungen jeweils eines genialen Mannes verdanken. Tatsächlich gingen sie alle schrittweise aus mehreren älteren Erfindungen hervor; die Meilensteine der modernen Technik entwickelten sich nach demselben Prinzip, nach dem vor Jahrtausenden die Inuit den ersten Hundeschlitten erfanden: durch Kombination.

Auch Kunst und Wissenschaft bieten viele Beispiele, wie durch gekonnte Montage Neues entstand. In seinem berühmten Monolog illustriert Shakespeares Prinz Hamlet seine Zweifel mit Motiven aus einem ganz anderen Zusammenhang, nämlich den Eindrücken aus einer Schlacht:

Sein oder Nichtsein; das ist hier die Frage:
Ob's edler im Gemüt, die Pfeil und Schleudern
Des wütenden Geschicks erdulden oder,
Sich waffnend gegen eine See von Plagen,
Durch Widerstand sie enden?

In seinem 18. Sonett beweist Shakespeare seine Sprachmacht, indem er die Vergänglichkeit eines geliebten Menschen mit einem Bild aus der Natur beschreibt:[5]

Vergleich ich dich mit einem Sommertag?
Du hast mehr Maß und größre Lieblichkeit.
Die Maienknospe, die verzärtelt lag,
Schlägt rauher Wind; kurz währt des Sommers Zeit.
Des Himmels Auge brennt manchmal zu heiß,
Sein goldnes Antlitz, oft trübt sich's für lang.
Und alles Schöne gibt die Schönheit preis,
Sei's Zufall, sei's des Wandels kruder Gang.
Doch nie soll deines Sommers Pracht ermatten,
Nie soll zerschleißen deiner Schönheit Kleid,
Nie Tod sich brüsten, daß in seinem Schatten
Du gehst: Im Vers zwingst du die Sterblichkeit.
  Solang ein Mensch noch atmet, Augen sehn,
  Solang dies steht, so lang wirst du bestehn.

Solche Lyrik ist ein Triumph der intellektuellen Arbitrage. In der Sprache der Börse ist Arbitrage ein Geschäft, bei dem man einen Preisunterschied ausnutzt, um einen Gewinn zu erzielen, etwa indem ein Händler an der Frankfurter Börse eine Aktie günstig erwirbt, und das Papier in Shanghai, wo es höher notiert, sofort wieder verkauft. Shakespeare, ein Meister der Metapher, geht ebenso vor. Er verwendet Begriffe und Bilder aus Bereichen, die mit dem Gesagten gar nichts zu tun haben, und stellt sie in einen neuen Zusammenhang; sein Gewinn ist, dass es leichter fällt, über Schlachten und die Erfahrung eines kurzen Sommers zu sprechen als über Gefühle – und nicht zuletzt die Überraschung des Lesers.

Einige der wichtigsten Einsichten der Wissenschaft verdanken sich ebenfalls der intellektuellen Arbitrage. Die Anekdote, dass Isaac Newton die Gesetze der Gravitation erkannte, als ihm bei einem Nickerchen unter einem Obstbaum ein Apfel auf den Kopf plumpste, mag wahr sein oder auch nicht – jedenfalls erzählte Newton selbst seinem Biographen, der entscheidende Gedanke sei ihm gekommen, als er an einem warmen Sommerabend Früchte vom Baum fallen sah.[6] Newtons Leistung war es, einen bekannten Zusammenhang (ein Apfel wird von der Schwerkraft zu Boden gezogen) auf einen scheinbar ganz anderen Bereich (die Bewegungen der Planeten um die Sonne) zu übertragen. Durch diese Kombination fand er das universelle Gravitationsgesetz.

Intellektuelle Arbitrage erlaubt es zudem, Erkenntnisse einer Disziplin in einer anderen nutzbar zu machen. Als die beiden amerikanischen Wirtschaftswissenschaftler Fischer Black und Myron Scholes im Jahr 1973 eine Gleichung für den Preis von Optionen aufstellten, läuteten sie ein neues Zeitalter an den Börsen ein. Die erforderliche Mathematik war vertrackt, doch Black und Scholes fanden eine überraschende Lösung: Ihre Gleichung ließ sich so umschreiben, dass sie der physikalischen Formel für Wärmeleitung entsprach. Der Wert von Optionen an der Börse folgt also demselben Gesetz, nach dem ein heißer Ofen seine Wärme abstrahlt; wie aber eine Wärmeleitungsgleichung zu lösen war, wussten Physiker seit vielen Jahrzehnten. Und tatsächlich bescherte die von Black und Scholes gefundene Kombination den Börsen sagenhafte Gewinne. Im Jahr 2018 wurden weltweit Optionen mit einem Nominalwert von mehr als 500 Billionen Euro gehandelt.[7]

Schöpferisches Denken durch Kombination kann nicht nur erklären, wie Ideen zustande kommen, sondern ist auch ein Schlüssel, um die Entwicklung einer Kultur zu verstehen.

Kulturen verändern sich, wenn Menschen mit der Zeit einen immer reicheren Schatz an Wissen und Erfahrungen, Konzepten und Mythen, Techniken und Kunstwerken anlegen. Solche Prozesse lassen sich nicht in erster Linie auf die herausragenden Beiträge Einzelner zurückführen, so spektakulär die Leistungen von Persönlichkeiten wie Leonardo da Vinci, Johann Sebastian Bach, Marie Curie oder Albert Einstein auch sind. Der Motor ist vielmehr das kollektive Gehirn. Denn erst das Zusammenwirken einer ganzen Gemeinschaft erzeugt einen geistigen Nährboden, auf dem Ideen keimen. Einzelne Menschen mögen in die Geschichte eingehen, indem sie Gedanken, die die Welt verändern, als Erste auf den Punkt bringen. Aber regelmäßig ist dieser Schritt nur der letzte auf einem langen Weg, den andere gebahnt haben. Brillante Köpfe sind, mehr noch als andere, abhängig vom kollektiven Gehirn.

Gemeinschaften unterscheiden sich darin, wie viele Ideen sie hervorbringen und dauerhaft in ihrem kollektiven Gehirn verankern. In Kulturen von Jägern und Sammlern, wie sie heute noch in entlegenen Regionen Afrikas, Asiens, Australiens und Südamerikas existieren, verfügen die Menschen über sehr viel weniger unterschiedliche Gegenstände als in einer Gesellschaft, die Ackerbau treibt oder gar Industrien aufgebaut hat. Entsprechend weniger Spielmaterial haben sie für die Entwicklung neuer Ideen.

Außer materiellen Erfindungen stellt eine Kultur gedankliche Konzepte bereit – Werkzeuge des Denkens. Die Unterscheidung von rechts und links, die Zahlen und die Abgrenzung der Farben erscheinen uns so selbstverständlich, dass wir sie für angeboren halten. Tatsächlich haben wir all diese Konzepte gelernt. Wir verdanken sie dem kollektiven Gehirn unserer Gesellschaft.

Viele Sprachen von Jägern und Sammlern kennen keine Zahlwörter größer als drei. Wer einer solchen Kultur angehört, ist unfähig, 28 von 29 zu unterscheiden.[8] Wie sich das anfühlt, können wir nachvollziehen, wenn wir versuchen, Farbtöne auseinanderzuhalten, für die unsere Sprache nur ein Wort kennt. Blau etwa gilt im Deutschen oder Englischen als eine einzige Farbe; das Russische dagegen kennt zwei völlig verschiedene Wörter für Blau – »goluboi« bezeichnet beispielsweise die zarten Töne des Himmels, »sinii« das Tiefblau des Meers. In Experimenten nahmen Menschen, die mit der russischen Sprache aufgewachsen waren, mühelos Schattierungen wahr, die englischen Muttersprachlern als völlig identisch erschienen.[9] Sprachen wie das Walisische oder Tibetische hingegen bezeichnen die Farben des Himmels und des Grases mit einem einzigen Wort, gewissermaßen als »blün«.[10]

Und während es uns ganz natürlich vorkommt, dass sich ein Gegenstand rechts oder links von uns selbst befindet, fehlen den Angehörigen mehrerer australischer Kulturen die entsprechenden Begriffe. Wenn diese Aborigines einen Ort angeben wollen, müssen sie die Himmelsrichtungen kennen. Ihr Herz schlägt in der östlichen Brust, wenn sie nach Süden schauen, und westlich, wenn sie sich umdrehen.[11]

Warum kennen manche Kulturen so viel mehr Konzepte als andere? Die Inselwelt Ozeaniens bietet ein nahezu perfektes Terrain, um dieses Rätsel zu untersuchen. Denn die Lebensbedingungen auf Tausenden Inseln sind sich einerseits sehr ähnlich: Fast überall leben die Menschen traditionell vom Fischfang. Andererseits liegen die meisten Inseln so weit voneinander entfernt, dass Nachbarn sich kaum beeinflussen konnten. So entstanden verschiedene Kulturen. Auf manchen Inseln jagte die Urbevölkerung ihre Beute nur mit ein paar hölzernen Speeren, auf anderen erfand sie ein ganzes Arsenal von komplizierten Reusen und Netzen, die sie mit Hebeln und Winden betätigte. Die Unterschiede erinnern an die Verhältnisse vor und nach der zweiten geistigen Revolution vor rund 50 000 Jahren.

Die amerikanischen Anthropologen Michelle Kline und Robert Boyd gingen der Frage nach, warum die Menschen hier nur eine primitive Ausrüstung, dort aber ausgefeilte Werkzeuge besaßen, obwohl sie doch überall denselben Fischen nachstellten. Die alles entscheidende Größe ist die Kapazität des kollektiven Gehirns, fanden Kline und Boyd: Je mehr Menschen auf einer Insel lebten und je mehr Austausch sie untereinander und mit anderen Kulturen pflegten, desto ausgefeilter war die Technik, derer sie sich bedienten.[12] Auf Malakula, einer spärlich besiedelten und abgelegenen Insel der Neuen Hebriden, waren ganze 13 verschiedene Geräte zum Fischfang gebräuchlich, auf der vergleichsweise großen Hauptinsel des Archipels von Hawaii mehr als fünfmal so viele.

Und mit der Größe der Bevölkerung erweiterte sich nicht nur die materielle Kultur. Auch Sprachen wurden reicher, je mehr Menschen sich ihrer bedienten. Auf Inseln mit einer großen Bevölkerung kamen neue Worte schneller in Gebrauch; auf Eilanden mit weniger Sprechern schrumpfte der Wortschatz mitunter sogar, weil Begriffe in Vergessenheit gerieten.[13] Der Zusammenhang bestätigt sich, wenn man den Wortschatz der polynesischen mit dem der europäischen Sprachen vergleicht. Deutsch etwa, von viel mehr Menschen gesprochen als Hawaiianisch oder Tahitianisch, kennt mindestens zehnmal mehr Wörter als diese.

In traditionellen Gesellschaften auf allen Kontinenten, die Viehzucht oder Ackerbau treiben, ergeben sich ähnliche Befunde wie bei den Fischern im Südpazifik.[14] Auch hier hatten Gemeinschaften regelmäßig umso mehr und bessere Werkzeuge erfunden, je mehr Mitglieder sie zählten und je mehr Austausch mit anderen Kulturen sie pflegten.

In der modernen Welt schließlich befördert die Ansammlung von Menschen in Metropolen deren Einfallsreichtum. Je größer eine Stadt ist, desto mehr Patente werden dort angemeldet, wie sich in Europa, Amerika und China gleichermaßen zeigt. Dass sich in Berlin, Boston oder Beijing Forschungseinrichtungen und größere Unternehmen ballen, erklärt die Unterschiede nur zu einem geringen Teil. Sie fallen nämlich zwischen kleineren Städten in der Provinz ebenso deutlich aus, obwohl es dort weder Universitäten noch Technologiefirmen gibt. Vielmehr gilt ein universelles Gesetz: Wenn sich die Bevölkerung einer Stadt verdoppelt, steigt die Zahl der Patente pro Kopf um rund 15 Prozent, ganz gleich, ob die Einwohnerzahl von drei Millionen auf sechs Millionen oder nur von 30 000 auf 60 000 zunimmt.[15]

Auch hier zeigen sich die Mechanismen des schöpferischen Denkens durch Kombination. Bewohner größerer polynesischer Inseln und Mitglieder größerer traditioneller Gesellschaften verfügen aus demselben Grund über mehr und bessere Werkzeuge, weshalb größere Städte mehr Erfindungen hervorbringen: Neues entsteht aus der Verbindung bekannter Ideen, die Menschen austauschen, wenn sie einander treffen. Heute können E-Mail, Internet, Videokonferenzen den Gedankenaustausch erleichtern, doch sie ersetzen persönliche Begegnungen nicht vollständig. Niemand

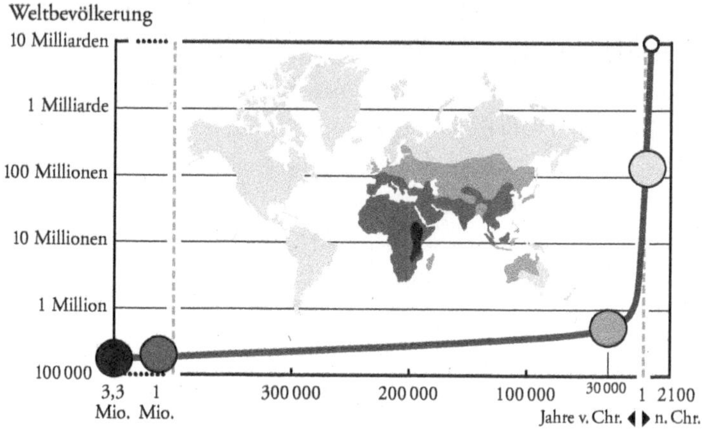

Abb. 3: Der exponentielle Anstieg der Weltbevölkerung. Die Grautöne auf der Karte zeigen das zum jeweiligen Zeitpunkt von Menschen besiedelte Land. Und die Zeitenwende hatte sich die Menschheit über die ganze Erde verbreitet.

weiß das so gut wie die großen Technologieunternehmen, die sich stets in den Metropolen ansiedeln.

Mit jedem Austausch wächst der Pool an geistigem Material, aus dem wir unsere Einfälle schöpfen. In der Abbildung 3 ist eingezeichnet, wie die Weltbevölkerung von ein paar Zehntausend auf fast acht Milliarden zunahm, seit die Handwerker von Lomekwi die frühesten Werkzeuge schufen. Die Zahl der Menschen folgte demselben exponentiellen Wachstumsgesetz wie die Zahl der Ideen und die Menge an verfügbarer Information, die sie erstellen, in den Graphiken auf den Seiten 41 und 42. Und genau dieser Zusammenhang erklärt die lange Stagnation und dann die plötzliche Beschleunigung des schöpferischen Denkens, um die es im letzten Kapitel ging: Je mehr Köpfe es gibt, umso größer ist das kollektive Gehirn und umso mehr Einfälle gebiert es. Je dichter und je vernetzter die Menschen zusammenlebten, umso leistungsfähiger wurde das kollektive Gehirn. Sein Zuwachs verstärkte sich selbst, weil die neuen Ideen das Überleben erleichterten und so die Existenz von immer mehr Menschen erlaubten. Nicht das Gehirn des einzelnen *Homo sapiens* legte also vor rund 40 000 Jahren zu, sondern das kollektive Gehirn. Möglich wurde diese Entwicklung durch die wohl am meisten unterschätzte Erfindung der Menschheit: die Kunst. Von ihr handelt das nächste Kapitel.

TEIL II *Die Zeit der Symbole*

Bison in der Höhle von Altamira, 15 000 Jahre vor unserer Zeit

4 Die Macht der Zeichen

Unsere grundlegenden Denkweisen
sind Entdeckungen äußerst entfernter Vorfahren,
die sich über die Erfahrung aller folgenden Zeiten
erhalten konnten. WILLIAM JAMES[1]

Der Monte Castillo ist ein Berg von so perfekter Kegelform, dass man sich schwertut, ihn als ein Werk der Natur anzusehen. Er erhebt sich über einem Flusstal, das die nordspanische Küste mit dem Hochgebirge verbindet, und enthält nicht weniger als 40 Höhlen. Im Dezember 2017 lud Dirk Hoffmann, ein Physiker aus Leipzig, mich ein, ihn zu diesem Berg zu begleiten. Hoffmann ist ein Experte für die Datierung sehr alter Farbaufträge. Er kündigte an, mir eine Entdeckung zu zeigen, die unsere Vorstellung von der frühen Menschheitsgeschichte auf den Kopf stellen werde. Der Monte Castillo habe den Jägern und Sammlern während der letzten Eiszeit zugleich als Orientierung und als Stützpunkt auf ihrer jährlichen Wanderung gedient, erklärte mir Hoffmann. Genaueres verraten wollte er nicht.

Wir zwängen uns also durch eine kaum schulterbreite Spalte ins Innere des Berges. Zuerst verschluckt der Fels den drahtigen Dirk Hoffmann, nach ihm geht Alistair Pike, ein englischer Archäologe von so kräftiger Statur, dass man ihn für einen Zeitreisenden aus einer prähistorischen Epoche halten kann. Als Dritter mache ich mich auf den Weg. Mir folgt der Bewacher, den die

Zentralregierung in Madrid uns mitgegeben hat, weil selbst Wissenschaftler die normalerweise gesperrte Höhle nur unter Aufsicht betreten dürfen.

Mehrere Windungen der Spalte lassen den letzten Schein Tageslicht verschwinden. Dann erweitert sich die Kluft zu einem Gang, den wir im Gänsemarsch ohne Mühe durchqueren. Plötzlich stehen wir in einer Halle. Der Raum ist nicht besonders groß, soweit wir ihn mit unseren Stirnlampen ausleuchten können, scheint er ungefähr die Ausmaße eines Dorfkirchenschiffs zu haben: Dies ist die Pasiega-Höhle. An einer Seite hängen Tropfsteine von der Decke, die zu einem dichten, immer wieder von länglichen Löchern unterbrochenen Vorhang verwachsen. Auf einem kleinen Absatz in der Wand liegen Knochen.

Der Fels an der anderen Seite ist glatt. Von dort sieht ein Bison uns an. Das Tier ist mit spärlichen, aber elegant geschwungenen Rötelstrichen gezeichnet und, an seinen Geschlechtsteilen deutlich erkennbar, ein Bulle. In seinem Rücken steckt ein Speer. Über unseren Köpfen wechseln zwei Hirschkühe Blicke. Zwischen ihnen zieht sich eine Felsrille die Wand herab, so dass es scheint, als hätten die beiden Tiere auf den gegenüberliegenden Ufern eines Flusses Stellung bezogen. Andere Bilder bestehen nur aus einem Gewirr eingravierter Linien, in denen ich nach einiger Betrachtung Pferde und Auerochsen erkenne.

Am merkwürdigsten aber mutet die Verzierung einer länglichen, fast mannshohen Öffnung im Tropfsteinvorhang an. Das Loch ist innen rot angemalt und mit Strichen umrahmt, die wie Haare aussehen; man kann nicht umhin, an ein weibliches Geschlechtsorgan zu denken. Wer immer die Urheber waren: Dachten sie sich die Erde als weiblich? Stellten sie sich vor, dass sie die in der Höhle gezeichneten Tiere gebärt?

Meine Begleiter scheinen sich mit solchen Fragen nicht aufhal-

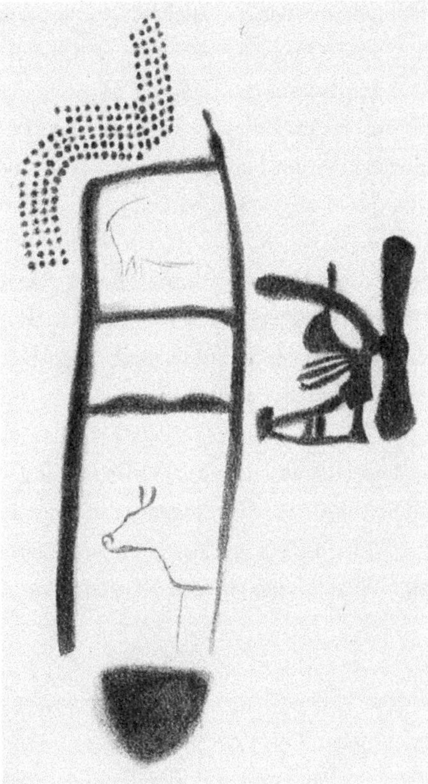

Abb. 4: Graphik in der Pasiega-Höhle. Wenigstens die starke Umrandung stammt mit Sicherheit aus der Zeit der Neandertaler.

ten zu wollen. Sie stehen vor einer stark verblassten Rötelzeichnung und leuchten das Bild mit einer starken Handlampe ab. Es zeigt an seinen Rändern unerklärliche Zeichen, in der unteren Hälfte den Kopf eines Wilds. Im oberen Drittel sind die sehr fahlen Umrisse des Hinterteils eines springenden Hirsches zu sehen. Von allen Seiten sind die Linien eines Quadrats um dieses Tier gezogen, als wäre der Hirsch in eine Falle geraten. An manchen Stellen trägt die Zeichnung weiße, etwas erhobene Flecken, als hätte sie Pusteln.

Hoffmann zieht ein Skalpell aus seinem Rucksack hervor. Da wird der in einer Ecke lungernde Aufpasser lebendig und nähert sich misstrauisch, während Hoffmann das Skalpell an einer der Pusteln auf dem Quadrat ansetzt und vorsichtig zu schaben beginnt. Mit der linken Hand hält er ein Plastikröhrchen, dort hinein rieselt das weiße Pulver, das er abgekratzt hat.

Das Pulver ist Kalk. Und dieser Kalk sei 64 800 Jahre alt, sagt Hoffmann, das hätten seine Analysen nach früheren Besuchen ergeben. Der Kalk war ausgefallen, als Wasser auf das Bild tropfte und verdunstete. Also muss die Graphik noch älter sein. 65 000 Jahre, 70 000 Jahre, vielleicht 100 000 Jahre, niemand kann es sagen.

Mehr als 64 000 Jahre: Das also war die von Hoffmann angekündigte Sensation. Die Zeichnung war fast doppelt so alt wie die Gemälde in der Chauvet-Höhle, die bis vor kurzem als die ältesten Wandmalereien galten.[2] Wir standen vor den ältesten Bildern der Welt.

Als die Zeichnungen in der Pasiega-Höhle entstanden, waren große Teile Europas vergletschert. Die Eiszeit steuerte auf neue Kälterekorde zu. Nordspanien war ein Land der Steppen und Wälder, wie man sie heute in Sibirien vorfindet, ganz Nordeuropa und die Alpen unter Eisschilden verschwunden. Wo die Gletscher nicht vorgedrungen waren, jagten Neandertaler Bisons und Mammuts. Sie hatten sich dem arktischen Klima angepasst, beherrschten die Kunst, Feuer zu schlagen, und nähten sich aus gegerbten Tierfellen Kleidung.[3] Europa war schon seit unvorstellbaren Zeiten ihr Kontinent. Die Neandertaler stammten von Gruppen des *Homo erectus* ab, die vor mehr als einer halben Million Jahren aus Afrika ausgezogen waren. Andere Menschen lebten nicht im kalten Europa. Die nächste große Einwanderungswelle, in der *Homo sapiens* den Kontinent besiedelten, sollte erst 10 000 Jahre nach der Bemalung der Pasiega-Höhle beginnen.

Deswegen hatte Dirk Hoffmann keineswegs übertrieben, als er mir eine neue Sicht auf die Geschichte der Menschheit versprach: Die Neandertaler waren Künstler. Sie verfügten über geistige Fähigkeiten, die man bis dahin einzig den *Homo sapiens* zutraute. Und nicht nur in Kantabrien betätigten sich Neandertaler. In Zentralspanien und Andalusien hatte Hoffmann ebenfalls Linien und Handabdrücke auf ein Alter von mindestens 65 000 Jahren datiert. Die Fundstätten liegen Hunderte Kilometer voneinander entfernt: Offenbar pflegten die Neandertaler in ganz Spanien zu zeichnen.

An der südspanischen Mittelmeerküste entdeckte der portugiesische Archäologe João Zilhão noch weit ältere Artefakte. Er untersuchte Muscheln, die er im Jahr 2008 teils in einer Höhle ausgrub, teils als Fundstücke in einem Museum aufspürte. In die Muscheln waren präzise Löcher gebohrt. Jemand hatte die Spitze eines Stocks mit Sand benetzt und geduldig gedreht, vielleicht um die perforierten Muscheln als Schmuckstück an einer Schnur aufzufädeln. Andere Muscheln waren bemalt. Als der Physiker Hoffmann die Funde analysierte, kam er zu dem Schluss, dass die Bearbeitungen mindestens 115 000 Jahre alt waren.

»Das Ergebnis war für uns alle ein Schock«, erzählte mir Zilhão. Die spanischen Muscheln waren die ersten bekannten Schmuckstücke überhaupt. Schon früh fertigten die Neandertaler Dinge an, die sie zum Überleben nicht brauchten. Ihr Kunsthandwerk ging also der Kunst der Höhlenmalerei lange voraus.

Der älteste von *Homo sapiens* bekannte Schmuck war erst 40 000 Jahre nach Zilhãos Fundstücken entstanden: Es handelt sich um ebenfalls durchbohrte und mit Rötel gefärbte Schneckenhäuser, die zusammen mit regelmäßig eingeritzten Ockerstücken im Jahr 2005 in der südafrikanischen Blombos-Höhle entdeckt wurden. Wenn Neandertaler auf der Nordhalbkugel der Erde und *Homo sapiens* am Kap der Guten Hoffnung dasselbe taten, war das sicher kein Zufall. Anderseits konnten sich die einen von den anderen unmöglich ihr Kunsthandwerk abgeschaut haben. Zwischen den Fundorten liegt schließlich ganz Afrika, und der *Homo sapiens* sollte Europa erst viele Zehntausende Jahre, nachdem die Muscheln verziert wurden, erreichen. Unabhängig voneinander entwickelten sich also sehr unterschiedliche Gruppen von Menschen zu Künstlern: Sie begannen mit der Herstellung praktisch nutzloser Dinge. Und diese Angewohnheit setzte sich durch. Heute existiert, von den Urwäldern Papua-Neuguineas bis in die Eiswüsten Grönlands, auf der Erde keine einzige Gesellschaft, die nicht ihre Kunst hervorgebracht hat.

Aber weshalb begannen schon die Neandertaler, mit sandbenetzten Stöcken Muscheln zu durchbohren, weshalb zogen sie sich ins Erdinnere zurück und bemalten schwer zugängliche Höhlen? Und wie waren die frühen Vertreter des *Homo sapiens* dazu gekommen, in Südafrika Blutstein zu reiben und diesen mit geronnener Milch zu vermischen, um Rötel zu gewinnen?[4] Dass sie all die Zeit, all die Energie, all die Gedanken für Gegenstände ohne Gebrauchswert aufwandten, musste den Menschen irgendeinen Vorteil verschaffen.

Was die durchbohrten und bemalten Muscheln, die geritzten Steine, die Zeichnungen auf dem Fels denen bedeuteten, die sie hinterließen, werden wir nicht mehr erfahren. Aber ohne Frage hatten sie eine Bedeutung. Jedes dieser bearbeiteten Dinge war ein Symbol – ein sichtbares Zeichen, das auf etwas Unsichtbares verweist.

Abb. 5: René Magritte, »Der Verrat der Bilder«

Welch magische Wirkung diese ersten Symbole auf unsere Vorfahren ausgeübt haben müssen, können wir uns erst recht kaum mehr vorstellen. Denn auf Symbolen beruht heute unsere Kultur. Sie sind uns selbstverständlich geworden.[5] Wir können keinen Schritt tun, ohne auf Bilder und Texte, Icons und Filme, Computerprogramme und Formeln, Schemata und Pläne zu stoßen. Ohne solche Symbole würde unser schöpferischer Verstand nicht mehr funktionieren, und wir haben ihre Wirkung so sehr verinnerlicht, dass wir die Zeichen, die uns umgeben, oft gar nicht mehr als solche bemerken. »Ceci n'est pas une pipe«, steht auf einem berühmten Gemälde von René Magritte, »dies ist keine Pfeife«.

Unmöglich ist es, das Bild ohne innerliche Rebellion zu betrachten, zeigt es doch, sorgfältig in Ölfarben dargestellt, eine Pfeife. Magritte betitelte sein Werk als »Der Verrat der Bilder«. Als der belgische Surrealist einmal gebeten wurde, es zu erklären, antwortete er entwaffnend schlicht, man könne ja versuchen, seine Pfeife zu stopfen. Darum wäre es eine Lüge gewesen, auf die Leinwand zu schreiben: »Dies ist eine Pfeife.«

Offenbar ist ein Ding etwas anderes als ein Bild, das diesen Gegenstand zeigt. Diese simple Tatsache entgeht uns aber fast immer, so sehr sind wir den Umgang mit Symbolen gewohnt. Deswegen irritiert Magrittes Pfeife. Solange wir nicht darüber nachdenken, erscheint uns ein Bild so wirklich wie das dargestellte Objekt, oft sogar noch wirklicher. Wäre es sonst möglich, dass ein Kinofilm Tränen und Lachsalven auslöst? Eigentlich noch erstaunlicher ist die Wirkung abstrakter Symbole. Ein Blick auf die Bundesligatabelle kann einen Fan in die Verzweiflung treiben, und wer ein an sich wertloses, aber mit Graphiken von Brücken, Fenstern und Zahlen bedrucktes Stück Papier auf der Straße liegend entdeckt, freut sich über seinen Fund mindestens so sehr wie über das, was er sich von dem Geldschein irgendwann kauft.

Unser Verstand ist auf Symbole abgerichtet; Buchstaben ziehen die Aufmerksamkeit an wie Magneten. Wer einmal das Lesen gelernt hat, kann kein Wort der eigenen Sprache mehr sehen, ohne es sofort zu entziffern. In welchen Bann abstrakte Zeichen uns ziehen, demonstriert ein einfacher Test, den Sie sofort durchführen können: Legen Sie sich die Stoppuhr etwa eines Handys bereit und drücken Sie auf Start, wenn Sie die folgende Seite 83 betrachten. Gehen Sie nun die Bilder von links oben bis rechts unten durch und sagen Sie jeweils laut den Namen des Tiers, das sie sehen. Wenn Sie fertig sind, nehmen Sie die Zeit. Nun wiederholen Sie die Aufgabe auf Seite 84. Welche Seite ist Ihnen leichter gefallen, für welche haben Sie länger gebraucht? Das Experiment, das der amerikanische Psychologe John Stroop in einer Variante schon im Jahr 1935 bekannt gemacht hat, zeigt auf durchaus erschreckende Weise, was geschieht, wenn die Wahrnehmung den viel abstrakteren Buchstabensymbolen widerspricht. Die Tiere stehen Ihnen überdeutlich vor Augen, aber es gelingt Ihnen nicht, einfach Ihren Augen zu trauen. Was die Schrift sagt, geht vor. Die Symbole erscheinen realer als das, was wir unmittelbar sehen.

Als wir das Lesen lernten, wurden unsere Gehirne umgebaut und umprogrammiert.[6] Die visuelle Wahrnehmung reagiert nun stärker auf feine Linien, was sich an den entsprechenden Hirnaktivitäten feststellen lässt. Zentren in der linken Hirnhälfte, mit denen kleine Kinder und Analphabeten Gesichter erkennen, wurden zum Entziffern von Symbolen umfunktioniert. Dafür entwickelt sich bei Lesekundigen ein neues Zentrum für Gesichtserkennung in der rechten Hirnhemisphäre. Sogar Teile des evolutionär sehr alten Hirnstammes, der sich bei *Homo sapiens* kaum von dem eines Reptils unterscheidet, organisieren sich neu, wenn ein Mensch mit der Schrift vertraut wird.[7]

Wer lesen und ganz allgemein mit Symbolen umgehen kann, sieht anders, fühlt anders, denkt anders, handelt anders. Ist das Gehirn erst einmal auf sie programmiert, wirken Zeichen als ein

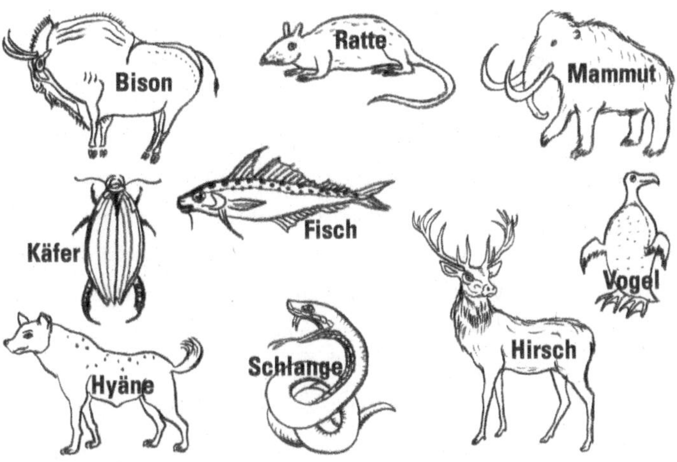

Abb. 6: Stroop-Test. Siehe Text.

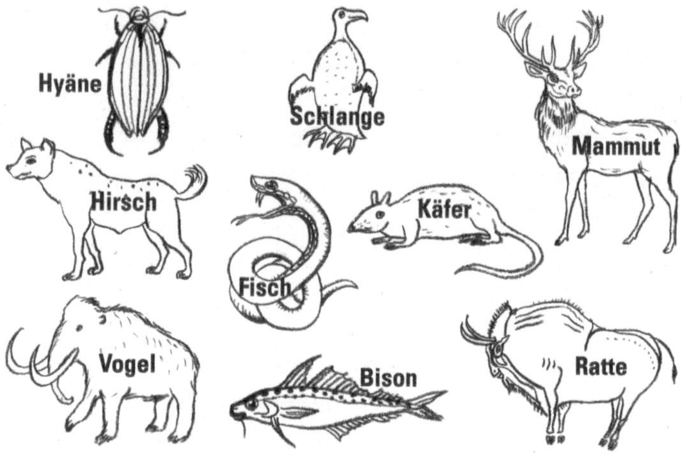

Gegengewicht zur Wirklichkeit, die die Augen und Ohren wahrnehmen. Einmal in Gang gebracht, können wir den symbolischen Verstand nicht mehr abschalten. Darum lässt es sich an Menschen schwer demonstrieren, wie viel wir unserer Virtuosität im Umgang mit Zeichen verdanken. Doch Versuche mit unseren evolutionär nächsten Verwandten zeigen, wie sich die Spielräume des Verhaltens und die Möglichkeiten des Denkens erweiterten, als Neandertaler und frühe *Homo sapiens* die ersten Symbole einführten.

In einem amerikanischen Experiment saßen die beiden Schimpansinnen Sarah und Sheba zusammen.[8] Ihnen wurden nun zwei unterschiedlich große Rationen von Süßigkeiten gezeigt. Wenn Sarah auf einen der beiden Teller deutete, bekam Sheba die Bonbons darauf. Sarah streckte ihren Finger immer wieder nach dem größeren Haufen aus, sie ärgerte sich, doch die Abhilfe fiel ihr nicht ein. Sie kam ihrer Gier einfach nicht bei.

Sarah hatte allerdings gelernt, zu zählen und Ziffern zu lesen. Daher bekamen die beiden Schimpansinnen in der nächsten Runde des Versuchs nicht mehr die Teller zu sehen, sondern nur noch eine Ziffer entsprechend der Menge an Bonbons. Jetzt verstand Sarah sofort, dass sie nur auf die kleinere Zahl deuten musste, um die größere Portion zu bekommen. Die Abstraktion ermöglichte es ihr, den Instinkt zu überwinden, ohne Überlegung den auf den ersten Blick größten Vorteil zu wollen.

Noch erstaunlicher war das logische Denken, das sich Sheba mit Hilfe zweier bunter Plastikchips aneignete.[9] Sheba konnte, anders als ihre Mitbewohnerin Sarah, nicht zählen. Allerdings hatten die Wissenschaftler ihr beigebracht, was »gleich« und »ungleich« bedeutet. Hielt man ihr zwei gleiche Objekte hin, etwa zwei Bälle, deutete Sheba auf ein rotes Herzchen aus Kunststoff, ihr Symbol für Identität.

Mit der Zeit steigerte sich ihre Intelligenz. In einem Versuch zeigten die Wissenschaftler Sheba ein Paar gleicher Objekte als Vorbild, beispielsweise zwei Bälle. Anschließend musste sich Sheba zwischen einem Paar von gleichen und einem Paar von ungleichen Dingen entscheiden. Zur Auswahl standen etwa entweder zwei Dosen oder ein Ball und eine Tasse. In der richtigen Lösung mussten nicht die Dinge selbst, sondern deren Verhältnis zueinander dem Vorbild entsprechen. Wurde also Ball-Ball als Vorbild gezeigt, war die Antwort Ball-Tasse falsch, die Antwort Dose-Dose richtig. Wenn Sheba korrekt reagierte, bekam sie eine Belohnung. Und sie bestand den Test mit Bravour, was sie offensichtlich dem roten Plastikherzchen verdankte. Denn andere Schimpansen, die ihren Verstand nicht durch Gebrauch eines solchen Zeichens geschärft hatten, scheiterten an der nötigen Abstraktion. Sie ließen sich irreführen, sobald ein Ding wie der Ball einmal im Vorbild, einmal in den möglichen Antworten auftauchte, und trafen dann stur die vordergründig am nächsten liegende, meist aber falsche Wahl, in unserem Beispiel Ball-Tasse. Sheba dagegen brillierte selbst dann noch, als die Wissenschaftler ihr das rote Plastikherz nahmen. Wie Kinder, die rechnen lernen, anfangs die Finger ihrer Hand abzählen müssen, später aber das Addieren im Kopf durchführen können, brauchte Sheba ihren Chip zum Überlegen nicht mehr, weil sie das symbolische Denken verinnerlicht hatte. Die Konzepte waren jetzt in ihrem Verstand verankert.

Mehr noch, sie war in der Lage, die gelernte Logik auf unbekannte Probleme zu übertragen. Als die Wissenschaftler ihr als Vorbild ein gleiches und ein ungleiches Paar wie Tasse-Tasse und Ball-Dose zeigten und ihr dann verschiedene Paare zur Wahl gaben, war Sheba klar, dass sie ebenfalls ein gleiches und ein ungleiches Paar aussuchen musste – als sei ihr bewusst gewesen, dass dem ersten Paar des Vorbilds ein rotes Herzchen zuzuordnen war, dem zweiten nicht, und dass sie in ihrer Lösung dieselben Verhältnisse herzustellen hatte. So konnte sie ein schwieriges auf ein einfaches Problem zurückführen, indem sie sich eines Symbols bediente. Das rote Plastikherz ermöglichte ihr Gedanken, die zuvor jenseits ihrer geistigen Möglichkeiten lagen.

Symbole sind Werkzeuge für den Verstand. Wie die ersten Steinwerkzeuge den Körpern unserer Vorfahren Kräfte verliehen, die die Natur nicht vorgesehen hatte, so verstärkten sie die Möglichkeiten des Geistes. Seit Menschen damit begannen, Muscheln zu bemalen, Kerbhölzer zu schnitzen, Linien auf Felswänden zu ziehen, entstehen Einfälle nicht mehr nur in unseren Köpfen. Wir denken auch mittels der Dinge, die wir als Zeichen auffassen und ohne die wir zu vielen Überlegungen unfähig wären. Die Philosophen Andy Clark und David Chalmers nannten dieses Phänomen »erweiterten Geist« (extended mind).[10]

Was damit gemeint ist, beschreibt eine Anekdote besser als jedes philosophische Argument. Als Richard Feynman, einer der bedeutendsten Physiker des 20. Jahrhunderts, einmal Besuch von einem Historiker bekam, bewunderte dieser die auf dem Schreibtisch herumliegenden Schmierzettel und Notizhefte.[11]

»Das sind also die Aufzeichnungen Ihrer täglichen Arbeit«, stellte der Historiker ehrfürchtig fest.

»Das *ist* meine Arbeit«, antwortete Feynman scharf. »Das ist Schmierpapier.«

»Sie haben die Arbeit im Kopf ausgeführt«, erwiderte der Historiker. »Aber die Niederschrift ist noch da.«

Feynman blieb unnachgiebig. »Nein, das ist keine Niederschrift, das ist *Arbeiten*. Man muss auf Papier arbeiten, und das ist das Papier. Okay?«

Die Symbole auf den Blättern waren für ihn nicht nur das Ergebnis, sondern vielmehr ein Teil seiner Überlegungen. Feynmans Denken fand ebenso sehr in seinem Gehirn statt wie auf dem Papier. Seine Ideen entwickelten sich, indem er die Zeichen umordnete, veränderte, neue Zeichen erfand. So schuf er eine eigene Bildsprache, mit der sich die komplizierten Vorgänge in der subatomaren Physik mit wenigen Strichen darstellen lassen. Die Feynman-Diagramme stellen dar, was Menschen sich eigentlich nicht vorstellen können: Wie Elementarteilchen aufeinander reagieren, entstehen und verschwinden.

Symbole erweitern den Geist auf dreierlei Art. Erstens helfen sie dabei, die Welt zu beschreiben und zu verstehen. Mit ihnen können wir uns Vorstellungen von einer Wirklichkeit machen, die unsere Sinne nicht wahrnehmen oder über die wir sonst nicht nachdenken können. Auf Feynman-Diagrammen beruht heute die gesamte Teilchenphysik und auf Strukturformeln, die Atome als Buchstaben und deren Verbindungen als Striche darstellen, alle Chemie. Beileibe nicht nur in der Wissenschaft geht es Menschen wie der Schimpansin Sheba, die ein rotes Plastik-

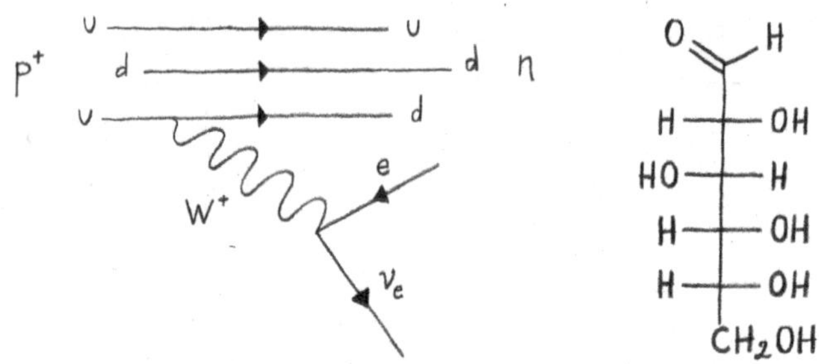

Abb. 7: Viele komplizierte Vorgänge können wir nur durch Symbole verstehen. Das Feynman-Diagramm links veranschaulicht den radioaktiven Zerfall eines Protons (p+) in ein Neutron (n).[12] Die chemische Strukturformel rechts zeigt, wie der wichtigste Energieträger des Lebens, Glucose, aus Sauerstoff (O), Wasserstoff (H) und Kohlenstoffatomen (C) aufgebaut ist.

herz brauchte, um mit abstrakten Konzepten zu operieren: Wir scheitern ja schon daran, die eigenen Termine der nächsten drei Wochen im Kopf zu behalten. Darum muss sich all unser Denken von den alltäglichsten Überlegungen bis hin zur Metaphysik abstrakter Zeichen bedienen. Die westliche Musik wäre unmöglich ohne die Notenschrift, das Christentum ohne das Kreuz.

Symbole organisieren zweitens unsere Gedanken. Darum brauchen wir sie nicht nur, um die Realität zu beschreiben, sondern auch, um die Welt zu verändern. Indem Chemiker mit Strukturformeln spielen, erfinden sie neue Medikamente, Kunststoffe, gelegentlich Gifte. Komponisten schreiben Musik auf Papier, und selbst wenn eine Rockband einen Song im Proberaum an ihren Instrumenten entwickelt, haben die Musiker dabei eine symbolische Vorstellung von Noten, Harmonien und Rhythmen im Kopf.

Drittens brauchen wir Symbole, um unser Zusammenleben zu regeln. Je komplexer eine Gesellschaft, umso mehr braucht sie Zeichen, deren Bedeutung alle verinnerlicht haben, denn nur so können sich Menschen mit Unbekannten verständigen. Mit Geld können Personen, die sich niemals begegnen, Güter und ihre Arbeitskraft tauschen; die Farben einer Fußballmannschaft verbinden Fans, die sonst nichts miteinander zu tun haben, zu einer Gemeinschaft: Symbole stellen Wirklichkeit her.

Es bleibt das Rätsel, was Menschen dazu brachte, Symbole zu erfinden. Seit Forscher im 19. Jahrhundert in die ersten Bilderhöhlen eindrangen und damit die ältesten Zeichen fanden, die unsere Vorfahren hinterließen, streiten sie darüber, was den Menschen zum Künstler machte. Die einen behaupteten, *Homo sapiens* hätte einen angeborenen Sinn für das Schöne, den er ausleben wollte. Andere Archäologen wollten die Zeichnungen als Teil eines Jagdzaubers erklären. Wieder andere sahen in den Bildern der Steinzeit einen Ausdruck schamanischer Rituale.

Doch im Licht der Funde in der Pasiega-Höhle und an anderen Orten spricht vieles dafür, dass Symbole zuallererst dazu dienten, das menschliche Miteinander zu organisieren. Heute mögen Kunstmarkt und spektakuläre Ausstellungen Kunst als anregende Unterhaltung inszenieren, in ihrem Ursprung aber war Kunst lebensnotwendig, schreibt die amerikanische Theoretikerin Nancy Aiken: Kunst schaffe Symbole und verwandle so menschliche Gruppen in Überlebensmaschinen. Sie schweiße die Menschen zusammen.[13] Kunst wurde demnach umso bedeutender, je mehr Personen zusammenlebten. Zu Schmuckstücken umgewandelte Muscheln etwa können Status und Individualität signalisieren. Wenn nämlich Menschen geistig dazu imstande sind, in einem Gegenstand ein Zeichen für etwas ganz anderes zu sehen, hören die bemalten Muscheln auf, nur Kalkschalen von Weichtieren zu sein. Sie sind Zeichen für das Zusammenleben geworden.

Solange die Menschen nur sehr wenige waren und kaum Austausch mit anderen pflegten, benötigten sie keine solchen Symbole. Niemand legt im engsten Familienkreis ein Collier an. Aber sobald die Gruppen größer und vielfältiger wurden, lohnte sich der Aufwand. Tatsächlich konnte der Londoner Archäologe Mark Thomas nachweisen, dass die verzierten Muscheln der südafrikanischen Blombos-Höhle, auch spätere in Afrika gefundene Artefakte, regelmäßig zu Zeiten des Bevölkerungswachstums entstanden.[14]

Symbole schaffen Mythen, sie schweißen Menschen zusammen. Wie sich die Kunst mit den Formen der Gemeinschaft entwickelte, zeigt auch die prähistorische Felsmalerei der Ureinwohner Australiens.[15] In den verschiedenen Teilen des Kontinents fanden die Aborigines sehr unterschiedliche Lebensbedingungen vor. In der glühenden Hitze des Landesinneren ernährt die Wüste auf riesigen Flächen nur wenige Menschen; daher sind die Territorien der Stämme dort viel ausgedehnter als an den fruchtbaren Küsten. Man könnte nun vermuten, dass ein großes Siedlungsgebiet die Entstehung verschiedener Stile in der Kunst eher begünstigt als ein Zusammenleben auf engem Raum, doch das Gegenteil ist der Fall: Im extremen Klima, wo die Menschen wenige, weit verstreut und aufeinander angewiesen sind, verbindet sie ihre Symbolik. Über Hunderte von Kilometern zeigen die Gravuren und Zeichnungen auf den Felsen immer wieder dieselben Motive. An den niederschlagsreichen Küsten jedoch lebten auf engem Raum Stämme nebeneinander, die Wert auf ihre Unterschiedlichkeit legten. Diese nutzten die Kunst zur Abgrenzung von ihren Nachbarn, weshalb hier ein großer Reichtum an Darstellungen zu bewundern ist: Die Menschen erfanden Symbole, um sich zu vereinen und voneinander abzusondern, erst später erkannten sie den ganzen Wert dieser Zeichen als Instrumente des Denkens.

Um selbst zu sehen, wie sich nach der Erfindung der Symbole die Malerei, das Leben und der Verstand der ersten Europäer weiterentwickelten, fuhr ich nach Altamira. Die berühmte Bilderhöhle liegt nur eine halbe Autostunde vom Monte Castillo entfernt, wo meine Begleiter die Zeichnungen der Neandertaler entdeckt hatten. Auch in Altamira hatten Hoffmann, Pike und ihre Kollegen unerwartet alten Rötelauftrag gefunden. Die früheste von ihnen analysierte Zeichnung ist ein unerklärliches Symbol, das wie zwei übereinandergestellte Damenschuhe aussieht. Es entstand vor 36000 Jahren, 20000 Jahre früher als bisher gedacht. Damit konnten sowohl Neandertaler als auch die ersten europäischen *Homo sapiens* die Urheber sein.

Der Eingang der Höhle befindet sich auf dem Gipfel eines sanften Hügels, von dem aus man den ganzen Lebensraum der einst hier herumziehenden Jäger und Sammler überblickt. Auf der einen Seite reicht unser Blick bis hinunter zur Atlantikküste, wo die Menschen einst Hirsche jagend und Muscheln sammelnd den Winter verbrachten. Auf der anderen Seite sehen wir die schneebedeckten Ketten der kantabrischen Berge, wohin das Wild und mit ihnen die Jäger während des Sommers zogen. In der Steinzeit muss die Aussicht noch eindrucksvoller gewesen sein, denn die Höhle öffnete sich weit in die Landschaft. Der Fels bildete eine natürliche Halle, der die Vorderwand fehlte, wer in der Höhle saß, konnte die Weite genießen. Als die Eingangshalle vor 13000 Jahren einstürzte, gaben die Menschen Altamira auf.

In der Eingangshalle versammelten sich größere Gruppen, wie die Ausgrabungen zeigen. Aber nur eine Handvoll Menschen lebte hier ständig: Altamira mag so etwas wie eine Festhalle gewesen sein. Auf ihrem Weg zwischen der Küste und den Bergen kamen die Clans zusammen, um voneinander zu lernen, Geschichten zu hören, Ausschau nach Partnern im heiratsfähigen Alter zu halten.

Heutige Besucher von Altamira gelangen normalerweise nie unter die Erde. Sie bekommen nur eine Halle zu sehen, in der ein Teil der Höhle naturgroß in Polyester nachgebaut ist. Wir aber bringen die dreifachen Stahlgitter und Stahltüren hinter uns, die heute den Zugang versperren, durchqueren den noch bestehenden Rest der Eingangshalle und kommen in den merkwürdigsten Raum, den ich je betreten habe. Er ist dunkel und ungefähr von der Grundfläche einer Turnhalle, aber gerade mannshoch. Die Decke wellt sich; wenn ich den Kopf in den Nacken lege, meine ich, eine Hügellandschaft von oben zu sehen. Jede Erhebung ist mit roten, schwarzen und ockerfarbenen Tieren bemalt. Bisons, Pferde, Eber, Hirsche tummeln sich über unseren Köpfen, und die Herden sind auf den Felsrundungen so geschickt angeordnet, dass die massigen Bäuche der Bisons sich uns entgegenwölben. Ein lebensgroßer Hirsch streckt seinen Kopf in unsere Richtung, während Hinterteil und Hinterläufe desselben Tiers uns entschwinden. Obwohl über der ganzen Szenerie nur das Dämmerlicht unserer Stirnlampen liegt, scheinen auf den Fellen der Tiere Licht und Schatten zu spielen.

Und doch habe ich keineswegs den Eindruck, leibhaftiges Wild vor mir zu haben. Was ich sehe, ist viel interessanter. Die Herde wirkt nicht naturgetreu. Schwarze Linien umrahmen alle Körper, jedes Tier ist in einer anderen Perspektive gezeichnet. Oft überlagern sich sogar Figuren in unterschiedlichen Stilen, als ob spätere Künstler die Werke ihrer Vorgänger einfach übermalt hätten. Schließlich war die Höhle über 23 000 Jahre lang im Gebrauch. Neun Mal länger, als Zeit seit dem Bau der Pyramiden vergangen ist, drückten sich die Maler hier aus. Aber ich stehe auch nicht bloß unter einem Gemälde. Dazu erscheinen die Decke und ihre Geschöpfe zu körperlich, zu greifbar. Ich befinde mich inmitten einer eigenen Wirklichkeit – einer Realität jenseits der Natur.

Picasso soll über den großen Saal von Altamira gesagt haben, alle Kunst seither sei ein Abstieg gewesen. Aber stellte er sich die Frage, was dieses Feuerwerk an phantastischen Körpern hervorgebracht hatte? Die lange Zeit gängigste Deutung behauptet, dass die Tierdarstellungen aus der Steinzeit ein Jagdzauber waren: Die Menschen hätten das dargestellte Wild stellvertretend für das Wild in den Wäldern beschworen. Dagegen spricht, wie viele Bisons die Höhlendecke von Altamira bevölkern. Als die Malereien entstanden, waren Bisons rar und wurden nur selten gejagt. In den Ausgrabungen habe man vor allem die Knochen von Hirschen und Pferden gefunden, erklärt mir Pilar Fatas, die Direktorin der Forschungsstation bei der Höhle. »Die Künstler zeichneten nicht, was sie sahen.«

Außerdem eignete sich der Saal gar nicht für Rituale vor vielen Menschen. Dass wir unter der bebilderten Decke herumlaufen können, verdanken wir nur den Archäologen des 20. Jahrhunderts, die den Boden der Höhle abtrugen. Eine Verfärbung der Felswände ließ noch das frühere Niveau erkennen: Als die Bilder entstanden, hätte sich allenfalls ein Kleinkind in dieser Kammer aufrichten können. Alle anderen mussten kriechen. So erreichten die Künstler die Decke ohne Gerüste: Sie legten sich auf den Rücken und malten. Doch ihre Werke bekamen die Menschen, die sich in Altamira versammelten, wohl kaum zu Gesicht.

Lag der Wert dieser Kunst also in ihrem Geheimnis? Schrieb man den Bildern magische Kraft zu? Ihre bloße Existenz machte Altamira zu einem besonderen Ort. Und je weniger die spektakulären Darstellungen zugänglich waren, je mehr darüber gemutmaßt wurde, umso größer musste der Zauber sein, der die Höhle umgab. Sollten die Malereien nicht die Natur, sondern die Menschen in ihren Bann ziehen? Je größer die Faszination, die von Altamira ausging, umso mehr Clans würden sich hier versammeln, um zu aller Vorteil Ideen und Wissen zu tauschen, Familien zu gründen. Andererseits: Konnten die Maler, die über Jahrtausende auf dem Rücken liegend Farbschicht auf Farbschicht auftrugen, die Magie dieses Ortes beschwören, ohne selbst daran zu glauben?

Wir verlassen den großen Saal und dringen in verwinkelte Gänge der Höhle ein. Je weiter wir uns vom großen Saal entfernen, umso reduzierter werden die Zeichnungen. Sie sind auch nicht mehr farbig, sondern nur noch schwarz aufgetragen oder als dünne Linien in den Fels eingraviert. Viele Bilder in der tiefen Höhle bestehen lediglich aus wenigen Strichen, die das natürliche Relief der Felsen ergänzen und diesen eine Tiergestalt geben. An einer Stelle ist ein Überhang so mit einer schwarzen Linie verziert, dass sich das Gestein in unseren Augen in eine Hirschkuh verwandelt.

Gut 300 Meter vom Eingang entfernt endet die Höhle schließlich in einem stumpfen Korridor ohne Ausgang. Wer dort den Rückweg antreten will und sich umdreht, erblickt plötzlich Gesichter. Die unheimlichen Gestalten sind Steine, die auf einer Seite mit schwarz aufgemalten Augen, auch Nasenhöhlen verziert sind. So kunstvoll verbinden sich die Bemalungen im Dämmerlicht mit den Formen der Felsen, dass der Besucher meint, vor fremdartigen Lebewesen zu stehen.

Sahen die Künstler den Berg als belebt – und sich selbst als Entdecker der Geschöpfe, die der Fels hervorgebracht hat? Oder verstanden die Maler, dass sie in den Bildern letztlich sich selbst begegneten, weil die Zeichen auf der Wand ein Spiegel ihrer eigenen Vorstellungen waren?

Einer der Maler hat auf dem Fels den Abdruck seiner Hand hinterlassen. Einen Moment lang träume ich, ihn zu befragen, doch gleich darauf bezweifele ich, ob ein Künstler der Steinzeit überhaupt verstehen würde, was ich meine. Vielleicht hätte er mir geantwortet, sein Werk liege darin, den Fels zu verwandeln, damit wir die in ihm lebenden Geister erkennen. Und ich würde ihm zustimmen. Die bemalten Wände sind kein totes Mineral mehr, sie beginnen im Licht unserer Höhlenlampen zu leben. Die Markierungen im Inneren der Erde geben der Natur eine Bedeutung.

Am Ende des Korridors trägt der Fels unerklärliche Zeichen. So gut versteckt, dass gewiss nur besonders Eingeweihte zu ihnen gelangten, sind dort mannsgroße schwarze Rechtecke aufgemalt, mit komplizierten Schraffuren versehen und in verschiedenen Formaten kariert. Die Muster sehen aus, als hätten sie dazu gedient, etwas zu zählen; ich kann sie mir auch als Kalender oder Landkarten vorstellen. Für mich steht jedenfalls außer Frage, dass die Urheber dieser Symbole versuchten, in der Welt eine höhere Ordnung zu sehen. Wer immer hier gezeichnet hatte, war einen Schritt weiter gegangen als die Vorfahren, die bemalte Muscheln als abstrakte Zeichen für Miteinander benutzten.

Noch komplexere Symbole haben wir in der Pasiega-Höhle gefunden, wo der Physiker Hoffmann und der Archäologe Pike die Neandertaler-Malereien datiert haben. Dort sind wir auf rote Rundungen und senkrechte Linien gestoßen, die jemand in Augenhöhe sehr sorgfältig nebeneinander auf den Fels gemalt hat. Die Gebilde sind an manchen Stellen voneinander abgesetzt, an anderen miteinander verbunden wie exotische Lettern. Die ganze Inschrift erstreckt sich über eine Armlänge und ist von zwei waagrechten Linien unterstrichen. Daneben prangen zwei stilisierte Hände. Auf dem Boden liegt ein Stein, auf dem jemand rötliches Mineral zu einem Pulver zermahlen hatte. Das Alter dieses Werks sei noch unbekannt, sagen meine Begleiter.

Ich frage, ob sie sich vorstellen konnten, dass Neandertaler mit Zeichen umgingen, die wie Buchstaben aussehen. »Warum nicht?«, antwortete Pike. »Sie hatten größere Gehirne als wir.«

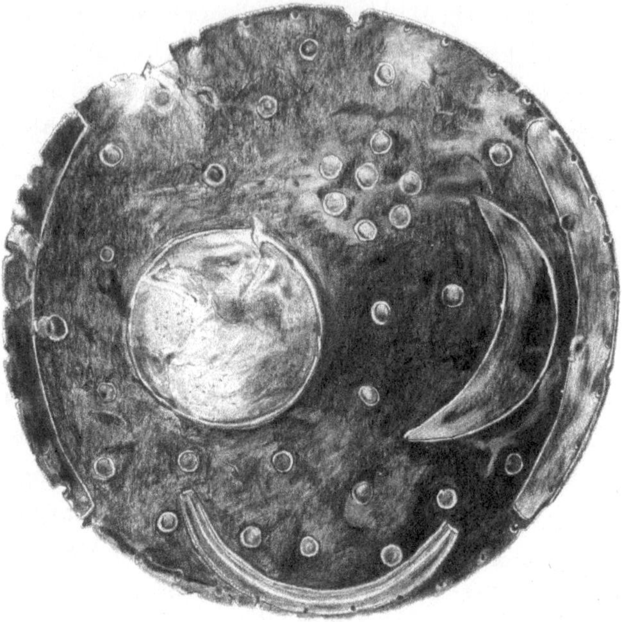

Die Himmelsscheibe von Nebra, um 4000 Jahre vor unserer Zeit

5 Sehen ist erfinden

Die Himmelsscheibe ist eines der rätselhaftesten Objekte, die man je in Deutschland entdeckte. Gefunden wurde sie am 4. Juli 1999 auf dem Mittelberg nahe der Kleinstadt Nebra. Zwei Raubgräber schwenkten an diesem heißen Sonntag ihre Metalldetektoren über den Boden, ständig auf der Hut, gesehen zu werden, denn private Schatzsuche ist in Sachsen-Anhalt verboten. Als um die Mittagszeit in ihren Kopfhörern ein schrilles Pfeifen ertönte, bearbeiteten sie die ausgetrocknete Erde mit einem mitgebrachten Feuerwehrbeil, und schon nach wenigen Schlägen stellten sie fest, dass der Detektor zu Recht angeschlagen hatte. In dem Loch schimmerte Gold. Mit bloßen Händen gruben sie weiter, stießen auf eine Steinplatte, die offenbar absichtsvoll an dieser Stelle versenkt worden war. Nach drei Stunden hatten sie mit den Fingern eine goldene und türkisblaue Scheibe freigekratzt, die jemand an die Steinplatte angelehnt haben musste, bevor er beide begrub. Die Scheibe war kreisrund, flach und etwas größer als ein Essteller. Einseitig trug sie goldene Applikationen. Da schimmerten goldene Punkte und Kreise in verschiedenen Größen, war eine geriffelte Bogenlinie zu sehen, die an ein Boot denken ließ, und eine Sichel wie die des zunehmenden Mondes. Den rechten Rand der Scheibe zierte ein weiterer Goldbogen, ein Gegenstück am linken Rand war offenbar abgefallen.

Außerdem förderten die Männer zwei Bronzeschwerter, zwei Beile und einen Meißel zutage. Lag der Grabschatz eines Herrschers vor ihnen, war die Scheibe ein fürstliches Schild? Die Räuber überlegten nicht lange. Sie räumten das Depot aus, luden die Beute in einen Trabbi und transportierten sie ab. Ein Händler bezahlte ihnen 31 000 Mark.

Als der Landesarchäologe von Sachsen-Anhalt, Harald Meller, zwei Jahre später über einen Hehler unscharfe Fotos zu sehen bekam, wusste er sofort, dass dies kein gewöhnlicher Grabschatz war.[1] Ein Astronom überzeugte Meller davon, dass die goldenen Punkte Sternbilder darstellten, der große Kreis die Sonne sein musste, die Sichel der Mond: Die Scheibe war offenbar ein astronomisches Instrument! Wenn das stimmte, dann war der Fund mehr als nur sensationell. Nirgends existierte ein Gegenstand auch nur annähernd dieser Art und dieses Alters. Zwar führten die Astronomen der Sumerer schon früh Sternenkataloge in Keilschrift. Aber die Scheibe zeigte eine graphische Darstellung des Kosmos. Und eine Karte der Himmelskörper war weder aus Mesopotamien noch aus dem Ägypten der Pharaonen oder den Städten Griechenlands, weder aus dem alten China noch aus den Reichen der Maya bekannt. Mehr noch, mit der Scheibe ließen sich einzelne Gestirne anpeilen, erklärte der Astronom. Aus keiner einzigen anderen antiken Kultur sind tragbare Geräte zur Himmelsbeobachtung erhalten.

Mit welcher geistigen Fähigkeit konnten die Menschen in den Wäldern zwischen Elbe und Harz Messinstrumente erfinden, die wir aus keiner Hochkultur kennen? Oder trieben hier Fälscher ihr Spiel? Daran, dass der Schatz tatsächlich aus der frühen Bronzezeit stammte, konnte Meller unmöglich zweifeln: »Fälscher machen immer das, was man schon kennt. Sie wollen es ja verkaufen.«

Er kontaktierte das Hehlerpaar, zu dem der Fund inzwischen gelangt war. Für 700 000 Mark erklärten sich die Hehler bereit, an das Land zu verkaufen. Unter dem Vorwand, dass Meller das

Objekt prüfen wollte, wurde ein Treffen in einem Basler Hotel organisiert. Aber der Landesarchäologe hatte sich als Lockspitzel zur Verfügung gestellt. Als einer der Hehler die Scheibe unter dem Pullover hervorzog und vor Meller auf den Tisch legte, griff die Schweizer Polizei zu. Die Hehler wurden verhaftet, schließlich auch die Raubgräber gestellt. Der Schatz gelangte ins Landesmuseum nach Halle. Meller hatte richtiggelegen: Chemische Untersuchungen datierten den Fund auf wenigstens 3600 Jahre, möglicherweise sogar 4100 Jahre.[2]

Was die Symbole auf der Scheibe bedeuten, ist bis heute nicht restlos geklärt. Kein Zweifel besteht aber, dass der Nachthimmel dargestellt ist. Der ausgefüllte Kreis, der anfangs als die Sonne angesehen wurde, symbolisiert wahrscheinlich den Vollmond, eine Ansammlung von sieben kleinen Goldplättchen zwischen den beiden Bildern des Mondes steht offenbar für den Sternhaufen der Plejaden. Der goldene Bogen am rechten Rand und der Abdruck des verlorenen Bogens am rechten Rand der Scheibe umfassen Winkel von jeweils 82 Grad, entsprechen damit genau dem Abstand zwischen den Punkten am Horizont, an denen die Sonne in Mitteldeutschland einerseits zur Winter-, andererseits zur Sommersonnwende aufgeht und untergeht. So ließ sich die Scheibe als Kalender zur astronomischen Bestimmung von Frühjahrs- und Herbstbeginn und damit zur Planung von Festen, auch von Aussaat und Ernte benutzen. Die Plejaden wiederum gingen in der Bronzezeit zur Wintersonnwende auf, wenn der Abend dämmerte, und zur Sommersonnwende in der Morgendämmerung unter. Damit konnte die Scheibe sogar dazu dienen, ein Problem zu lösen, das schon die Astronomen im alten Babylon umtrieb, nämlich den Sonnenkalender und den Mondkalender miteinander in Einklang zu bringen.[3]

Die Scheibe von Nebra ist ein Bild, aber keine Abbildung des Nachthimmels. Sie bemüht auch keine Mythologie. Vielmehr gibt sie kosmische Zusammenhänge in abstrakter Form wieder. Um diese Gesetzmäßigkeiten darstellen zu können, mussten die Schöpfer sich also sowohl von dem, was sie wahrnahmen, als auch von mythologischen Vorstellungen lösen. Nur indem sie ihre Eindrücke hinterfragten, Hunderte Beobachtungen von Konstellationen der Himmelskörper analysierten und miteinander verglichen, konnten sie ein neues Bild der Wirklichkeit finden – ein Bild, das sich dem Verstand, aber nicht mehr allein den Sinnen erschließt. Die Scheibe stellt einen Ausschnitt der Welt dar, den ihre Schöpfer so niemals sahen.

Dass diese Menschen zu solcher Abstraktion fähig waren, ist das eigentliche Wunder der Scheibe von Nebra. Ihre Kultur hat sie für dieses erstaunliche Werk nicht gerade prädestiniert: Anders als in Mesopotamien lebten in den deutschen Wäldern keine Gelehrten, die über viele Generationen Wissen ansammelten. Im Europa der Bronzezeit existierte nicht einmal eine Schrift. Und doch erfanden die Menschen hier astronomische Instrumente, schufen die älteste bekannte Darstellung des Nachthimmels. Die Himmelsscheibe von Nebra ist ein Triumph der Vorstellungskraft, die den Menschen die bloße Anschauung überwinden lässt.

Jeder schöpferische Akt ist eine Auflehnung gegen die Wirklichkeit, die uns vertraut ist. Wer die Welt verändern will, muss imstande sein zu sehen, was nicht ist, aber sein könnte.

Als unsere Vorfahren vor drei Millionen Jahren die ersten Werkzeuge herstellten, hatten sie verstanden, dass Dinge nicht zwangsläufig die Gestalt haben, in der sie uns begegnen. Ein Feuersteinbrocken vermag in geschickten Händen die Formen eines Faustkeils anzunehmen – doch nur, wenn der Verwandlung eine Vorstellung des künftigen Zustandes vorausgeht. Nur mit ihrer Vorstellungskraft konnten Menschen später symbolisches Denken entwickeln und die ersten Kunstwerke schaffen: Sie sprachen Kerbhölzern, Muscheln und verzierten Steinen Bedeutungen zu.

Ohne die Fähigkeit, eine imaginäre Welt vor dem inneren Auge zu sehen, gäbe es keine Kultur. Die Pyramiden, das Parthenon und die Chinesische Mauer waren Bilder in den Köpfen ihrer Erbauer, lange bevor die ersten Arbeiter anrückten. Wissenschaftler veränderten die Welt, indem sie sich Zusammenhänge ausmalten, die sie mit ihren Sinnen nicht wahrnehmen konnten. Niemand hat je die Bahnen der Planeten und die Linien der elektrischen Felder gesehen, wir verstehen sie nur, weil wir sie uns vorstellen können. Und politische Führer versammeln ihre Gefolgsleute nicht mit Argumenten. Vielmehr beschwören sie Bilder einer besseren Zukunft oder einer Bedrohung herauf. Ohne die Fähigkeit der Imagination könnten Gesellschaften nicht funktionieren.

Woher aber haben wir Menschen dieses Vorstellungsvermögen? Die Betrachtung des Himmels, an der sich die Phantasie seit jeher kristallisiert, ist eine der besten Gelegenheiten zur Erkenntnis der eigenen inneren Bilder. Man muss nur mit wachem Bewusstsein den Aufgang eines Vollmonds beobachten, um Imagination als untrennbar von Wahrnehmung zu verstehen. An manchen Abenden scheint der Mond wie eine riesige Orange über dem Horizont zu schweben – ein in warmen Farben leuchtender Ball, fast so groß wie ein Baum im Vordergrund und dabei zum Greifen nahe. Natürlich wissen wir heute, dass ein mehr als 350 000 Kilometer von uns entfernter Himmelskörper niemals einen so großen Teil unseres Gesichtsfeldes ausfüllen kann wie ein Objekt in unserer Nähe. Aber auf merkwürdige Weise empfindet man diese eigentlich unabweisbare Tatsache als unwahrscheinlich: Die Anschauung spricht zu deutlich dagegen. In solchen Momenten können selbst die nüchternsten Menschen all denen nachfühlen, die dem Mond magische Kräfte zuschreiben oder sich mondsüchtig nennen. Ein paar Stunden später allerdings erscheint der Vollmond wieder in seiner wahren optischen Größe. Hoch am Himmel, zwischen den Sternen, nehmen wir ihn mit einem Durchmesser höchstens halb so groß wie am Anfang der Nacht wahr. Hat jemand den Mond geschrumpft?

Dieses Rätsel ist so alt wie die Geschichte des Denkens. Schon die Keilschrift auf einer Tontafel, die man in den Überresten der Bibliothek des Königs Aššurbanipal in der untergegangenen mesopotamischen Stadt Ninive fand, beschreibt es. Zweifellos staunten auch die Schöpfer der Himmelsscheibe über die Verwandlung des Mondes im Lauf einer Nacht.

Seitdem beschäftigte das Problem die großen Geister der Menschheit.[4] Weil zur Diskussion steht, wie verlässlich einerseits die Information ist, die die Sinne uns über die Außenwelt liefern, und wie viel andererseits unsere Vorstellung hinzufügt, bezeichnete man das Studium der Wahrnehmung in der Neuzeit als »praktische Philosophie«. Und so bekam der Mond über dem Horizont seinen Auftritt in einem der einflussreichsten philosophischen Werke aller Zeiten, Immanuel Kants »Kritik der reinen Vernunft«. Kant wusste, dass alles Denken von der Anschauung ausgeht. Aus gutem Grund bedeutet das englische »I see« sowohl »ich sehe« als auch »ich verstehe«.

Leicht überzeugt man sich davon, dass das Wachsen und Schrumpfen des Vollmonds im Lauf einer Nacht sich nicht am Himmel abspielt, sondern im Kopf. Es genügt, den Mond mit dem Daumen anzupeilen, was eine durchaus verstörende Erfahrung sein kann. Sobald sich der Finger im Bild dem überdimensionalen orangen Ball über dem Horizont nähert, springt dieser, wie durch Magie, auf das Normalmaß zurück, mit dem man den Mond sonst hoch am Nachthimmel sieht.

Irgendetwas bringt offenbar unsere Wahrnehmung dazu, den Mond zu verzerren. »Selbst der Astronom«, wunderte sich Immanuel Kant, könne unmöglich verhindern, »dass ihm der Mond im Aufgange nicht größer scheine«. Die Vergrößerung kann aber nicht im Auge geschehen, sonst würde sie bleiben, wenn man einen Daumen erhebt. Tatsächlich ist das Bild des Mondes auf der Netzhaut völlig unabhängig davon, wie hoch am Himmel er steht. Wie wir heute wissen, erzeugt die Mondscheibe stets einen hellen Fleck von gut einem Zehntelmillimeter Durchmesser auf der Netzhaut, was ungefähr dem Abdruck einer Nadelspitze entspricht. Der riesige Mond ist eine Phantasie, die sich als Wirklichkeit darstellt.

Menschen behandeln ihre Phantasien bemerkenswert leichtgläubig. Eine Wand, der wir gegenübersitzen, sehen wir weiß, auch wenn sie das Licht der untergehenden Sonne bescheint. Nachdem wir eine Weile schnell auf der Autobahn gefahren sind, sehen wir die Landschaft beinahe in Ruhe, und 140 Stundenkilometer kommen uns gemächlich vor; wer jetzt bremsen muss, empfindet sich in qualvoll langsamer Bewegung, obwohl der Tacho noch immer 110 anzeigt. Wir sind auch davon überzeugt, dass wir in eine dreidimensionale Welt eingetaucht sind und dass der Raum, in dem wir uns befinden, so ist, wie er sich uns zeigt. Wir können nicht anders.

Diese unvermeidliche Haltung nennt man naiven Realismus. Das ist keineswegs abfällig gemeint. Ein naiver Realist glaubt, dass die Wirklichkeit so ist, wie er sie erlebt. Auf eine solche Weltanschauung hat die Natur uns eingerichtet, denn seinen Sinnen zu trauen vereinfacht das Überleben. Naiver Realismus, so hat es der englische Philosoph Simon Blackburn ausgedrückt, »ist die Haltung, die Philosophen nach Dienstschluss annehmen«.

Naiver Realismus leugnet die eigene Phantasie. Wahrnehmung, auch Denken geht von Vermutungen aus, aus denen wir Weltbilder konstruieren, die wir dann für Wirklichkeit halten. In diesem Weltbild sind wir so lange gefangen, wie uns unser eigenes Zutun bei dessen Herstellung unbewusst bleibt. Dies ist die Tragik des schöpferischen Verstands: Einerseits erfinden wir ständig, andererseits erkennen wir unsere Einfälle nicht als solche. Wir leiden nicht an einem Mangel an Vorstellungskraft, sondern an Blindheit für die Phantasie. Die Unbekannten, die die Himmelsscheibe herstellten, allerdings wussten, dass die Wirklichkeit oft ganz anders ist, als sie uns erscheint.

Schöpferisches Denken beginnt stets damit, dass ein Mensch eine Vermutung, die andere als unveränderliche Tatsache ansehen, als solche erkennt und damit den Raum für neue Vorstellungen öffnet. Nur wer sich wundert, bekommt die Chance, Ideen zu entwickeln. So hat die polnische Dichterin Wisława Szymborska in der Rede argumentiert, mit der sie 1995 den Literaturnobelpreis annahm: »Was immer Inspiration ist, sie wird aus einem ständigen ›Ich weiß nicht‹ geboren.«

Jedes Kunstwerk entsteht aus einem ›Ich weiß nicht‹, aber Szymborska hob zu Recht darauf ab, dass Inspiration kein Privileg der Künstler sei. Sie kann jeden ereilen, der sich ihr öffnet. Allzu lange galt schöpferisches Denken als eine besondere Fähigkeit, mit der einzelne Personen gesegnet sind und andere nicht. Heute wissen wir: Es gibt nicht so etwas wie besondere Hirnfunktionen für Kreativität. Kreativität macht sich die elementaren Mechanismen der Wahrnehmung zunutze. Wann immer wir sehen, hören, riechen, schmecken und fühlen, erfinden wir.

Abb. 8: Shepard Tische. Beide Tischplatten sind identisch, wie man leicht nachmessen kann. Allein die Darstellung der Tischbeine verleitet uns zu der Illusion, dass sie unterschiedliche Abmessungen haben.

Der entscheidende Schritt ist also, dem naiven Realismus eine Absage zu erteilen. Die Schöpfer der Himmelsscheibe gingen ihn, als sie vor mehr als 3600 Jahren nicht die Erscheinung der Sterne, sondern kosmische Gesetzmäßigkeiten darstellten. Was hindert uns also, ihrem Beispiel zu folgen? Eigentlich wissen wir ja, dass die Welt nicht so ist, wie wir sie erleben.

Doch Menschen sind naive Realisten gegen bessere Einsicht. Jeder kennt die irritierenden Versuche, die man optische Täuschungen nennt: Spiralen scheinen sich zu drehen, man meint einen Film vor Augen zu haben, obwohl man lediglich auf ein Papier schaut; aus einem Schwarzweißdruck treten plötzlich Farben hervor; ein mit dürren Strichen aufs Papier gezeichneter Würfel erhält mit einem Mal räumliche Tiefe und klappt fortwährend nach vorne und hinten. Zu den eindrucksvollsten Illusionen dieser Art gehören die Tische, die der amerikanische Psychologe Roger Shepard im Jahr 1990 gezeichnet hat. Vergleichen Sie die in Abbildung 8 gezeigten Möbel: Welchen Tisch würden Sie wählen, um ihn durch eine schmale Tür zu bringen? Und würde die

Fläche, die in der Graphik die Platte des einen Tischs darstellt, auch auf den anderen passen? Wohl jeder entscheidet sich für den linken Tisch und beantwortet die zweite Frage mit nein. Tatsächlich sind die Tischplatten völlig identisch, nur um 90 Grad zueinander gedreht. Beide messen 30 Millimeter an ihrer längeren und 20 Millimeter an der kürzeren Kante. Der Eindruck des Unterschieds kommt dadurch zustande, dass wir uns durch die Tischbeine dazu verleiten lassen, die Bilder als eine, wenngleich ungelenke, perspektivische Darstellung zu deuten. Darum erscheint jeweils die Seite des Parallelogramms, die sich in die vermeintliche Tiefe des Raumes erstreckt, verlängert.

Doch so erstaunlich solche Verwirrspiele sind, sie erschüttern unseren Glauben an die Sinneserfahrung nur kurz. Schnell legt sich das Befremden: Man erklärt sich die Irritation aus der Sonderbarkeit des Experiments, versucht sich damit zu beruhigen, dass der Versuch uns eine Falle gestellt hat, statt die eigene Wahrnehmung für die Widersprüche verantwortlich zu machen. So kehrt man nach ein paar Minuten zum gewohnten naiven Realismus zurück.

Wir verkennen unsere Phantasien, weil sich die Mechanismen der Wahrnehmung dem Bewusstsein entziehen. Bilden wir uns etwa die riesige Orange, die uns an manchen Abenden als über dem Horizont schwebend erscheint, nur ein? Nein, wir sehen den Vollmond tatsächlich so. Messungen an der Sehrinde zeigen, warum wir die Verzerrung für real halten müssen: weil sie entsteht, lange bevor die Information dem kritischen Verstand zugänglich ist. Die Sehrinde, ein Teil des Großhirns am Hinterkopf, verarbeitet als erste Instanz die Signale, die von den Augen eintreffen. Sie verwandelt die elektrischen Impulse, die der Sehnerv überträgt, in Bildinformation. Erst in der Sehrinde entsteht das, was wir als

Farben, Formen und Kontraste erleben; sie sorgt denn auch dafür, dass wir ein Sandkorn als winzig und einen Berg als riesig wahrnehmen. Je mehr Neuronen der Sehrinde sich mit einem bestimmten Gegenstand befassen, umso größer erleben wir diesen – unabhängig davon, wie groß das Objekt auf der Netzhaut im Auge erscheint.[5]

Das Gehirn ist eine Lupe. Man muss nur die eigenen Hände ansehen, um sich davon zu überzeugen. Am besten, Sie halten die rechte Hand mit ausgestrecktem Arm senkrecht auf Augenhöhe, so dass Sie auf den Handrücken blicken, und die Linke in einigem Abstand daneben, ebenfalls senkrecht, doch mit abgewinkeltem Arm. Jetzt halten Sie beide Hände genau gleich, mit den Fingerspitzen nach oben, nur unterschiedlich weit von Ihrem Oberkörper entfernt. Vermutlich sehen Sie beide Hände gleich groß, ohne sich darüber zu wundern. Aber wie kann das sein? Immerhin beträgt der Abstand von Ihren Augen zur rechten Hand ungefähr das Doppelte des Abstands zur linken. Sollten Sie die rechte nicht kleiner als die linke wahrnehmen?

In der Sehrinde wurde die entferntere Hand vergrößert; der Faktor ergibt sich aus dem Abstand der Hände. Sie sollen gleiche Objekte in ähnlichen Dimensionen erleben, das erleichtert das Wiedererkennen. (Erst wenn Sie Ihre rechte Hand langsam nach links bewegen, wobei Sie den Arm ausgestreckt lassen, zerstört der direkte Vergleich die Phantasie. Sobald sich die Daumen im Bild überdecken, erscheint die rechte kleiner als die linke, wie es den unterschiedlichen Abständen vom Auge entspricht.)

Dieselben Vorgänge in der Sehrinde wiesen Jülicher Wissenschaftler im Jahr 2014 nach, wenn Menschen den Vollmond aufgehen sehen: Je niedriger er über dem Horizont steht, umso mehr Aktivität in der Sehrinde löst der Mond aus, umso größer erleben wir ihn.[6] Wie die Gegenwart der vorderen Hand das Bild der anderen vergrößert, so lassen ein Baum, ein Berg oder auch eine Welle im Vordergrund vermuten, dass der dahinter hochsteigende Mond weit entfernt ist. Also wird er vergrößert. Später in der Nacht liefert der Sternenhimmel keinen Vergleichsmaßstab mehr. Darum sehen wir den Mond, wenn er hoch steht, so klein, wie sein Bild auf der Netzhaut erscheint.[7]

Tatsächlich verändert Ihr Gehirn das Bild viel stärker als eine Lupe. Durch ein Vergrößerungsglas sehen Sie alles gedehnt. Blicken Sie dagegen auf die Hände vor Ihrem Gesicht, so nehmen Sie nur die weiter entfernte Hand übergroß wahr, den Rest des Bildes dagegen perspektivisch korrekt. Abends erscheint einerseits der Mond riesig, anderseits die Landschaft darunter wie immer. Das alles ist optisch völlig unmöglich: Keine Kamera der Welt wird jemals diese Szenen so aufnehmen können. Was Sie sehen, ist eine Fiktion.

Wahrnehmung muss manipulieren. Nur weil wir phantasieren, finden wir uns zurecht in der Welt. Eine Kamera folgt allein den Gesetzen der Optik – zweimal vor demselben Motiv auf den Auslöser gedrückt, ergibt identische Bilder. In einem digitalen Fotoapparat zieht ein von Rand zu Rand mit Millionen Pixeln bestückter Sensor aus dem einfallenden Licht die Information; ihm entspricht die Netzhaut im menschlichen Auge. Aber was die Netzhaut liefert, hat nichts mit der Wirklichkeitsnähe eines Fotos zu tun. Denn die lichtempfindlichen Stäbchen und Zapfen sind so ungleich auf der Netzhaut verteilt, dass das Auge nur im unmittelbaren Zentrum des Gesichtsfeldes scharfe Bilder aufnehmen und Farben auflösen kann. Die Welt außerhalb dieses kleinen Bereichs sehen wir verschwommen wie durch eine Milchglasscheibe – und in Schwarzweiß.

Falls Sie es nicht glauben, dann bitten Sie einen Freund, seitlich ein paar Buntstifte hochzuhalten, während Ihr Blick seine Nase fixiert. Sie werden außerstande sein zu sagen, in welcher Farbfolge er die Stifte aufgereiht hat – vorausgesetzt natürlich, Sie widerstehen der Versuchung, Ihre Augen für einen Sekundenbruchteil von der Nase des Freundes abzuwenden und in die Richtung der Stifte zu schauen. Wenn er ein paar Schritte von Ihnen entfernt steht, entspricht das Gebiet, in dem Sie farbig und scharf sehen, gerade einmal der Größe seines Gesichts. Warum sehen Sie dennoch die Welt in alle Richtungen bunt und voller Details? Weil Ihre Pupillen normalerweise das tun, was sie in unserem Experiment unterlassen sollten: Sie springen. Zehn bis dreißig Mal in jeder Sekunde ändern Sie unbewusst Ihre Blickrichtung, um immer wieder einen anderen Teil des Bildes in den Fokus zu nehmen. Davon merken Sie nichts, weil das Gehirn die Information von den Augen abschaltet, wenn sie sich bewegen.

Sobald Ihre Pupille ein neues Ziel ansteuert, erblinden Sie für einen Moment. So nehmen Ihre Augen in jeder Sekunde zehn bis dreißig Schnappschüsse auf; jeder dieser Schnappschüsse ist größtenteils unscharf und schwarzweiß, nur ein kleiner Abschnitt im Zentrum liefert Information über Kanten und Farben. Aus all diesen Eindrücken puzzelt dann die Sehrinde im Gehirn die Illusion einer bunten Welt voller Details zusammen. Tatsächlich aber haben wir das, was uns als ein einziges Bild erscheint – das Gesicht der Freundin, ihr rotes Kleid, der Baum im Hintergrund, die Schäfchenwolken am Himmel – nie zusammen gesehen.

Noch nicht einmal dort, wo das Auge Details und Farben abzubilden vermag, entspricht unsere Wahrnehmung der Realität. Schlimmer noch: Ausgerechnet in der Mitte des Gesichtsfeldes, wo die Auflösung am höchsten sein könnte, sehen wir gar nichts. Denn hier liegt der blinde Fleck. Genau gegenüber der Augenlinse fällt das Licht auf eine Zone, in der die Netzhaut keine einzige lichtempfindliche Zelle trägt, weil hier der Sehnerv angeschlossen ist – eine fragwürdige Konstruktion der Natur. Sie können Ihren blinden Fleck erleben, wenn Sie Ihr rechtes Auge schließen und mit dem linken das Kreuzchen in Abbildung 9 fixieren. Wenn die Seite gut eine Handbreit von Ihrer Nasenspitze entfernt ist, wird der schwarze Punkt plötzlich verschwinden – er trifft auf den blinden Fleck.

Wir stellen uns den blinden Fleck als unwesentlich vor; tatsächlich ist er groß. Der blinde Fleck verhindert das Sehen auf einer Fläche entsprechend der von 15 Vollmonden, die hoch am Nachthimmel stehen. Warum aber klafft in unserem Gesichtsfeld kein riesiges Loch? Daran, dass jeweils ein Auge den blinden Fleck des anderen ausgleicht, kann es nicht liegen; schließlich nehmen Sie auch keine Leere wahr, wenn Sie ein Auge zukneifen. Aufschluss gibt unser kleiner Versuch: Sobald der schwarze Punkt bei näher rückender Buchseite verschwindet, erblicken Sie an seiner Stelle das graue Muster der Umgebung. Um eine Irritation zu vermeiden, hat Ihr Gehirn einfach etwas erfunden.

In diesem Moment sehen Sie nicht die Wirklichkeit vor Ihren Augen, sie sehen, was Sie sich unbewusst vorstellen. Sie haben sich das, was Sie als Außenwelt erleben, selbst geschaffen. Der indisch-amerikanische Neurologe V.S. Ramachandran, ein Pionier des Studiums der visuellen Wahrnehmung, berichtet, er nutze den blinden Fleck, um Kollegen zu köpfen. Wenn das Gerede im Fakultätsrat kein Ende nehme, fixiere er einen Punkt neben dem Vorsitzenden; sobald dessen Gesicht auf den blinden Fleck falle, erscheine er enthauptet.

Natürlich füllt das Gehirn den blinden Fleck nicht mit einer Illusion aus, um Sitzungen unterhaltsam zu machen. Auch die Wahrnehmung eines von Rand zu Rand farbigen und scharfen Gesichtsfeldes haben wir nicht, weil es schöner ist, mit opulenten Bildern zu leben. Die aufwendig erzeugten Täuschungen er-

Abb. 9: Schließen Sie das rechte Auge, fixieren Sie das Kreuz mit dem linken Auge und bewegen Sie die Buchseite auf Ihr Gesicht zu. Im Abstand von ungefähr 15 Zentimetern verschwindet der schwarze Punkt, weil sein Bild auf der Netzhaut den blinden Fleck trifft. Das Sehsystem im Gehirn füllt die Leerstelle mit dem Grauton der Umgebung aus.

klären sich vielmehr aus der Evolution. Für ein Tier ist es vorteilhaft, wenn es sich möglichst sicher und mit möglichst wenig Verstandesleistung in seiner Umwelt zurechtfinden kann. Müsste es beispielsweise im Dschungel erst darüber sinnieren, ob der an den meisten Stellen unscharfe und überdies vom blinden Fleck unterbrochene Umriss eines Leoparden wohl auf ein gefräßiges Maul hindeutet, hätte es schon sein Leben verwirkt. Eine Chance, sein Leben zu retten, hat nur, wer den eigentlich kaum sichtbaren Räuber in aller Drastik und Deutlichkeit sieht. So sind denn auch alle Kanäle unserer Wahrnehmung wie unser Verstand darauf eingerichtet, uns die Illusion einer möglichst einfachen Welt zu vermitteln – auch und sogar gerade dann, wenn sich die Wirklichkeit alles andere als einfach darstellt. Überleben, nicht Wahrheit ist die Währung der Evolution.

Betrachten Sie einmal die Graphik auf Seite 113. Wahrscheinlich sehen Sie – nichts. Selbst wenn Sie die Zeichnung länger untersuchen, stehen die schwarzen und grauen Kleckse für die meisten Menschen beziehungslos nebeneinander, obwohl in ihnen ein deutlich erkennbares Bild angelegt ist. (Sie werden die Lösung bald erfahren.) Dabei müssen Sie lediglich die hellen und dunklen Tönungen zu einem größeren Ganzen verbinden, um den Sinn zu erkennen. Haben beispielsweise die beiden länglichen und die beiden runden Flecken auf der grauen Fläche in der unteren Bildhälfte miteinander zu tun? Oder hängen nur die beiden runden, nicht aber die länglichen Formen zusammen?

Lange vermutete man, dass das Gehirn von Sinneseindrücken ausgehend Schritt für Schritt ein Bild der Wirklichkeit aufbaut. Wahrnehmung und Denken arbeiten demnach wie ein Detektiv, der akribisch erst jeden Quadratzentimeter des Tatorts nach Spuren absucht und jeden irgendwie greifbaren Zeugen befragt und dann vorsichtige Hypothesen über Hergang und Schuldige des Verbrechens anstellt.

Mit dieser Herangehensweise sind Sie allerdings gerade gescheitert. Obwohl Ihnen alle Informationen über den Inhalt der Graphik vor Augen stehen, haben Sie vermutlich schon aufgegeben, sich einen Reim darauf zu machen. Zwar war die Aufgabe, die Sie zu lösen hatten, im Grunde sehr einfach: Sobald Sie die richtige Zuordnung von hellen und dunklen Flächen herausfinden, ergibt sich ein Bild. Sie hätten also nur im Geist alle denkbaren Kombinationen durchspielen müssen. Allerdings stehen so viele Kombinationen zur Auswahl, dass Sie diese Methode zu Recht wohl gar nicht erst versucht haben, denn der Aufwand steht in keinem Verhältnis zum Ertrag. Ihr visuelles System hätte sich viel zu lange mit dem Lesen dieses Musters befassen und dafür viele andere Aufgaben vernachlässigen müssen. So kann Wahrnehmung kaum funktionieren.

Aber auch der umgekehrte Weg führt zur Erkenntnis: Statt sich aus vielen Details mühsam eine Hypothese zusammenzupuzzeln, kann man auch mit einer Hypothese starten und dann erst prüfen, ob sie sich bewahrheitet. Dies ist das Vorgehen von kühnen Kriminalisten, die schon einen Verdacht hegen, bevor sie

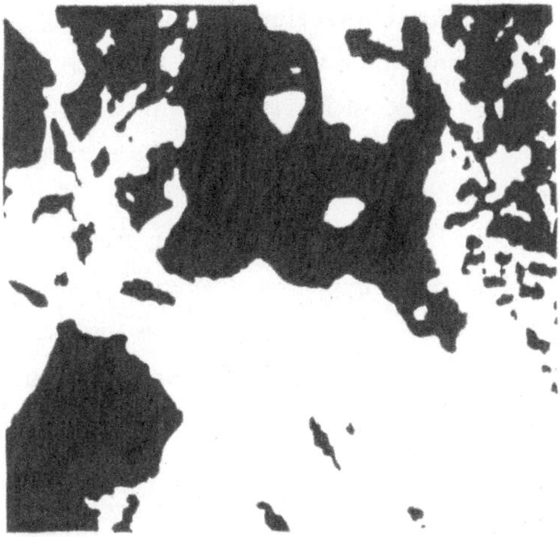

Abb. 10: Wir sehen nur, was wir wissen. Welches Bild erkennen Sie? Nach Ahissar und Hochstein (2004).

einen Lokaltermin anberaumt haben. Wenn sie schließlich den Tatort in Augenschein nehmen, beabsichtigen sie keineswegs, sich ein möglichst umfassendes Bild der Lage zu machen. Vielmehr wollen sie wissen, ob die Fakten ihren Anfangsverdacht stützen oder entkräften.

Der Vorteil ist eine enorme Arbeitsersparnis. Statt vieler Details prüfen sie jetzt nur noch ausgewählte Informationen, welche die Hypothese bekräftigen oder widerlegen. Und genau so haben Sie wahrscheinlich die Graphik untersucht. Vielleicht haben Sie sich nacheinander gefragt, ob hier wohl ein Leopardenfell, das Spiel des Wassers an einem Strand oder doch eher die Schatten von Laub dargestellt sind. Und jedes Mal fragten Sie sich, ob Ihre Hypothese zutrifft, bevor Sie die nächste Vermutung erfanden.

Neurowissenschaftler sprechen vom »Bayes'schen Gehirn«, so genannt nach dem englischen Pfarrer und Mathematiker Thomas

Bayes.[8] Dieser hatte im 18. Jahrhundert eine einfache Formel entdeckt, die beschreibt, wie man durch wiederholtes Erfinden und Testen von Hypothesen zu immer sichererer Erkenntnis gelangt. Thomas Bayes' allerdings unterließ es, seine Entdeckung zu veröffentlichen, erst nach seinem Tod im Jahr 1761 stieß ein Freund auf Bayes Aufzeichnungen. Der Freund meinte, aus dem Theorem ein Argument für die Existenz Gottes ableiten zu können, und gab das Manuskript heraus. Bald gerieten Bayes und seine Rechnungen in Vergessenheit. Erst zu Beginn des 21. Jahrhunderts, als Neurowissenschaftler das Gehirn immer besser zu verstehen begannen und Informatiker zunehmend leistungsfähigere Computer programmierten, erkannten sie, was die Rechnung des englischen Pfarrers wirklich bedeutete: Hier war eine Formel, mit der sich verstehen lässt, wie die Wahrnehmung und das Denken funktionieren.

Bayes' Theorem stellte die bisherigen Erklärungen des Verstandes auf den Kopf: Nicht Sinneseindrücke, sondern ein Vorurteil, aus dem wir eine Vorstellung bilden, steht am Anfang aller Erkenntnis. Die Vorstellung ist eine Hypothese. Erst jetzt kommen die Sinnesorgane ins Spiel. Die von Augen und Ohren gelieferten Informationen dienen aber lediglich dazu, die Vorstellung zu bekräftigen, zu ergänzen oder auch zu widerlegen. Bewährt sich die Vorstellung, halten wir sie für die Realität. Bewährt sie sich nicht, ist man immerhin etwas klüger geworden und kann aufgrund dieser Erfahrung neue Vorstellungen erfinden.

Bis zur Bayes'schen Erklärung gab es nur Wahr oder Falsch: Entweder eine Überzeugung traf zu, oder sie war irrig und damit wertlos. Bayes' Theorem zeigte, wie nützlich unsicherer Glaube sein kann, selbst dann, wenn er sich später als falsch erweist. Denn Erkenntnis ist keine Tatsache, sondern ein Weg.

Wahrnehmung und Denken finden demnach immer vor dem

Hintergrund eines Vorurteils statt. Das Vorurteil kann sein, dass der Mond in einer bestimmten Entfernung von uns am Himmel steht; dass Ihre beiden unterschiedlich entfernten Hände gleich groß sind; dass ein unscharfes Helligkeitsmuster im Gebüsch des Zoogeheges den Rücken eines Leoparden darstellt; dass die Töne, die Sie auf einer schlechten Mobilfunkverbindung verrauscht und abgehackt hören, von der Stimme Ihrer Freundin ausgehen; dass der Wein, den Ihnen der Sommelier im Restaurant als großen Bordeaux zu entsprechendem Preis empfohlen hat, ein Feuerwerk auf Ihrer Zunge auslöst. Und solange nicht vieles dagegen spricht, sehen Sie den Vollmond am Abendhimmel als riesige Orange und ihre beiden Hände gleich groß; erkennen Sie den Leoparden; hören Sie Ihre Freundin; schmecken Sie die Tiefe, die fein ausbalancierten Gerbstoffe und die Aromen von Johannisbeere und Lakritze, die der Sommelier ihnen versprochen hat.

Tatsächlich verdanken Sie all die genannten Erfahrungen Ihrer Vorstellungskraft. Zwischen weit entfernten Büschen im Zoo empfangen Ihre Augen nur die Signale von ein paar hellen, sich bewegenden Flecken; das Bild Ihrer rechten Hand nimmt auf Ihrer Netzhaut zweimal mehr Fläche ein als das der linken; das Ohr am Hörer Ihres Handys empfängt akustischen Salat; und die meisten Menschen können nicht einmal roten von weißem Wein unterscheiden, wenn man ihnen die Augen verbindet.

»Unsere Wahrnehmung der Welt ist eine Phantasie, die mit der Wirklichkeit zusammenfällt«, so formulierte der Londoner Kognitionspsychologe Chris Frith – erstaunlich oft, sollte man ergänzen. Denn nicht nur ergänzt das Gehirn Daten, die die Sinne nicht liefern, weshalb wir ein ganzes Leben verbringen können, ohne je den blinden Fleck zu bemerken. Viel größer noch ist die Menge an Information, die Augen und Ohren zwar erzeugen, die aber doch einfach gelöscht wird, weil ihre Verarbeitung zu aufwendig wäre. Das Auge beispielsweise überträgt in jeder Sekunde rund zehn Millionen Bit an das Gehirn, das entspricht der Menge an Information in einem siebenhundertseitigen Buch.[9] Aber nur 100 Bit davon – entsprechend der Informationsmenge von zwei Wörtern – gelangen in Ihr Bewusstsein. Alles andere wird auf dem Weg der Sinneseindrücke vom Auge in die höchsten Zentren des Gehirns herausgefiltert. Was übrig bleibt, ist viel zu wenig, um Ihnen eine Vorstellung davon zu verschaffen, was gerade in Ihrer Umgebung geschieht.

Vermutlich lesen Sie deutlich mehr als zwei Wörter in jeder Sekunde. Sie können das, weil Ihr Gehirn nicht jeden Buchstaben einzeln erfasst. Einem geübten Leser genügen Anhaltspunkte wie die ersten und letzten Buchstaben sowie der grobe Umriss des Worts, um zu verstehen. Wenn es Ihnen dennoch so vorkommt, dass die Schrift Ihnen Buchstabe für Buchstabe vor Augen steht, so liegt es daran, dass das Gehirn die fehlende Information automatisch ergänzt, ähnlich wie auch der blinde Fleck ausgefüllt wird.[10]

Sie sehen also viel mehr, als Ihnen die Augen verraten. Denn während Sie sehen, erfinden Sie sich eine Welt: Die Bilder der Welt, die Sie erleben, entstehen aus Ihrem Wissen, Ihrer Erinnerung und Ihren Vermutungen. Die Augen dienen Ihrer Phantasie nur als Kontrolleur. Sie sorgen dafür, dass Ihre Vorstellungen sich nicht allzu weit von der Wirklichkeit entfernen.

Darum ist es eigentlich unsinnig, Erscheinungen wie den riesigen aufgehenden Vollmond oder Graphiken, in denen uns zwei exakt gleich große Tische verschieden vorkommen, optische Illusionen zu nennen. Denn jede Wahrnehmung ist Illusion. Wir sehen keine Bilder, sondern symbolische Darstellungen der Wirklichkeit. Die sogenannten optischen Täuschungen kommen der Wahrheit viel näher als unser Sehen im Alltag: Sie machen uns offenbar, dass die vermeintlichen Bilder der Außenwelt Vorstellungen sind.

»Erinnerungen an die Zukunft« hat der schwedische Hirnforscher David Ingvar Vorstellungen treffend genannt. Denn das Gehirn ist eine Prognosemaschine. Es erzeugt Mutmaßungen aus dem, was wir schon kennen. Wie aber entstehen die Vorstellungen, auf denen einerseits die Wahrnehmung, andererseits das schöpferische Denken beruhen?

Wir konstruieren sie nach Regeln, von denen uns die meisten die Natur mitgegeben hat. Auf einer solchen Vorschrift beruht die inzwischen berühmte Figur, die der italienische Künstler und Psychologe Gaetano Kanisza im Jahr 1955 veröffentlicht hat. In der Abbildung 11 erkennen Sie vermutlich ein helles weißes, mit der Spitze nach unten zeigendes Dreieck, deutlich abgegrenzt vor einem etwas dunkleren Grund. Dabei ist eine solche Figur überhaupt nicht vorhanden; der Eindruck entsteht dadurch, dass das Gehirn unterbrochene Konturen ergänzt und so aus Linien die Vorstellung von Gegenständen erzeugt. Da der Effekt selbst bei Rhesusaffen festgestellt wurde, kann seine Ursache nur angeboren sein.[11]

Wie die Regeln wirken, hängt allerdings davon ab, was die Kultur uns eingeprägt hat. Dass die einzelnen Kulturen sehr unterschiedliche Konzepte zur Verfügung stellen, haben wir schon in Kapitel drei diskutiert. Während Sie hier sofort Umrisse von weißen Buchstaben sehen, obwohl nur Schatten gezeichnet sind, rufen die folgenden Linien 그림자 kaum die Erfahrung abgegrenzter weißer Formen hervor. Denn im ersten Fall verfügen Sie über ein Konzept, das Sie auf die von Ihren Augen gelieferten Daten anwenden können, im zweiten hatten Sie keines – es sei denn, Sie sind mit der koreanischen Schrift vertraut.

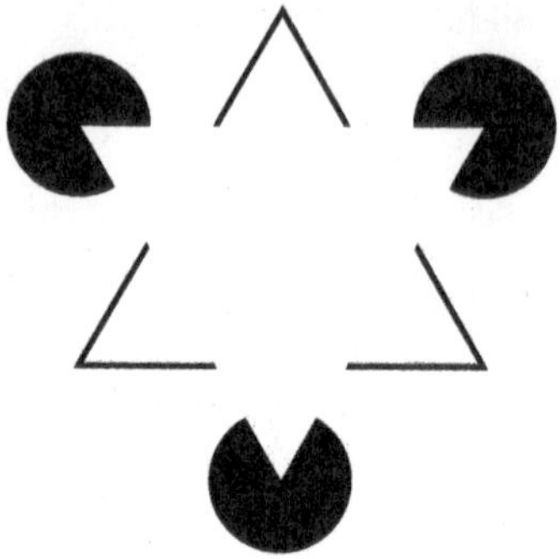

Abb. 11:
Kanisza-Dreieck

So kann die Kultur selbst elementarste Wahrnehmungen bestimmen. Sogar wie Menschen Farben und Töne erleben, ändert sich, je nachdem in welcher Sprache wir leben. Wir hatten im dritten Kapitel diskutiert, weshalb Menschen russischer Muttersprache mehr Schattierungen der Farbe Blau unterscheiden können als beispielsweise Deutsche oder Franzosen. Und während in westlichen Kulturen gerade einmal ein Mensch unter 10 000 absolutes Gehör hat, besitzt in China ein weit größerer Teil der Bevölkerung diese Gabe. Im Chinesischen hängt die Bedeutung einer Silbe von deren Tonhöhe ab, was die musikalische Wahrnehmung fördert. Eine genetische Ursache scheidet aus, denn sobald chinesischstämmige Amerikaner in ihren Familien Englisch sprechen, verliert die nächste Generation das feine Gehör.[12]

Die Wahrnehmung gehorcht also einerseits zumeist angeborenen Regeln, andererseits den Konzepten einer Kultur. Diese Konzepte sind die Bausteine, aus denen unsere Vorstellungen entstehen. Die verschiedenen Töne der Farbe Blau sind elementare Konzepte, die Buchstaben des Alphabets ebenfalls. So, wie es visuelle Konzepte gibt, existieren auch solche für das Gehör – die Laute einer Sprache zum Beispiel oder die Klänge von Musikinstrumenten und Tierstimmen. Sinneseindrücke außerhalb unserer

Konzepte können wir nicht verarbeiten. Meistens nehmen wir sie nicht einmal wahr – so, wie uns verschiedene Schattierungen von Blau oder Tonhöhen entgehen, obwohl Auge und Ohren diese Unterschiede ohne weiteres auflösen können.

Komplizierter als Farben und Laute sind Konzepte von Gegenständen – etwa das Konzept eines Gesichts. Wenn ein Teil eines Kopfes unbehaart ist, aus ihm in der Mittelachse eine keilförmige Erhebung mit zwei unten liegenden Löchern hervorragt, sich unter diesen Löchern waagrecht zwei rötlich gefärbte, bewegliche Wülste erstrecken und zudem rechts und links der Wurzel vor einem weißen Hintergrund zwei kreisförmige, blaue, braune oder auch grüne Scheiben auszumachen sind, dann nennen wir das ganze Gebilde »Gesicht«. Mit diesem Konzept können wir uns Gesichter ausdenken, die wir nie zuvor gesehen haben, uns auch vorstellen, wie das Gesicht einer Einäugigen, ein Gesicht ohne Augen oder eines mit zerschmetterter Nase aussehen würde. Aber wir können uns kein Gesicht eines lebenden Menschen vorstellen, in dem die Augen unter dem Mund liegen.

Denn die Konzepte von Gegenständen folgen ihrerseits Regeln. Eine Regel für das Konzept »Gesicht« besagt, dass Nase, Mund und Augen auf bestimmte Weise angeordnet sind. Nur was im Rahmen dieser Regel liegt, können wir uns als Gesicht vorstellen. Alles spricht dafür, dass die Regeln, nach der wir Gesichter erkennen und uns ausdenken können, angeboren sind. Zu den Regeln für das Konzept »Haus« dagegen gehört, dass das Gebäude oberirdisch sein und auf irgendeine Weise einen Innenraum herstellen muss. Wenn wir uns Häuser ausdenken oder im Schlaf von Häusern träumen, folgt die Phantasie dieser Vorschrift. Aber mit dieser Regel kamen wir nicht auf die Welt, wir haben sie gelernt.

So bilden die Konzepte und Regeln zusammen einen Möglichkeitsraum – eine geistige Landschaft, in der sich der Verstand bewegt.[13] Der Möglichkeitsraum enthält alles, was wir uns vorstellen können. Was außerhalb des Möglichkeitsraums liegt, ist der Phantasie und damit auch der Wahrnehmung unzugänglich, weil die Konzepte und Regeln fehlen, um Hypothesen zu bilden. Schöpferisches Denken heißt, den Möglichkeitsraum zu erforschen und ihn zu erweitern. Die folgenden Kapitel handeln davon, wie genau das geschieht.

Die Abbildung 12 zeigt also des Rätsels Lösung: Vier Striche erweckten in Ihnen eine Vorstellung von Augen, Nase und Mund; mit einem Mal erscheint Ihnen ein bärtiges Gesicht. Ab sofort werden Sie die Graphik nie mehr betrachten können, ohne dass Sie ein junger Mann mit längeren Haaren und tief liegenden Augenhöhlen anschaut.

Ausführliche Betrachtungen brachten Sie einem Verständnis des Bildes nicht näher, denn Ihnen fehlte die richtige Hypothese – wie Unkundige des Koreanischen in den oben gezeigten Umrissen keine Formen erkennen. Als Sie jedoch den entscheidenden Hinweis bekamen, konnten Sie die passende Vorstellung erzeugen: Der Möglichkeitsraum Ihrer Wahrnehmung erweiterte sich. Und im selben Moment sahen Sie das Gesicht. Die Hirnforscherin Merav Ahissar und ihr ebenfalls in Jerusalem arbeitender Kollege Shaul Hochstein, die die gezeigte Graphik zu ihrem Forschungsgegenstand gemacht haben, nannten solch eine plötzliche Lösung des gestellten Problems den »Heureka-Effekt«.[14]

Wie beglückend ein solcher Augenblick sein kann, weiß jeder, der schon einmal lange um die Lösung eines Problems gerungen hat. Nachdem intensives Bemühen über Tage, manchmal auch Monate oder sogar Jahre keinen Schritt weiterzuführen schien, man sich fühlt, als würde man wieder und wieder gegen eine Betonwand anrennen, erscheint, wie aus dem Nichts, plötzlich

Abb. 12: Wenn Sie einmal mit der hier gezeigten Hilfestellung vertraut sind, können Sie nie mehr die Grafik auf S. 113 betrachten, ohne sofort das Gesicht eines bärtigen Mannes zu sehen.

die Antwort. In solchen Momenten empfindet man mitunter so etwas wie den Bann einer höheren Macht, die eine Eingebung schickte – mit weniger als einem Wunder scheint die Wende kaum zu erklären.

Doch die zündende Idee ergibt sich aus einer Veränderung des Möglichkeitsraums. Verschoben haben sich normalerweise die unbewussten und doch nahezu allmächtigen Voreinstellungen des Verstands, die bestimmen, welche Phänomene Sie wahrnehmen und welche Hypothesen Sie bilden können. Erst die Erkenntnis, dass der menschliche Geist auf dem Prinzip der Prognose beruht, erklärt den Heureka-Effekt: Was wir bis dahin für unverrückbare Wirklichkeit hielten, wird uns als Phantasie unseres Geistes bewusst. Alternativen erscheinen. Plötzlich wird das Undenkbare denkbar.

Zeus von Kap Artemision. Die Bronzestatue aus der Zeit um 460 v. Chr. wird als Blitze schleudernde Gottheit gedeutet.

6 Geistesblitze

Ich suche nicht, ich finde
PABLO PICASSO

Die erste Geschichte einer Entdeckung, die uns überliefert ist, spielt in einem Badehaus. Der Ort ist Syrakus auf Sizilien, im Jahr 250 vor Christus eine griechische Kolonie. Über die Stadt herrscht ein Söldnerführer, der in einem Putsch die vorige Regierung beseitigt hat und sich seitdem als König Hieron anreden lässt. Eine goldene Krone, die er den unsterblichen Göttern weihen will, soll seine Macht legitimieren, doch Hieron selbst zweifelt am Wert der Insignie. Er fürchtet, dass sein Goldschmied das Gold mit Silber versetzt haben könnte. Aber wie den Betrug aufdecken, ohne die Krone zu zerstören? Ratlos bestellt der Tyrann einen berühmten Gelehrten zu sich. Archimedes allerdings, so heißt dieser Mann, weiß keine Antwort. Auch einiges Nachdenken bringt keinen Erfolg; da gibt Archimedes weitere Anstrengungen auf und sucht Entspannung in einer der luxuriösen Badeanstalten der Stadt.

Ob ihn der Geistesblitz tatsächlich in dem Moment ereilte, als er beim Einstieg in die Wanne diese zum Überlaufen brachte, wie es der römische Ingenieur und Autor Vitruv berichtet, ist umstritten; anderen antiken Quellen zufolge spürte Archimedes nach längerer Entspannung im warmen Bad, dass sich seine Arme und Beine durch den Auftrieb leichter anfühlten als sonst. Jedenfalls entdeckte er, dass das Volumen eines untergetauchten Körpers genau dem der verdrängten Flüssigkeit entspricht.

Damit war das Problem des Tyrannen gelöst: Er musste die Krone nur in ein randvolles Gefäß tunken, das überlaufende Wasser auffangen und dieses gegen einen Goldbarren aufwiegen, der so schwer ist wie die Krone. Wenn der Barren mehr wog als das Wasser, war die Krone zu leicht, hatte der Goldschmied betrogen. »Heureka!«, ich habe es gefunden, soll Archimedes tief beglückt gerufen haben, aus der Badewanne gestiegen und nackt nach Hause gelaufen sein, wobei er unbekleidet auf den Straßen der Stadt immer wieder laut »Heureka!« rief.

So trat Archimedes als einer der ersten Entdecker aus dem Dunkel der Anonymität hervor, in dem schöpferische Menschen bis dahin gestanden hatten. Als wollte sie die Ungerechtigkeit gutmachen, dass Propheten, Könige, Feldherren, selbst hohe Beamte schon seit Jahrtausenden Berühmtheit erlangten, während sie Wissenschaftlern und Künstlern bis dahin versagt geblieben war, berichtet die antike Geschichtsschreibung in den höchsten Tönen von Archimedes. Cicero, der 150 Jahre nach dessen Tod ein von Archimedes konstruiertes Planetarium sah, kam zu dem Schluss, dass »jener Archimedes ein Mann von fast übermenschlicher Geistesgröße« gewesen sein müsse.[1] Voll Bewunderung kolportiert wird auch das Selbstbewusstsein dieses Gelehrten: »Gebt mir einen festen Punkt, und ich hebe die Welt aus den Angeln«, habe Archimedes in größter Ernsthaftigkeit seinem König verkündet.

Tatsächlich erklärte eine seiner Schriften erstmals, wie man dank des Hebelgesetzes enorme Lasten mit geringen Kräften bewegt. Hieron verlangte einen Beweis. Ob er ein vollbeladenes Frachtschiff, an dem normalerweise eine Hundertschaft Männer anfassen muss, ganz allein an Land ziehen könne? Mit einem Flaschenzug habe Archimedes die Prüfung glänzend bestanden, schreibt der römische Historiker Plutarch: »Mit einer Hand zog er das Schiff so sanft zu sich hin, als ob es über das Meer glitte.«

Später, als die Hafenstadt Syrakus von der römischen Flotte belagert wurde, soll Archimedes riesige Greifarme konstruiert haben, die gegnerische Schiffe packten, aus dem Wasser hoben und aus großer Höhe wieder hineinplumpsen ließen, und Brennspiegel, deren gebündelte Strahlen die feindlichen Galeeren versengten.

Die zeitgenössischen Historiker stilisierten Archimedes zu einem neuen Prometheus. Sie bewunderten die Ergebnisse, verkannten aber die Herkunft seiner Ideen. Sie übersahen, dass die Einfälle auf langen Irrwegen entstanden waren, die jeder gehen muss, der schöpferisch denkt, vor allem aber die Beiträge aus dem kollektiven Gehirn. Denn so originell, scharfsinnig und vielseitig Archimedes war – in jeder seiner Überlegungen steckte die Vorarbeit von mehr als tausend Generationen.

Diese Vorarbeit hatte mindestens 50 000 Jahre vor Archimedes' Geburt eingesetzt, als Menschen in Symbolen zu denken begannen. Indem sie Zeichen anfangs in Hölzer kerbten und mit Rötel an Felswände kritzelten, später in Steinplatten gravierten, in den fortschrittlichsten Kulturen schließlich auf Papyrus pinselten, speicherten und manipulierten sie Information außerhalb ihres Gehirns. Die Himmelsscheibe von Nebra, in der Menschen 1500 Jahre vor Archimedes das ganze sichtbare Universum darstellten, war ein spektakuläres Ergebnis dieses geistigen Fortschritts. Selbst in den abgelegenen deutschen Wäldern hatten sich die Analphabeten an abstraktes Denken gewöhnt. In den entwickelteren Gesellschaften des Mittelmeers und des Orients aber waren aus den Mustern und Bildern der Steinzeitkulturen Bilderschriften entstanden, Keilschriften, schließlich das Alphabet.

Archimedes lebte in einer Welt, in der das Wissen geradezu explodierte. Als junger Mann hatte er an der Bibliothek von Alexandria studiert, die wenige Jahre zuvor eröffnet worden war und schon damals als Weltwunder galt. Manche Chronisten berichten von einer halben Million Buchrollen aus Papyrus in der Bibliothek, andere beziffern die Zahl der Werke nur auf 50 000, aber selbst das wäre für eine antike Sammlung enorm. Nie zuvor wurde auch nur annähernd eine solche Menge an Information zusammengetragen, in Texten niedergelegt und systematisch geordnet. Allein die Verzeichnisse, die den riesigen Bestand an wissenschaftlichen und literarischen Werken erschlossen, sollen 120 Schriftrollen umfasst haben. Die Bibliothek war eine Verkörperung des kollektiven Gehirns der Antike.

In Alexandria hatte der junge Archimedes Freundschaft mit einigen der bedeutendsten Astronomen, Mathematikern und Universalgelehrten geschlossen. Sein lebenslanger Briefwechsel mit den Kollegen und die Auseinandersetzung mit dem in der Bibliothek gespeicherten Wissen lieferten Material für Ideen. Vor allem lehrten sie ihn Methoden des Denkens. Kurz, Archimedes erweiterte seinen Möglichkeitsraum – den Horizont der geistigen Landschaft, in der Kreativität sich vollzieht.

Ohne eine hochentwickelte Fähigkeit der Abstraktion wären seine Entdeckungen unmöglich gewesen. Schon die Schöpfer der Himmelsscheibe von Nebra hatten es verstanden, in erstaunlich allgemeinen Zusammenhängen zu denken. Doch Archimedes, eineinhalb Jahrtausende später und in einer städtischen Hochkultur lebend, übertraf sie weitaus. Wer sich nur auf seine Sinneserfahrung verlassen kann, dem muss es ausgeschlossen erscheinen, mit nichts als mit der eigenen Körperkraft ein beladenes Frachtschiff ans Ufer zu ziehen. Diese Möglichkeit sieht nur, wer die Erfahrung des Widerstandes der Last in die Wirkung einer abstrakten Kraft übersetzen kann, die sich in einem Flaschenzug über Rollen umlenken und somit aufteilen lässt. Archimedes, trainiert durch die jahrelange Beschäftigung mit Mathematik, war ein Meister solchen Denkens, das über die Anschauung hinausging.

Oder nehmen wir den Geistesblitz, mit dem er die Täuschung des Goldschmieds entlarvte. Archimedes' Einfall setzte voraus, dass er sich ein Konzept »Volumen« vorstellen konnte. Abstrakte Maße wie »ein Liter«, die sich unabhängig von Form und Beschaffenheit auf jeden möglichen Gegenstand anwenden lassen, mögen uns heute selbstverständlich vorkommen, sind aber alles andere als das. Dass wir in Konzepten wie »Volumen« denken, ist weder angeboren noch allgemein menschlich: Wir haben diese Konzepte in der Kindheit gelernt und uns also daran gewöhnt, dass ein niedriger Suppenteller gleich viel Flüssigkeit wie ein schmales Cocktailglas aufnehmen kann. Wer dagegen in einer Kultur aufwuchs, die das Konzept »Volumen« niemals entwickelt hat, dem bleiben solche Einsichten verschlossen, wie Feldversuche in Australien und Neuguinea zeigten. Den Angehörigen von Stammesvölkern, die nie eine Schule besucht hatten, blieb unverständlich, weshalb ein schmales Glas, in dem das Wasser hoch stand, dennoch weniger enthielt als ein breiter Krug, in dem die Flüssigkeit gerade den Boden bedeckte.[2] Genauso hätten sich nie beschulte Tagelöhner in der Antike gewundert. Nur weil seine Kultur ihm die richtigen Werkzeuge des Denkens anbot, entdeckte Archimedes sein berühmtes Prinzip.

Immer bessere geistige Werkzeuge in den Hochkulturen der Antike erlaubten bahnbrechende Erfindungen in immer kürzeren Zeitabständen. Bildhauer und Maler stellten menschliche Körper in einer nie zuvor gesehenen Lebendigkeit dar, Dichter bannten das Publikum mit ihren Dramen. Philosophen entwarfen Systeme zur Erklärung der Welt und ihres eigenen Denkens, Juristen Gesetze, Ingenieure die ersten Maschinen. Ärzte verbesserten Therapien. Mathematiker bewiesen Theoreme, Astronomen berechneten den Lauf der Gestirne.

Und zum ersten Mal in der Geschichte stellten sich Menschen die Frage, wie ihr Geist all diese Sprünge tun konnte. Dass sie über ihr eigenes schöpferisches Denken nachzudenken begannen, hat offensichtlich zwei Gründe. Zum einen verlangte der rasante Fortschritt der Kultur nach einer Erklärung. Zum anderen war das Bedürfnis entstanden, die Fähigkeiten des Verstandes besser zu nutzen. Die höchste Begabung und die besten geistigen Werkzeuge sind schließlich nutzlos, wenn man nicht mit ihnen umzugehen vermag.

Was also geschieht in uns, wenn wir Einfälle entwickeln? Wie kommt es zu dem Heureka-Erlebnis? Und ist es möglich, der eigenen Vorstellungskraft auf die Sprünge zu helfen?

Den ältesten bekannten Text, der die Rätsel der menschlichen Kreativität zu ergründen versucht, hat der Philosoph Platon verfasst. Zweihundert Jahre bevor Archimedes in seiner Badewanne das Prinzip des Auftriebs verstanden haben soll, berichtete Platon von einem ähnlichen Erlebnis, ohne dieses allerdings genau zu beschreiben. Nachdem er lange über einen Gegenstand nachgedacht habe, seien ihm die richtigen Theorien »plötzlich aus der Seele entsprungen, wie aus einem Feuerfunken das angezündete Licht«.[3] Platon konnte sich die Inspiration nur durch göttliche Einwirkung erklären. Natürlich kannte er die Mythen, nach denen die Menschen ihre großen Errungenschaften den Überirdischen verdanken, himmlischen Geschöpfen wie dem Titanen Prometheus, der ihnen das Feuer bescherte. In einem entscheidenden Punkt allerdings setzte sich Platon von den alten Erzählungen ab: Die Götter verwirklichen nach ihren Vorstellungen nicht selbst, sondern regen die Menschen an, schöpferisch zu werden. Die Einfälle entstanden für Platon nicht mehr im Himmel, sondern in der menschlichen Seele.

Damit war der Ton für mehr als zwei Jahrtausende gesetzt. Niemand wagte es, Platon zu widersprechen. Die Frage, wie wir zu unseren Einfällen gelangen, schien erledigt. Sie kam erst wieder auf, als sich in der Neuzeit die geistigen Möglichkeiten noch einmal potenzierten. (Wie dramatisch sich die Horizonte damals erweiterten, werden wir in den folgenden beiden Kapiteln erfahren). Im 18. Jahrhundert begannen sich die Berichte von schöpferischen Akten, die sich wie von selbst vollzogen, zu mehren. Etwa erzählte man, das Werk Wolfgang Amadeus Mozarts sei weniger durch Arbeit als vielmehr durch Muße entstanden. Nicht der Komponist habe die Ideen für seine Musik gefunden, sondern diese ihn, wenn er nur seinem Verstand ausreichend Freilauf gewährte. Mozart selbst, hieß es, habe es bezeugt: »Wenn ich recht für mich bin und guter Dinge, etwa auf Reisen im Wagen, oder nach guter Mahlzeit beym Spatzieren, und in der Nacht, wenn ich nicht schlafen kann, da kommen mir die Gedanken stromweis und am besten. Woher und wie, das weiß ich nicht, kann auch nichts dazu.« Aber hat er das wirklich gesagt? Möglicherweise sind diese immer wieder zitierten Zeilen dem Komponisten auch nur in den Mund gelegt worden; jedenfalls stammen sie aus einem Brief, dessen Echtheit ungeklärt ist.[4]

Zweifellos authentisch hingegen ist ein Brief, den Carl Friedrich Gauß am 3. September 1805 an seinen Freund, den Bremer Astronomen Wilhelm Olbers, absandte. Darin beschreibt Gauß, wie sich ihm unerwartet die lange gesuchte Lösung eines Problems der Zahlentheorie eröffnete: »Seit vier Jahren wird selten eine Woche hinweggegangen sein, wo ich nicht den einen oder anderen vergeblichen Versuch, diesen Knoten zu lösen, gemacht hätte. (…) Aber alles Brüten, alles Suchen ist umsonst gewesen, traurig habe ich jedesmal die Feder wieder niederlegen müssen. Endlich vor ein paar Tagen ist's gelungen. (…) Wie der Blitz einschlägt, so hat sich das Räthsel gelöst; ich selbst wäre nicht im Stande, den leitenden Faden zwischen dem, was ich vorher wusste, (…) – und dem, wodurch es gelang, nachzuweisen.«

Man kann sich vorstellen, wie beglückend und verstörend zugleich diese Erfahrung für Gauß gewesen sein muss. Für die Lösung, nach der er sich so lange gesehnt hatte, hatte er einen hohen Preis bezahlt. Als Mathematiker war er gewohnt, in winzigen Schritten zu denken, von denen jeder einzelne nach den unbestechlichen Maßstäben der Logik zu rechtfertigen war. Nun musste er feststellen, dass sein Verstand einen riesigen Sprung getan hatte, er von der offenen Frage gewissermaßen ohne Zwischenlandung direkt zu des Rätsels Lösung gelangt war. Wie durch ein Wunder hielt das Ergebnis der Logik zwar stand. Aber auf welchem Weg er zu dieser Einsicht gelangt war, konnte Gauß beim besten Willen nicht sagen: Als hätte ihm jemand auf einer langen Reise die Augen verbunden. Als Mathematiker zählte er zu den einflussreichsten aller Zeiten, doch wie sein Verstand die Ideen erarbeitete, die ihn weltberühmt machten, konnte Gauß nicht einmal ahnen. Die Zeit war noch nicht reif.

Zwei Jahrhunderte mussten vergehen, bis einige Geheimnisse der intuitiven Erkenntnis sich lüfteten. Erste Klärung brachten Berichte, welche die Umstände eines Aha-Erlebnisses viel ausführlicher und genauer bezeugten als die frühen Schilderungen etwa von Mozart und Gauß. Wohl nicht zufällig verdanken wir auffallend viele und einige der präzisesten Beobachtungen darüber, wie Kreativität im Unbewussten komplexe Probleme zu lösen vermag, bedeutenden Mathematikern wie dem Franzosen Henri

Poincaré, der unter anderem entscheidende Vorarbeit zu Einsteins Relativitätstheorie leistete. Offenbar empfanden die der Logik verpflichteten Mathematiker stärker als andere Wissenschaftler und Künstler, wie sehr ihr Denken von unbewussten Vorgängen abhing.[5]

In den Schilderungen zeigte sich der schöpferische Prozess regelmäßig als Vorgang in vier Phasen: Die erste Phase ist eine intensive Auseinandersetzung mit einem Thema, in der man noch hofft, durch logisch begründbare Schritte eine Lösung zu finden. Aber alle Überlegungen führen in Sackgassen, nach vielen vergeblichen Anläufen muss der logische Verstand kapitulieren. Der Betroffene sieht sich gescheitert, in diesem Moment kann er nicht sehen, dass er nur eine notwendige Zeit der Vorbereitung durchgemacht, das eigentliche schöpferische Denken aber noch vor sich hat.

Es folgt die zweite Phase, die sogenannte Inkubation: Zwar hat man sich von der bewussten Auseinandersetzung mit dem Problem abgewandt, weil sie aussichtslos schien, doch die während der Vorbereitung angelegten Gedächtnisinhalte arbeiten im unbewussten Untergrund weiter. Oft zeigt sich diese unkontrollierte Tätigkeit des Gehirns in Träumen. Nachts tauchen Bilder und Gedankenfetzen auf, welche an die nicht bewältigte Frage erinnern, aus denen sich aber selten ein Sinn ableiten lässt.

In der dritten Phase tritt ein Ergebnis der geistigen Vorgänge, die während der Inkubation gar nicht oder kaum bewusst abliefen, ins Licht der Aufmerksamkeit. Dies ist die sogenannte Illumination. Das Aha-Erlebnis, das Carl Friedrich Gauß mit dem Einschlagen eines Blitzes verglich, ist auch objektiv nachweisbar, wie Hirnforscher fanden. Die Illumination zeigt sich in einem ungewöhnlichen Ansteigen der Hirnströme, die man auf der rechten Seite des Hinterkopfes etwas oberhalb des Ohres aufnimmt.[6] Erstaunlicherweise tritt dieses Signal schon gut zwei Sekunden, bevor der Betroffene seine Einsicht wahrnimmt, auf; ausgelöst wird es vermutlich durch die Aktivität von Hirnzentren am rechten Hinterkopf, welche die Aufmerksamkeit steuern. Indem diese die Aufmerksamkeit von der Umgebung abziehen und auf die Innenwelt der Vorstellungen umlenken, bereiten sie dem Einfall die Bühne.

Die Illumination ist oft ein Moment überschwänglicher Freude, die allerdings anfangs noch gegen Unsicherheit kämpft. Viele Einfälle, die sich auf den ersten Blick als genial präsentierten, stellen sich schließlich bald als falsche Freunde heraus, weil sie bei näherem Hinsehen sich als zur Lösung des Problems ungeeignet erweisen.

Darum kommt in der vierten und letzten Phase des schöpferischen Prozesses, der Verifikation, das logische Denken wieder zum Zug. Geprüft wird, ob die Idee schlüssig und brauchbar ist. Wenn ja, kann sich ein Glück der Entdeckung einstellen, das zu den schönsten Erfahrungen gehört, die ein Mensch lebenslang macht.

Jeder großen Entdeckung gehen Jahre, wenn nicht Jahrzehnte der Kleinarbeit voraus – schon deswegen gelingen große Entdeckungen selten. Und die Jahre der Vorbereitung sind selbst eine Zeit der Entdeckungen: Ein Möglichkeitsraum wird erkundet, das Problem immer genauer verstanden. Man eignet sich Fähigkeiten an, um es zu bearbeiten. Und fast immer verwandelt sich unterwegs auch das Problem. Der schöpferische Prozess ähnelt der russischen Puppe Matrjoschka, die in ihrem Bauch eine verkleinerte Kopie ihrer selbst trägt, welche wiederum eine noch kleinere Puppe enthält, und immer so weiter: Eine große unbeantwortete Frage stellt bei näherer Betrachtung kleinere Fragen, die es zunächst zu beantworten gilt. Weil aber der Weg zu ihrer Lösung oft ebenfalls unbekannt ist, gebären diese Fragen wiederum Fragen.

Jeder größere schöpferische Prozess setzt sich also aus ungezählten schöpferischen Prozessen im Kleinen zusammen, die jeweils aus den vier Phasen der Vorbereitung, der Inkubation, der Illumination und der Verifikation bestehen und ihrerseits immer wieder eine kleine Entdeckerfreude bescheren, wenn man sie durchläuft. Nur deswegen können Menschen über längere Zeit schöpferisch sein. (Wäre allein der noch dazu ungewisse Erfolg am Wegende der Lohn: Würde sich dann irgendjemand jahrelang mit dem Schreiben eines Romans oder der Produktion eines Kinofilms quälen? Nähme unter solchen Umständen auch nur ein Wissenschaftler die frustrierenden Irrwege der Forschung auf sich?)

So erzeugt der schöpferische Prozess einerseits ein Wechselbad der Gefühle. Andererseits erfordert die wiederholte Abfolge von Vorbereitung auf ein neues Teilproblem, Inkubation, Illumination und Verifikation ein fortwährendes Umschalten des Verstandes zwischen Phasen, in denen Logik, und solchen, in denen das Unbewusste regiert: Zwischen diesen schwingt der Geist hin und her wie ein Pendel. Kreativität ist, anders als oft behauptet, viel mehr als nur eine Frage der Intuition.

Eine der großen wissenschaftlichen Überraschungen zu Beginn des 21. Jahrhunderts war die Entdeckung, dass das wache menschliche Gehirn nicht einen, sondern zwei Betriebszustände hat.[7] Erst das Zusammenspiel dieser beiden Zustände erklärt den schöpferischen Prozess.

Der eine Betriebszustand entspricht dem bekannten rationalen Denken. Diesen Zustand nennt man üblicherweise Modus Zwei: Das Gehirn nimmt Signale der Umwelt auf, macht Pläne, plant die nächsten Handlungen und gibt dem Organismus Befehle. Die Abläufe sind bewusst und erscheinen logisch. Das Denken richtet sich auf ein Ziel, verläuft schlussfolgernd, gehorcht nachvollziehbaren Regeln und schreitet langsam, in kleinen Schritten voran. Die Aufmerksamkeit ist, wie der gebündelte Strahl eines Scheinwerfers, fokussiert. Fast alles Augenmerk gilt einem eng umgrenzten Gegenstand, das Umfeld bleibt im Dunkeln. Werden Erinnerungen abgerufen, so stehen diese mit dem Reiz, der den Abruf ausgelöst hat, in naher Verbindung. So kann man leicht testen, ob sich der Verstand gerade in diesem Zustand befindet. Nennt man ein Stichwort, so folgt in Modus Zwei eine wenig überraschende Assoziation – auf das Stichwort »Weiß« also etwa »Milch« oder »Schnee«. Das Denken bleibt in engen Bahnen. Denn Modus Zwei zielt auf Verlässlichkeit und Berechenbarkeit ab.

Modus Eins dagegen ähnelt viel mehr dem Traum. Obwohl wir wach sind, ist die Sinneswahrnehmung stark eingeschränkt oder ganz abgeschaltet, die Aufmerksamkeit hat sich auf eine Innenwelt von Vorstellungen und Tagträumen, Erinnerungen und Gedankenfetzen verlagert. Auf logische Schlüssigkeit kommt es in diesem Modus nicht an. Der Verstand richtet sich nicht auf ein bestimmtes Ziel, er mäandert. Die Aufmerksamkeit erleuchtet, einem weit aufgeblendeten Scheinwerfer gleich, eine weite geistige Landschaft, hebt aber keinen Gegenstand besonders hervor. Auf einen Reiz werden entlegene Erinnerungen assoziiert, die sich oft nur aus der Lebensgeschichte erklären. In Modus Eins könnte einer Person, deren Eltern vor vielen Jahrzehnten einen weißen Volkswagen fuhren, auf das Stichwort »Weiß« etwa »Käfer« einfallen.

Ohnehin sind Inhalte des Denkens in Modus Eins eher Bilder und Gefühle als Worte. Eine der schönsten Beschreibungen der Erlebnisse in diesem Zustand stammt von Albert Einstein. »Die Sprache scheint keine Rolle in meinem Denken zu spielen«, bekannte Einstein in einem Brief an den französischen Mathematiker Jacques Hadamard. Er entwickelte seine Ideen vielmehr mit einem inneren Auge. Seine Vorstellungen beschrieb Einstein als einen Strom von »Zeichen und mehr oder minder klaren Bildern, die willentlich wiederholt und kombiniert werden können«. Zudem nannte er Muskelerregungen als Quelle seiner Inspiration. Einstein dachte nicht nur mit seinem Gehirn, sondern auch mit dem Körper. Er war davon überzeugt, dass die meisten Vorgänge, die zur Erkenntnis führen, unbewusst bleiben mussten, denn volles Bewusstsein ließe sich niemals erreichen.

Was Modus Eins und Modus Zwei von anderen Erklärungen der Kreativität unterscheidet: Sie sind viel mehr als nur Theorie. Und sie lassen sich nicht allein an einem subjektiven Erleben festmachen, das zwischen Tatkraft und Tagträumen, Logik und Intuition oszilliert. Modus Eins und Modus Zwei sind objektiv messbar.

Wohlgemerkt entsprechen die Vorgänge keineswegs der populären Vorstellung, dass logisches und schöpferisches Denken sich auf die beiden Hälften des Großhirns verteilen. Die Theorie, wonach die angeblich kalte Vernunft links ansässig sei, Kreativität und Intuition dagegen in der rechten Hemisphäre wohnen, stammt aus den 1960er Jahren. Damals war es noch üblich, Menschen, die an schwerer Epilepsie litten, die Nervenbahnen zwischen den beiden Gehirnhälften zu kappen. Anschließend reagierten die Patienten unterschiedlich auf Worte, je nachdem, mit welcher Hemisphäre sie diese verarbeiteten: Die rechte der voneinander getrennten Gehirnhälften erwies sich als assoziationsfreudiger als die linke. Aus diesem interessanten Befund an Menschen nach einem sehr besonderen Eingriff entwickelte sich eine regelrechte Mythologie, die nicht nur Hirnhälften in eine kreativ und eine logisch operierende, sondern sogar Menschen in rechts und links denkende einzuteilen versuchte. Manche Wissenschaftler haben eine Begabung als Geschichtenerzähler, und Autoren von Ratgeberbüchern, Verfasser von Psychotests und nicht zuletzt Personalchefs nahmen das Angebot begeistert auf. So, wie es Rechts- und Linkshänder gibt, behaupteten sie, sei eine Person entweder analytisch oder mit besonderem Einfallsreichtum begabt, je nachdem, welche Hirnhälfte die andere dominiere. Infolge der angeblich unverrückbaren Machtverhältnisse unter der Schädeldecke stünden die Fähigkeiten zur Kreativität und zur messerscharfen Logik einander entgegen und seien unter den Menschen ungleich verteilt – alles könne man nun einmal nicht haben.

Aber solche Erzählungen sind unhaltbar. Dass gesunde Menschen vornehmlich mit der linken, andere mit der rechten Hirnhälfte denken, hat sich im Licht der modernen Hirnforschung als Humbug erwiesen. Mit der Kernspintomographie können Wissenschaftler heute die Aktivität des Gehirns vermessen, während wir denken, wahrnehmen und fühlen. Als amerikanische Neurowissenschaftler im Jahr 2013 solche Scans von über tausend Menschen jedes Alters analysierten, stellten sie keine Asymmetrien fest, die irgendwelche Rückschlüsse auf die Persönlichkeit zulassen würden.[8] Jeder Mensch mit einem intakten Gehirn gebraucht gleichermaßen beide Hemisphären für seinen Verstand.

Denn in diesem Punkt arbeitet das Gehirn ganz anders als eine Maschine. In einem Automotor ist für jede Funktion ein bestimmtes Bauteil vorgesehen: Die Zündkerze löst den Funken aus, die Kurbelwelle überträgt die Bewegung des Kolbens, und das Auspuffrohr führt giftige Gase ab. Im Kopf dagegen gibt es nicht so etwas wie Module für Freude, Liebe, Schmerz, Bauteile für Kunst oder für Logik.

Das Gehirn arbeitet vielmehr wie eine Fußballmannschaft, in der alle Mitglieder zwar unterschiedliche Aufgaben haben, doch diese Aufgaben je nach Spielsituation ändern. So sind die Verteidiger auch im Angriff aktiv, ebenso wie die Stürmer bei der Abwehr eines Eckballs oder eines gegnerischen Konters ihre Positionen einnehmen. Ob eine Mannschaft angreift oder verteidigt, erkennt man nicht daran, welcher ihrer Spieler am Ball ist, sondern daran, wie die Mannschaft zusammenspielt.

Genauso wirken die Zentren im Gehirn, je nach der Aufgabe, die es zu bewältigen gilt, auf unterschiedliche Weise zusammen. Ob ein Mensch nachdenkt, ein Bild betrachtet, sich die Schritte eines Tanzes einprägt, Gefühle empfindet – stets zeigt die Kernspintomographie seines Kopfes andere charakteristische Muster, in denen die aktiven Hirnzentren erscheinen wie die Maschen in einem Netz.

In solchen Mustern offenbaren sich denn auch die beiden Betriebszustände. In Modus Zwei – beim zielgerichteten, bewussten, logischen Denken, das Handlungen vorbereitet und die Befehle zur Ausführung gibt – verschalten sich die Gehirnregionen zu einem charakteristischen Muster, das man Exekutivnetzwerk nennt. Dieses geht aus von Knotenpunkten in beiden Hirnhälften seitlich über der Stirn.[9] In Modus Eins – der nach innen gerichteten, meist unbewussten und assoziativen Art der Reflexion – organisiert sich die Aktivität hingegen entlang einer Achse, die vom sogenannten dritten Auge auf der Mitte der Stirn ins Zentrum des Hinterkopfs führt. Das so entstehende Muster heißt auf Englisch »Default Mode Network«; im Deutschen ist der Begriff »Bewusstseinsnetzwerk« üblich geworden.

Als der amerikanische Neurologe Marcus Raichle im Jahr 2000 das Bewusstseinsnetzwerk entdeckte, vermutete er dahinter bloß ein Leerlaufprogramm. Er nahm an, Modus Eins mit seinen Tagträumen schalte sich ein, wenn das Gehirn gerade sonst nichts zu tun habe. Erst in fast zwei weiteren Jahrzehnten der Forschung stellten sich die wahren Zusammenhänge heraus: Modus Eins ist das Bindeglied, das schöpferisches Denken und Wahrnehmung miteinander verknüpft.

Zu sehen bedeutet schließlich viel mehr, als Bilder der Welt vor den Augen aufzunehmen, und wenn wir hören, beschränken wir uns nicht auf das Einfangen von Tönen. Wahrnehmen heißt erfinden, wie wir im vorigen Kapitel erkannten. Die Bilder, die wir sehen, die Töne, die wir hören, entstehen in unseren Köpfen, wie wir im vorigen Kapitel erkannten. Erst im zweiten Schritt messen wir diese Hypothesen an den von Auge und Ohr gelieferten Informationen über die Umwelt. Der Ablauf entspricht dem in einem schöpferischen Prozess: Ideen werden erfunden, dann auf ihre Brauchbarkeit überprüft.

Offenbar brauchen wir Rückzüge in eine Innenwelt, um uns immer wieder eine neue Vorstellung davon zu machen, was um uns geschieht. Jedenfalls ist unser Wachleben von mehr oder minder schöpferischen Tagträumen durchzogen. Gut ein Zehntel unserer Tage verbringen wir mit geschlossenen Augen, ohne es zu bemerken. Denn wir blinzeln bis zu zwanzigmal in jeder Minute – viel öfter, als zum Befeuchten der Hornhaut mit Tränenflüssigkeit notwendig wäre. Bei jedem Lidschlag werden die Signale vom Auge für ein paar Zehntelsekunden abgeschaltet, weshalb uns die vorübergehende Erblindung nicht auffällt. Und genau in diesem Moment geht das Gehirn in Modus Eins über, springt das Bewusstseinsnetz an.[10]

Wenn wir versuchen, uns ein Bild der Umwelt zu machen, müssen wir den sicheren Boden des logischen Denkens verlassen, denn fast immer ist die Wirklichkeit zu kompliziert, um mit folgerichtigem Schließen in annehmbarer Zeit zu einer brauchbaren Hypothese zu kommen. Stattdessen wühlen wir unbewusst im Schatz unserer Erinnerung, kombinieren und assoziieren sprunghaft, bis sich ein Verdacht einstellt. Diese Innenschau leistet das Gehirn in Modus Eins: Vor dem inneren Auge erzeugt es Bilder möglicher Welten. Phantasie ist unerlässlich, um die Realität zu verstehen.[11]

Diese Mechanismen werden während der Phase der Inkubation in einem schöpferischen Prozess ausgenutzt: Der Verstand kombiniert sprunghaft, denkt unbewusst und in weiten Bahnen, bringt dabei die vorher angelegte Information über das Problem mit Wissen zusammen, das mit der gestellten Aufgabe auf den ersten Blick kaum etwas zu tun haben scheint, dabei die Regeln der Logik missachtend.[12] Wie typisch in Modus Eins, stehen Möglichkeiten, nicht Wirklichkeit im Fokus. Verschiedene Zukünfte werden erwogen, Erinnerungen kommen zum Vorschein. Außen vor bleiben die Zwänge der Gegenwart.

Wen haben noch nicht beim Bügeln, Joggen, Rasieren oder sogar während einer langweiligen Besprechung Einfälle überrascht, die mit dieser Tätigkeit nicht das mindeste zu tun hatten und sich später als wertvoll erwiesen? Wie sehr eine geistig nicht besonders fordernde Beschäftigung die Gedanken beflügeln kann, zeigte sich auch im Labor. Versuchspersonen wurde in kontrollierten Experimenten ein Problem gestellt, dessen Lösung schöpferisches Denken verlangte. Nach der Vorbereitung sollten die Probanden entweder weiter über ihr Problem nachdenken, sich ausruhen oder eben einer eintönigen Ablenkung nachgehen.[13] Unter den drei Bedingungen erwies sich die letzte als am förderlichsten für originelle Ideen, und je mehr eine Versuchsperson Tagträumen nachhing, während sie abgelenkt war, umso ungewöhnlicher fielen später ihre Antworten aus.

Eine der originellsten von vielen Untersuchungen über den Beitrag des Bewusstseinsnetzwerks im kreativen Prozess holte Rapper ins Labor, um die Aktivität in deren Köpfen zu messen.[14]

Wenn die Künstler ihren Sprechgesang aufführten, schalteten ihre Gehirne ständig zwischen dem träumerischen Modus Eins und dem logischen Modus Zwei hin und her. Nun kennt der Rap zwei Arten von Sprechgesang, die einander in einem Auftritt auch abwechseln können: Der eine benutzt vorgefertigte Texte, der andere wird improvisiert. Und je nachdem, welchem Stil die Hip-Hopper gerade den Vorzug gaben, änderten sich die Zustände in ihrem Gehirn. Je freier sie improvisierten, umso mehr arbeitete ihr Versand in Modus Eins, abzulesen an Signalen aus dem Bewusstseinsnetzwerk.

Wie Pferd und Reiter auf der Trabrennbahn, so brauchen Modus Eins und Modus Zwei einander im schöpferischen Prozess. Nur gemeinsam gelangen beide ans Ziel. Denn ein Verstand, der nicht träumen kann, ist langsam und kraftlos. Ein Geist aber, der vor Logik zurückschreckt, irrlichtert und scheut.

Kreativität ist darum kein isoliertes Talent – sondern die Kunst, Gegensätze in einem Kopf zu vereinen. Ideen werden geboren, wenn es der Logik gelingt, die Träume zu reiten.

Ein klarer Verstand lenkt das ziellose Assoziieren in Modus Eins behutsam in eine Richtung, übt aber nie so viel Kontrolle aus, dass er den Fluss der Einfälle stoppt. Nüchternes Denken sichert nicht nur den Wirklichkeitsbezug und sondert unbrauchbare Phantasien aus, es stoppt auch das Grübeln auf ausgetretenen Pfaden, unterbricht die Gedankenschleifen, in die wir so leicht in unseren Tagträumen geraten. So herrscht im schöpferischen Prozess eine delikate Balance zwischen Traum und Analyse, unbewussten und bewussten Abläufen, weltentrücktem und planvollem Denken, einem weiten und einem engen Fokus der Aufmerksamkeit.

Dieses Gleichgewicht zu bewahren ist schwer. Wir empfinden Intuition und Logik nicht nur als einander entgegengesetzt, Modus Eins und Modus Zwei sind auch im Gehirn Antagonisten. Das heißt, gewöhnlich schließen sie einander aus: Sobald sich das Bewusstseinsnetz einschaltet und damit für Modus Eins sorgt, wird das Exekutivnetzwerk, das den zweiten Modus herstellt, heruntergefahren, und umgekehrt. Darum können wir nicht gleichzeitig logisch denken und träumen.

Umso erstaunlicher, dass es manchen Menschen gelingt, diesen Gegensatz zu überwinden. Das zeigte sich in einer großangelegten Studie im Jahr 2018, als amerikanische, österreichische und chinesische Psychologen die Kreativität von 622 Frauen und Männern aus allen drei Ländern in mehrere Richtungen untersuchten und feststellten: Wer sich mit kreativen Leistungen hervortut, dessen Gehirn kann mit träumerischem und analytischem Denken, mit Modus Eins und Modus Zwei, auf außergewöhnliche Weise jonglieren.[15] Mehr noch, die Wissenschaftler konnten sogar allein aus ihrer Messung der Hirnaktivität vorhersagen, wie viele gute Einfälle ein Mensch hat.[16]

Zuerst testeten die Wissenschaftler ihre Versuchspersonen auf deren Intelligenz, Offenheit für neue Erfahrungen und schließlich Originalität. Dabei galt es, sich möglichst ungewöhnliche Anwendungen für so gewöhnliche Gegenstände wie einen Ziegelstein oder einen Kugelschreiber auszudenken; je origineller die Antworten, umso mehr Punkte in dieser Disziplin gab es.

Im zweiten Schritt sollten die Teilnehmer angeben, wie vielen und welchen kreativen Beschäftigungen sie in ihrem Leben nachgehen; Punkte bekam, wer etwa Kochrezepte erfand, fotografierte oder Tagebuch schrieb. Regelmäßig sagte Originalität im Test einen schöpferischen Alltag voraus, unabhängig vom IQ.

Drittens fragten die Interviewer nach den Erfolgen der kreativen Tätigkeiten. Beispielsweise wollten sie wissen, ob ein Proband bereits ein Buch oder eine wissenschaftliche Erkenntnis veröffentlicht, ein Kunstwerk ausgestellt oder eine eigene Komposition aufgeführt hatte. Hier zeigte sich die Rolle der Intelligenz. Menschen, die im Test für Originalität gut abgeschnitten und darüber hinaus einen hohen IQ hatten, traten häufiger als andere mit ihrer schöpferischen Arbeit an die Öffentlichkeit und bekamen Anerkennung dafür.

Als die Wissenschaftler viertens die Hirnaktivität maßen, stießen sie auf das interessanteste Ergebnis der Untersuchung. Je mehr eine Person durch diese Originalität in den Tests oder mit ihren Ideen auch schon öffentlich aufgefallen war, umso deutlicher zeigte ihr Scan ein merkwürdiges Muster, das die Forscher »High Creative Network« nannten: Ihr Gehirn schien imstande, in zwei Betriebszuständen gleichzeitig zu funktionieren. Modus Eins und Modus Zwei, die sich normalerweise ausschließen, arbeiteten nicht gegeneinander, sondern zusammen – als wäre die Mauer zwischen Intuition und Logik gefallen.

Die Muster ähnelten den Hirnaktivitäten, wie man sie unter Einfluss halluzinogener Drogen wie LSD oder Psilocybin feststellt.[17] Nach Einnahme solcher Substanzen lösen sich die normalerweise starren Betriebszustände des Gehirns ebenfalls auf, und wer einen Trip hinter sich hat, erinnert sich oft, die unwahrscheinlichsten Gedankensprünge und Bilder bei gleichzeitig völliger Verstandesklarheit erfahren zu haben. Aber die Versuchspersonen in dem amerikanisch-österreichisch-chinesischen Experiment hatten keine Drogen genommen.

Unklar blieb, wie die besonders Einfallsreichen zu ihrer Virtuosität kamen. Arbeitete ihr Verstand so rasant, dass er ständig zwischen wildem, planlosem Assoziieren und zielgerichteter Logik hin- und hersprang und diese Wechsel mit einer enormen Geschwindigkeit vornahm, welcher die Messgeräte der Forscher nicht zu folgen vermochten?[18] Oder waren diese Menschen tatsächlich imstande, zugleich traumverloren und in hohem Maß vernünftig zu sein?

Das »High Creative Network« ist keine Schaltung, die ein Mensch hat und der nächste nicht. Die Unterschiede sind graduell. Jede Person ist dazu imstande, ein Stück weit ihr intuitives mit ihrem logischen Denken zusammenzubringen, was die Voraussetzung für neue Ideen ist. Aber manchen gelingt dieses Kunststück besser als anderen.

Erstaunlicherweise zeigt sich das charakteristische Muster in den Gehirnen auch dann, wenn schöpferisches Denken gar nicht verlangt ist. Selbst in Ruhepausen lässt sich ein wenngleich abgeschwächtes »High Creative Network« erkennen. Und allein aufgrund solcher Scans von Köpfen, die an gar nichts Besonderes dachten, konnte das Kollegium der amerikanischen, österreichischen und chinesischen Forscher voraussagen, ob eine ihnen unbekannte Person in späteren Tests originelle Ideen liefern und in Interviews von besonderen schöpferischen Leistungen erzählen würde. Gut ein halbes Dutzend anderer Studien bestätigte die enge Verbindung zwischen der Kreativität eines Menschen und der Steuerung seiner Hirnzustände für intuitives und logisches Denken.[19]

Nicht auszuschließen daher, dass Kandidaten sich künftig einem Hirnscan unterziehen müssen, um an einer Kunsthochschule aufgenommen zu werden, um einen Job als Nachwuchswissenschaftler oder in einer Werbeagentur zu bekommen. Doch man sollte die Daten aus dem Scanner nicht überschätzen. Das Geschick, mit der das Gehirn seine Betriebszustände steuert, ist ein wesentlicher, aber doch nur einer von mehreren Faktoren, der das schöpferische Vermögen einer Person beeinflusst. So, wie ein hoher Intelligenzquotient noch keinen Erfolg in Schule und

Beruf garantiert, wird nicht jeder, an dem sich ein ausgeprägtes »High Creative Network« feststellen lässt, Picasso. Auch Motivation, Erfahrung und Persönlichkeit entscheiden darüber, wie viele Einfälle ein Mensch in die Welt setzt und verwirklicht.

In naher Zukunft könnten Menschen Magnethelme aufsetzen, um ihr »High Creative Network« zu stimulieren. Dass wir uns starke elektromagnetische Wellen in den Kopf strahlen lassen, um bestimmte Funktionen des Gehirns gezielt zu aktivieren, ist keineswegs Science-Fiction. Die nötige Technik gibt es bereits, in der Forschung ist ihr Einsatz fast schon Routine. Was noch fehlt, sind Erfahrungen darüber, wie man mit der sogenannten transkraniellen Magnetstimulation die Betriebszustände des Gehirns umschalten kann. Bisher hat sich niemand für dieses Problem interessiert. Da aber nun aufgedeckt ist, wie sehr der schnelle Wechsel zwischen Tagtraum und logischem Denken den Fluss unserer Einfälle bestimmt, wäre es erstaunlich, würde die Forschung da keine Anstrengung unternehmen. Zu groß ist der Wunsch nach brillanten Ideen.

Aber brauchen wir wirklich starke Magnetfelder, um die Hindernisse beiseitezuräumen, die uns von Aha-Erlebnissen trennen? Nein! Es gibt einen viel einfacheren Weg. Dieser erfordert noch nicht einmal besonderes Training, lediglich ein Eingeständnis der eigenen Grenzen.

Die Leistung unserer Gehirne ist endlich. Darum stehen alle Phasen der Kreativität unter einer gemeinsamen Voraussetzung – Rückzug von der Außenwelt. Bereits die Vorbereitung eines schöpferischen Prozesses erfordert intensive Auseinandersetzung mit einem Problem; treffen währenddessen ständig neue Reize ein, fehlt die nötige Konzentration. Während der Inkubation fährt die Sinneswahrnehmung herunter; nur so kann das Gehirn die Ressourcen für die großenteils unbewussten Vorgänge freimachen, in denen sich Gedächtnisinhalte neu ordnen. Die Illumination schließlich verlangt Aufmerksamkeit für die Welt der eigenen Vorstellungen; wer von der Umwelt abgelenkt ist, muss die aufkeimende Idee übersehen.

Aus diesem Grund haben Menschen Aha-Erlebnisse regelmäßig in denkbar unspektakulären Situationen: im Halbschlaf im Bett, auf dem Weg zur Arbeit im Bus, unter der Dusche. Wenn es sonst nichts Interessantes zu sehen, nichts zu erfahren, nichts zu erledigen gibt, steht dem schöpferischen Denken ein Maximum an geistiger Kapazität zur Verfügung. Insofern ist bedenklich, dass wir uns immer seltener die Zeit nehmen, wie Archimedes in eine Badewanne zu steigen. Künstler und Wissenschaftler aller Disziplinen und aller Epochen spürten, welch kostbares Gut ihre Aufmerksamkeit ist: Sie zogen sich für ihre Arbeit in eine reizarme Umgebung, oft auf dem Land, zurück.

Schöpferisches Denken erfordert den Mut und die Fähigkeit, Langeweile zu ertragen. So war denn auch Archimedes ein Meister darin, dem Lärm der Welt die kalte Schulter zu zeigen. Nicht einmal als römische Truppen nach dreijähriger Belagerung seine Heimatstadt stürmten und plünderten, schenkte er dem Geschehen Beachtung. »Noli turbare circulos meos«, störe meine Kreise nicht, soll Archimedes, in einen geometrischen Beweis vertieft, von einem Soldaten verlangt haben, worauf dieser den Gelehrten erschlug.

Die Zeitgenossen wunderten sich über Archimedes, bewunderten ihn aber auch. Heute irritiert uns seine extreme Weltabgewandtheit nur noch, denn zu schmerzlich erinnert der Weise von Syrakus uns an die Defizite unserer Epoche. Hätte Archimedes seine Zeit auf Twitter statt in der Badewanne meditierend verbracht: Wäre ihm dann jemals eine Entdeckung gelungen, die ihn »Heureka« rufend durch die Stadt laufen ließ?

TEIL III *Die Zeit der Vernetzung*

Bewegliche Lettern, erfunden von Johannes Gutenberg
um das Jahr 1440

7 Schwarz auf weiß

Die moderne Weise zu denken entstand im Lauf einer Reihe von Krisen, die ab dem Jahr 1500 Europa erschütterten und sich später über die ganze Welt ausbreiteten. Viele Konflikte dieser Zeit erinnern an die Auseinandersetzungen, die unsere Gesellschaften heute aus dem Gleichgewicht bringen. Globalisierung und die explosive Verbreitung neuer Medien stellten auch damals die soziale Ordnung in Frage. Technischer Fortschritt wurde entscheidend für wirtschaftlichen Erfolg, und die Gewissheiten der Religion galten nicht mehr. So gut wie alle Lebensbereiche veränderten sich.[1]

Ausgelöst hatte den Umbruch die bis heute folgenreichste Innovation seit der Antike. Die Anfänge dieser Erfindung liegen im Dunklen. Wir wissen nicht, wie der Goldschmied Johannes Gensfleisch auf den Gedanken verfiel, dass man aus Holz gezimmerte Pressen nicht nur zum Herstellen, sondern auch zum Bedrucken von Papier einsetzen könnte. Den entscheidenden Einfall hatte er vermutlich um das Jahr 1434 in Straßburg. Aktenkundig ist eine Vereinbarung, der zufolge Gensfleisch, den man Gutenberg nannte, mit einem Konsortium an der großen »Heiltumsfahrt« nach Aachen verdienen wollte, die für das Jahr 1439 angesetzt war. Das Konsortium beabsichtigte die Herstellung und den Verkauf von nicht weniger als 32 000 Hohlspiegeln aus Zinn und Blei, mit denen die Pilger ein von den Aachener Reliquien ausgehendes göttliches Licht einfangen und nach Hause tragen könnten. Aus unbekannten Gründen gab das Konsortium den Bau einer hölzernen Presse in Auftrag. Aber die Hoffnung, mit den Spiegeln ein Vermögen zu machen, zerschlug sich, als sich eine Pestepidemie ankündigte und die Wallfahrt kurz vor dem Ereignis abgesagt wurde.

Suchte Gutenberg für die schon gelieferte Presse eine neue Verwendung? Jedenfalls experimentierte er mit einer Methode, um Schriftstücke schnell und billig zu vervielfältigen. Dabei kam ihm die Idee, Texte in einzelne Lettern zu zerlegen, die er aus Blei goss. Aus den Lettern ließen sich Zeilen, aus den Zeilen wiederum der Druckstock für eine Seite setzen, der dann in die Presse eingelegt wurde. Ungewiss ist auch, ob die Technik in Fernost Gutenberg inspirierte.

In China druckte man schon seit Jahrhunderten mit hölzernen Lettern, in Korea gebrauchte man sogar Lettern aus Metall. Druckerpressen waren allerdings in Asien nicht üblich, Arbeiter rieben die Farbe vom Druckstock mühsam auf jedes einzelne Blatt. Deswegen und weil die chinesische Bilderschrift die Herstellung Tausender verschiedener Lettern verlangt, war das Verfahren zu aufwendig. Billiger war es allemal, ein Heer von Kopisten für das Abschreiben zu bezahlen. So setzte sich diese Technik in Asien nie auf breiter Front durch.

Wahrscheinlicher ist daher, dass die vorigen Versuche mit den bleiernen Spiegeln, auf deren Oberfläche Heiligenbilder eingeprägt wurden, Gutenberg zum Guss von Lettern anregten. Jedenfalls erschienen die Ergebnisse so aussichtsreich, dass er die folgenden zehn Jahre mit Verbesserungen verbrachte. In dieser Zeit entwickelte Gutenbergs Werkstatt ein ganzes System von Techniken, um die Druckerpresse rationell zu betreiben. Eine spezielle Gusstechnik, eine Legierung und Instrumente zur Herstellung der Lettern entstanden. Der Setzkasten zur Aufbewahrung der

Lettern wurde erfunden. Gutenberg konstruierte Schienen und Rahmen, in denen sich die Lettern zu Texten verbanden, mischte aus Ruß und Firnis eine schnell trocknende Tinte. Und er versah seine Presse mit beweglichen Bauteilen, sogenannten Karren und Tiegeln, damit das Papier schnell und präzise angedrückt werden konnte. Gutenbergs Technik war ein Glanzstück der Kreativität durch Kombination.

Um das Jahr 1450, Gutenberg lebte inzwischen wieder in seiner Geburtsstadt Mainz, hatte er sein Verfahren perfektioniert. Er sah das wirtschaftliche Potenzial seiner Erfindung, warb Risikokapital ein und machte sich an die Produktion einer Bibel, die er ab dem Jahr 1454 in einer Startauflage von 180 Exemplaren vertrieb. Überdies hatte er sich einen einträglichen Auftrag der Kirche gesichert: Gutenbergs Werkstatt druckte Ablassbriefe in Tausenderauflagen. Mit der massenhaften Herstellung dieser Papiere, durch deren Kauf sich Gläubige von der Schuld ihrer Sünden zu befreien hofften, kam die neue Technik erstmals in großem Umfang zum Einsatz.

Der technisch brillante Gutenberg erwies sich als ein schlechter Geschäftsmann. Nachdem er im Jahr 1455 ein Gerichtsverfahren gegen seine Geldgeber verloren hatte, ging er bankrott, verlor seine Werkstatt und damit sein Monopol. Der Technik aber, die jetzt nicht mehr geheim war, kam Gutenbergs Niederlage zugute. Das Verfahren, mit dem sich so schnell und billig Schriften vervielfältigen ließen, verbreitete sich rasant über Europa. Um 1470 stießen Druckereien in Städten wie Köln, Paris und Venedig bereits Tausende Bücher aus; um 1480 hatten in jeder auch nur mittelmäßig bedeutenden Stadt Druckwerkstätten eröffnet, die man Offizinen nannte; 1485 waren die Offizinen Großbetriebe geworden und hatten sich zu Verlagen entwickelt, die ihre Werke in vierstelligen Auflagen auf den Markt warfen und über ganz Europa vertrieben. Um das Jahr 1500 waren bereits mehr als 20 Millionen, um das Jahr 1600 mehr als 200 Millionen Bücher gedruckt.[2]

Schon Gutenbergs Zeitgenossen erkannten, dass die Erfindung viel mehr bewirken würde als nur den Beginn einer neuen Industrie. »Das Drucken, vor kurzem in Mainz erfunden, ist die Kunst der Künste, die Wissenschaft der Wissenschaften«, schrieb der Kölner Kartäusermönch Werner Rolevinck in seiner Weltchronik, die im Jahr 1474 erschien und selbst in einer Gesamtauflage von 100 000 Exemplaren gedruckt wurde. »Dank seiner raschen Verbreitung erfreut sich die Welt nun einer Schatzkammer der Weisheit und des Wissens, die bisher verborgen war. Eine unendliche Anzahl von Werken, die bisher nur wenige Studenten in Paris, Athen oder in den Bibliotheken anderer großer Universitätsstädte konsultieren konnten, werden jetzt in alle Sprachen übersetzt und unter allen Nationen der Welt verbreitet«.[3]

Die Alleinherrschaft der Mächtigen über das Wissen der Menschen war damit beendet. Bis zur Erfindung der Druckerpresse war es leicht gewesen, unerwünschte Meinungen zu unterdrücken. Man musste nur die Aufrührer aus dem Verkehr ziehen; und kursierten irgendwo häretische Schriften, wurde man mit ein paar handgeschriebenen Exemplaren leicht fertig. Ohnehin konnten nur die wenigsten lesen – weshalb hätten man es auch lernen sollen, wenn der Lesestoff in den Bibliotheken der Klöster, Fürsten und Universitäten außer Reichweite war?

All das änderte sich, als in jeder Stadt, die mehr als nur ein besserer Marktflecken war, Druckereien ihre Arbeit aufnahmen. Die Menschen sahen jetzt einen Grund, das Lesen zu lernen. Wie Information und Ansichten sich verbreiteten, ließ sich jetzt kaum mehr kontrollieren. Sobald die Kirche ein Buch auf den Index setzte, ein Landesherr eine Flugschrift untersagte, witterten Drucker ihre Chance, die verbotenen Ideen profitabel unter die Leute zu bringen. Und je radikaler ein Text war, umso größer das Interesse. Europa ging unruhigen Zeiten entgegen.

Der Zufall wollte es, dass gleichzeitig mit der Reife der Druckerpresse massenhaft subversive Schriften nach Europa gelangten, die sich mit der neuen Technik verbreiteten. Als Konstantinopel im Jahr 1453 an die Türken fiel, beförderten die fliehenden christlichen Intellektuellen ganze Bibliotheken antiker Manuskripte nach Westen. Plötzlich verfügte man in Städten wie Florenz oder Mailand über die Texte, die schon Archimedes und andere Denker des Altertums angeregt hatten. Und unter den Geflüchteten waren Gelehrte, die diese Bücher verstanden. Sie gaben nicht nur reichlich Anstöße für neue Ideen, sondern vermittelten mit der antiken Gedankenwelt auch eine Alternative zu den Doktrinen der Kirche.

Nach der katholischen Lehre soll der Mensch nur nach einem Ziel streben – Gottes Ehre zu mehren. Keine würdigen Bemühungen dagegen waren solche nach einem besseren irdischen Leben oder Erkenntnis der Welt. Über ein Jahrtausend lang folgte das Abendland der Ansicht des frühchristlichen Theologen Augustinus von Hippo, der Neugierde als Sünde beschrieb. Katholische Philosophen erklärten, dass niemals der Mensch, sondern nur Gott selbst schöpferisch sein könne.[4]

Ein Gegenentwurf zu solcher Demut entwickelte sich in Florenz, wo Marsilio Ficino in der zweiten Hälfte des 15. Jahrhunderts die wiederentdeckten antiken Schriften studierte. Ficino entwarf eine Philosophie, die nicht mehr Gott, sondern den Menschen als Schöpfer darstellte. Wer sich nach Neuem sehne, begehe keine Sünde, lehrte Ficino. Im Gegenteil erwachse dem

Menschen sogar seine ganze Würde daraus, dass er sich selbst und die Welt nach dem eigenen Willen umformen könne. Leonardo da Vinci, von Ficinos Ideen beeindruckt, nannte Künstler »Gottes Enkel«, weil sie schöpferisch sein können wie der Allmächtige.

Vom geistigen Klima dieser Epoche, in der die Menschen ihr Selbstbewusstsein entdeckten, erzählt eine Anekdote eines zeitgenössischen Historikers: Kolumbus, aus der Neuen Welt zurückgekehrt, wird zu einem Festessen geladen. Die anwesenden spanischen Adeligen bemerkten, so erstaunlich sei die neue Seeroute auch wieder nicht, schließlich hätte jeder, der eine Flotte besitzt, nach Westindien segeln können. Kein gebildeter Mensch des 15. Jahrhunderts habe noch an der Kugelgestalt der Erde gezweifelt.

Da forderte Kolumbus die Runde auf, ein gekochtes Ei auf die Spitze zu stellen. Als der Balanceakt niemandem gelang, verlangte die Abendgesellschaft von Kolumbus, es selbst zu versuchen. Der schlug das Ei so auf den Tisch, dass die Spitze eingedrückt wurde und das Ei stehen blieb. Auf den Protest der anderen Gäste, dass sie das auch gekonnt hätten, antwortete Kolumbus: »Meine Herren, der Unterschied ist, dass Sie es hätten tun können. Ich habe es getan.«

Ohne Gutenbergs Erfindung hätte Kolumbus nie in die Neue Welt übergesetzt. Vermutlich wäre er als Sohn eines Wollwebers nicht einmal auf den Gedanken gekommen, dass er zur See fahren könnte. Doch ein mit der neuen Technik gedrucktes Geographiebuch, das Kolumbus' Vater gekauft hatte und in einer Bibliothek in Sevilla heute noch existiert, weckte sein Interesse. Auch verschlang der Junge die Reiseberichte des Marco Polo und anderer früher Entdecker, die Naturgeschichte des antiken Schriftstellers

Plinius und Ptolemäus' Schriften zur Astronomie. Als Kolumbus endlich mit drei spanischen Karavellen über den Atlantik nach Westen aufbrach, führte er die »Tafeln« des Nürnberger Astronomen und Verlegers Regiomontanus mit sich. Es handelte sich um gedruckte Bücher, die Tabellen nicht nur der Positionen aller wichtigen Sterne und Planeten, sondern auch der mathematischen Funktionen enthielten, die man brauchte, um nach den Himmelskörpern zu navigieren. Mit diesem Hilfsmittel erschien die lange Reise ins Ungewisse möglich.

So brach mit der Renaissance das Zeitalter der Entdeckungen an. Wie die Seefahrer in unbekannte Ozeane ausliefen, wie Pioniere ferne Küsten besiedelten, eroberten auch Künstler und zunehmend Wissenschaftler neues Terrain.

Der Buchdruck veränderte grundlegend, wie Menschen Information sammelten, aufnahmen, weitergaben und speicherten – und damit ihr Denken. In der Antike konnten nur wenige Gelehrte die legendäre Bibliothek von Alexandria aufsuchen, die angeblich alles je niedergeschriebene Wissen enthielt. Nun aber war überall Alexandria. Jeder, der zu lesen verstand und sich irgendwie Zugang zu den – zumindest in den Städten – allgegenwärtigen Büchern verschaffte, konnte jetzt in einen Kosmos von Ideen eintauchen, der viel reichhaltiger war als die geistige Welt, in dem sich einst Archimedes und die antiken Philosophen bewegten. Mit der neuen Technik stand nicht nur mehr, sondern auch bessere Information zur Verfügung.

Bis Gutenberg war schöpferisches Denken an einen Ort gebunden, lokal. Manuskripte litten unter der Unzuverlässigkeit ihrer Kopisten, durch die sich von Abschrift zu Abschrift immer mehr Fehler ansammelten: Die Texte veränderten sich wie eine Botschaft im Kinderspiel »Stille Post«. Neue Lösungen konnten darum nur aus dem Wissen entstehen, das vor Ort erprobt war oder mit dem sich jemand auf einer Reise vertraut gemacht hatte. Entsprechend langsam verbreiteten sich Ideen.

Erst mit der Druckerpresse ließ sich Information beliebig und exakt vervielfältigen, verlor also mit ihrer Verbreitung nicht länger an Wert. Auf gedruckte Texte konnte man sich verlassen, wenn nur die Quelle glaubwürdig war. Etwas »schwarz auf weiß« zu haben, wurde zur Metapher für unumstößliche Tatsachen.

Wo man bisher mit dem Hörensagen oder der eigenen Anschauung vorliebnehmen musste, waren nun Fakten verfügbar.

So verloren Überlieferung und Traditionen als Quelle für Ideen an Bedeutung. Auch auf die Meinung von Autoritäten kam es immer weniger an. Es sprach nicht länger gegen einen Einfall, wenn er zu den Schriften eines Kirchenvaters oder eines bedeutenden antiken Denkers im Widerspruch stand. Die neue Währung des schöpferischen Denkens waren gesicherte Daten.

Und seit es möglich war, Information massenhaft, schnell und zuverlässig weiterzugeben, spielten Orte kaum mehr eine Rolle. Ob Menschen in Köln, Paris oder Rom ansässig waren – Bücher verbanden ihre Gehirne. Und die Seefahrer verbreiteten Gutenbergs Erfindung weltweit. Schon im Jahr 1544 eröffnete die erste Druckerei in Mexiko-Stadt, kurz darauf gründeten Jesuiten eine in Indien. Menschen konnten nun über große Entfernungen hinweg Ideen gemeinsam entwickeln. Das schöpferische Denken wurde global.

Gutenbergs Erfindung löste die dritte geistige Revolution aus. Mit ihr begann das Zeitalter der Massenkommunikation, die Möglichkeiten des menschlichen Geistes erweiterten sich dramatisch. Man muss weit zurückgehen in der Geschichte, um auf Ereignisse von vergleichbarer Tragweite zu stoßen. Nur die Entstehung der Sprache und die Erfindung der Symbole veränderten ähnlich tiefgreifend, wie Menschen zusammenlebten und wie sie sich selbst und ihre Welt sahen.

Die Einsicht, dass die Erde sich um die Sonne dreht, war eine von vielen Früchten der dritten geistigen Revolution. Sie zählt nicht nur zu den größten geistigen Errungenschaften der Menschheit, sondern macht auch wie kaum ein anderes Beispiel anschaulich, wie der neue Umgang mit Information Horizonte öffnete.

Zwar behaupteten schon einzelne antike Philosophen, dass die Erde nicht im Zentrum des Kosmos stehen. Aber sie konnten ihre Spekulation nicht beweisen. Erst der 1473 im polnischen Thorn geborene Nikolaus Kopernikus konnte unabweisbare Argumente für die Sonne als Zentralgestirn anführen. Seine Erkenntnisse verdankten sich keineswegs besseren astronomischen Instrumenten, sondern dem Buchdruck. Kopernikus verfügte nur über primitive Geräte, war im Übrigen auch kaum interessiert daran, sich den Nachthimmel selbst anzusehen. Der wohl einflussreichste Astronom der Geschichte berichtete von gerade ein paar Dutzend eigenen Beobachtungen.

Vielmehr erschloss er das neue Weltbild aus schon damals jahrhundertealten Daten. Zu seinen wichtigsten Quellen gehörten die Aufzeichnungen spanischer Astronomen des Hochmittelalters, die Alfonsinischen Tafeln, die als Manuskripte allerdings kaum zugänglich waren. Erst im Jahr 1492 erschienen die Alfonsinischen Tafeln im Druck. Der junge Kopernikus, damals Student an der Krakauer Universität, kaufte sofort ein Exemplar. Er beschaffte sich auch ein auf Latein übersetztes Buch des arabischen Astronomen Haly Abenragel und die gedruckten Tafeln des Regiomontanus, mit denen Kolumbus im selben Jahr 1492 den Atlantik befuhr.[5]

Die Tafeln, die Kopernikus später um weitere Werke ergänzte, waren Datensammlungen, die die Positionen von Planeten und

Sternen am Nachthimmel im Jahresverlauf auflisteten. Diese Zahlen verglich Kopernikus mit den Voraussagen, die sich ergeben, wenn man die Erde als Mittelpunkt des Universums betrachtet. Er erkannte, dass das damals übliche Weltbild unnötig kompliziert war. Wenn man dagegen die Erde als einen Planeten ansieht, der um die Sonne kreist, lassen sich die Bewegungen am Himmel leichter verstehen und die Positionen der Gestirne genauer berechnen.

So erklärte Kopernikus die Erde zu einem Planeten wie alle anderen, die Sonne aber als ruhend. Natürlich widersprach er damit der Erfahrung, dass die Sonne sich Tag für Tag über den Himmel bewegt, und allen Autoritäten. Aber schwerer als Anschauung und Lehrmeinung wogen für ihn die in den Büchern festgehaltenen Daten. Nicht nur, was Kopernikus behauptete, auch seine Begründung war revolutionär.

Kopernikus hielt das Manuskript, in dem er seine Ergebnisse darlegte, jahrzehntelang unter Verschluss. Er fürchtete keineswegs den Bann der katholischen Kirche, sondern dass seine Mitmenschen ihn für verrückt erklären würden. Als er sein Werk »De revolutionibus orbium coelestium«, auf Deutsch »Über die Umlaufbahnen der Himmelssphären« schließlich im Jahr 1543 drucken ließ, widmete er es dem Papst. In einem Brief an den Heiligen Vater erklärte er sich: Es sei ja bekannt, wie diejenigen verspottet wurden, die gelehrt haben, dass die Erde eine Kugelgestalt besitze. Vielleicht dachte er auch an die Reaktionen auf Kolumbus' erstes Ansinnen, westwärts nach Indien zu segeln. »Deshalb braucht es Gebildete nicht zu verwundern, wenn sich solche Leute auch über uns lustig machen werden«, schrieb Kopernikus.[6] Wer eine neue Methode des Denkens vertritt, hat mit Widerständen zu rechnen.

Je einfacher es wurde, Information in Umlauf zu bringen, umso mehr setzte das neue Denken sich durch. Fast jeder, der etwas entdeckt, erforscht oder erfunden hatte, begann sein Wissen zu publizieren – und wenn er es nicht selbst veröffentlichte, tat es ein anderer. Jede Einzelheit, die irgendwo im Druck erschien, konnte wiederum Ausgangspunkt für neue Entdeckungen werden. Die Menge an verfügbarer Information wuchs an wie eine Lawine.

In der frühen Neuzeit konnten die Menschen erstmals auf mehr Wissen zugreifen, als ein Einzelner zu verarbeiten vermochte. Ideen waren nicht mehr knapp. Die Drohung der Kirche, dass Neugierde beim Jüngsten Gericht gebüßt werden müsse, hatte ihren Schrecken verloren. Wie ein Gas, das in einer Flasche eingesperrt war, beim Öffnen des Ventils überall hinströmt, so richtete sich das schöpferische Denken nun auf jeden erkennbaren Gegenstand.

In keinem Werk ist diese rauschhafte Freiheit so spürbar wie in den Arbeiten des Leonardo da Vinci, die in der Malerei genauso wie in der technischen Zeichnung Maßstäbe setzten. Leonardo vollbrachte Pionierleistungen der anatomischen Forschung, erfand Schleusenanlagen, versuchte sogar mit Fossilien zu belegen, wie Italien einst aus einem Urmeer aufgetaucht war.

Leonardos Notizbücher zeigen allerdings auch, auf welche Schwierigkeiten schöpferisches Denken stößt, wenn sich Möglichkeiten im Überfluss bieten. Fast 6000 von ursprünglich wohl 10 000 Manuskriptseiten sind uns erhalten. Auf ihnen finden sich Überlegungen zum Städtebau und zu den Proportionen von Pflanzen; Studien für ein riesiges Reiterstandbild aus Bronze und der Entwurf für eine Brücke über den Bosporus; Skizzen der Luftströmung an Vogelflügeln und Pläne für künstliche Herzklappen.

Nur die wenigsten dieser Einfälle hat Leonardo realisiert. Manche Konstruktionen waren völlig unmöglich, andere Projekte mit damaliger Technik nicht umzusetzen. Für die meisten seiner Vorhaben fehlte es Leonardo schlicht an Zeit. In der Wissensrevolution der Renaissance stieß der Geist selbst eines Leonardo da Vinci an seine natürlichen Grenzen.

Das schöpferische Denken selbst musste sich ändern. Wie sonst hätte der Verstand immer mehr Daten bewältigen, immer mehr Alternativen gerecht werden können? Tatsächlich entdeckten die Forscher und Künstler nach Leonardo ein Verfahren, das den Herausforderungen ihrer Zeit angemessen erschien. Als Erster beschrieb es der englische Philosoph Francis Bacon im Jahr 1620 als die »neue Methode«. Heute wird die von Bacon dargestellte Herangehensweise als »wissenschaftliche Methode« bezeichnet, weil sich jedes ernstzunehmende wissenschaftliche Projekt darauf beruft.

Streng genommen ist keine der beiden Bezeichnungen richtig. Zum einen hat die Natur dieses Verfahren schon vor Millionen von Jahren erfunden – was Bacon als »neue Methode« anpries, ist nichts anderes als die bewusste Anwendung der uns unbewussten Prinzipien, nach denen unsere Wahrnehmung funktioniert. Zum anderen folgt längst nicht nur das schöpferische Denken in der Wissenschaft dieser Methode.

Das Grundproblem der Wahrnehmung hatten wir schon im vorletzten Kapitel erörtert: Die Sinnesorgane liefern in jeder Sekunde mehr Reize, als wir bewusst verarbeiten können. Die Evolution hat darauf eine Antwort gefunden: Das Gehirn spielt keineswegs alle möglichen Deutungen für einen Sinnesreiz durch. Vielmehr testet es einige wenige, wahrscheinliche Hypothesen. Sobald eine Hypothese sich mit den gerade aktuellen Sinneseindrücken und früheren Erfahrungen verträgt, akzeptieren wir sie als Beschreibung der Wirklichkeit und handeln nach ihr. Aber selbst dann, wenn wir sie annehmen, bleibt die Hypothese nur eine vorläufige. Treffen neue Informationen ein, wird sie wiederum überprüft – und, falls nötig, durch eine andere Hypothese ersetzt.

Genau so funktioniert Francis Bacons »neue Methode«. Sie strebt nicht nach einer letztgültigen, sondern nur nach einer zeitweise brauchbaren Lösung eines Problems. Damit brach Bacon radikal mit den Philosophen seit der Antike, die gehofft hatten, dass Denken die Wahrheit über die Welt herauszufinden vermag. Die Wahrheit, entgegnete Bacon, können wir nicht erreichen, weil unser Wissen nie vollständig sein kann. Doch wer immer wieder sein Unwissen eingesteht, hat die Chance, der Wahrheit allmählich näher zu kommen: Die »neue Methode« zerlegte den Prozess der Erkenntnis in kleine Schritte, die der menschliche Verstand bewältigen kann.

Erfolgreiches schöpferisches Denken gehorcht diesem Prinzip. Ganz gleich, ob heute ein Koch ein neues Gericht komponiert, ein Autor an einem Roman schreibt oder eine Erfinderin ein Produkt ausklügelt: Sie alle wissen, dass es unmöglich ist, alle Wege auf einem großen unbekannten Terrain zu erforschen. Deshalb entscheiden sie sich für eine Hypothese. Die Hypothese eines Kochs kann lauten, dass sich der zarte Geschmack gekochter Flusskrebse durch die Kombination mit der Säure einer halbreifen Mango verstärkt. Der Autor vermutet, dass die Lebensgeschichte seines exzentrischen Helden am wirkungsvollsten durch die Montage verschiedener Zeitebenen erzählt werden kann. Die Erfinderin geht davon aus, dass eine neuartige Schaltung zur Rückgewinnung der sonst beim Bremsen verlorenen Energie die Reichweite eines Elektroautos steigert.

Die Hypothesen bestimmen den weiteren Weg. Sie schränken den Möglichkeitsraum ein und machen ihn damit beherrschbar. Aber jede Hypothese ist nur eine vorläufige. Erweist sie sich als untauglich, wird sie verworfen und durch eine andere ersetzt. Bewährt sich die Hypothese, so erzeugt sie fast immer neue Fragen. (Steigert ein durch Koriandersamen erzeugtes Mundgefühl den Geschmackskontrast zwischen Krebsen und unreifer Mango? Wie viele Zeitebenen kann der Autor verschachteln, ohne seine Leser zu überfordern?) Für diese Fragen wird wiederum ein Anfangsverdacht aufgestellt. So hangelt man sich von einer Spekulation zur nächsten.

Schöpferisches Denken heißt forschen. Wie die Wahrnehmung folgt es einem Prinzip von Versuch und Irrtum, muss allerdings viel mehr Schritte gehen, um an sein Ziel zu gelangen. Ein Bild der Szene, die sich gerade vor unseren Augen abspielt, erzeugt das visuelle System des Gehirns in ein paar Hundertstelsekunden, eine vertraute Stimme erkennen wir nach wenigen Zehntelsekunden. An seinem Abendmahl arbeitete Leonardo mehr als drei Jahre, als er das Werk vollendet hatte, begannen die Farben schon zu verblassen. Für die Mona Lisa brauchte er vermutlich ebenso lang. Albert Einstein dachte jeweils zehn Jahre über seine beiden Relativitätstheorien nach, Goethe quälte sich mehr als drei Jahrzehnte mit dem ersten Teil seines Faust.

Obwohl schöpferisches Denken von einer Hypothese ausgeht, ist sein Ziel unbestimmt. Darin unterscheidet es sich vom logischen Denken, das zu genau einem Ergebnis, dem richtigen, kommt. Die Lösung einer ordentlich gestellten Rechenaufgabe steht von Anfang an fest, jede andere Antwort ist falsch. Schöpferisches Denken dagegen wäre kein solches, wenn sich sein Resultat voraussehen ließe. Wie die Wahrnehmung, so liefert es keine richtigen, sondern brauchbare Antworten; brauchbar ist alles, was sich bewährt. Das folgende Kapitel untersucht, wie man zu einer brauchbaren Antwort gelangt.

Leonardo da Vinci, »Mona Lisa«, um 1503.

8 Reise durch den Möglichkeitsraum

Logik, das schärfste Schwert des menschlichen Geistes, ist ein erstaunlich schwaches Instrument. Fast alle Probleme entziehen sich ihr – sogar die, von denen man glaubt, dass sie mit Logik zu bewältigen sind. Aus dem Scheitern der Logik aber erklärt sich das schöpferische Denken.

Nehmen wir Schach. Darüber, was auf dem Brett zu tun ist, herrscht eigentlich völlige Klarheit. Da der Zufall keine Rolle spielt, gibt es in jeder Stellung einen bestmöglichen Zug. Auch ist Schach frei von Geheimnissen, im Gegensatz etwa zu Kartenspielen, wo man das Blatt des Gegners nicht kennt. Schach ist ein Spiel mit perfekter Information. Darum sollte es grundsätzlich möglich sein, den besten Zug zu finden, wenn man nur richtig und genug überlegt. Beweisen lässt sich sogar, dass ein Spieler, der keinen Denkfehler macht, im Schach niemals verliert.[1]

Keinen Denkfehler zu machen hieße, den gesamten Möglichkeitsraum im Blick zu behalten. Dieser enthält vor der Eröffnung alle Partien, die man überhaupt spielen kann, später alle erlaubten Fortsetzungen einer Partie. Der Möglichkeitsraum ergibt sich also ganz einfach aus der Spielanleitung, die 64 schwarze und weiße Felder, 32 schwarze und weiße Figuren, schließlich Regeln vorschreibt, nach denen sich die Figuren bewegen. Jede Folge von eigenen Zügen und Zügen des Gegners ist eine Hypothese in diesem Möglichkeitsraum. Unter all diesen Hypothesen gilt es, die beste zu wählen.

Wer sich dabei allerdings auf die Logik alleine verlässt, hat mehr Auswahl, als er verkraftet. In einer typischen Schachposition muss sich der Spieler für einen von ungefähr 30 erlaubten Zügen entscheiden. Und da Weiß und Schwarz während einer Partie ungefähr je vierzigmal an der Reihe sind, explodiert die Zahl der möglichen Spielverläufe. Man kommt auf 10^{120} Hypothesen im Möglichkeitsraum, das ist eine 1 mit 120 Nullen.[2] Alle diese Hypothesen müsste ein perfekter Spieler bedenken; bräuchte er für jede auch nur eine Zehntelsekunde, wäre er 10^{113} Jahre beschäftigt, bevor er auch nur zum ersten Mal zieht. Bis dahin wäre die Sonne schon lange für immer verloschen. (In ungefähr 10 Milliarden oder 10^{10} Jahren hat sich ihr Brennstoff verbraucht.)

Wer nicht so lange warten will, dem bleibt nur der Ausweg, den Möglichkeitsraum einzuschränken. Das heißt: Denkverbote aufstellen. Damit die Partie in absehbarer Zeit endet, ziehen die Spieler die allermeisten erlaubten Züge gar nicht erst in Betracht. Sie halten sich also nicht nur an die vorgegebenen Schachregeln, sondern befolgen auch Faustregeln, die sie sich selbst auferlegt haben. Die eigene Dame gegen einen fremden Bauern zu tauschen ist ein schlechtes Geschäft, Doppelbauern sind übel, und in der Eröffnung sollte jede Figur besser nur einmal angefasst werden. Aber solche Faustregeln, die schon ein Anfänger zu Dutzenden verinnerlicht, folgen keinem rein logischen Kalkül. Vielmehr ergeben sie sich aus Erfahrungen, die der Spieler meist noch nicht einmal selbst gemacht hat. Irgendwoher hat er Sätze aufgeschnappt wie »Springer am Rand bringt Kummer und Schand«, diese Sätze plausibel gefunden und sie geglaubt.

Sein Denken folgt jetzt einer kulturellen Überlieferung: Züge, die einer Faustregel widersprechen, sondert der Spieler von vorneherein aus, als wären sie verboten. Er begnügt sich nun mit einem stark verkleinerten Möglichkeitsraum, opfert Logik, um das Spiel zu beherrschen. Die gelernten Faustregeln sind seine Hypothesen geworden.

Je länger er sich mit Schach befasst, umso größer wird der Schatz an Standardlösungen, auf die ein Spieler zurückgreift. Und während ein Anfänger gerade einmal Faustregeln für die Auswahl seines nächsten oder bestenfalls übernächsten Zuges beherrscht, sind einem Könner viel längere erprobte Sequenzen vertraut. Generationen von Spielern haben die gängigen Eröffnungen in all ihren Varianten bis in eine Tiefe von zwanzig oder mehr Zügen untersucht. Jede dieser Eröffnungen ist eine Hypothese, die im Gedächtnis eines Meisters vorgefertigt bereitliegt. Während der Anfänger seinen Weg in einem unübersehbaren Möglichkeitsraum finden muss und daran scheitert, bedient sich der erfahrene Spieler bei einem erprobten Schlachtplan sozusagen aus dem Regal.

Doch wie jede Hypothese sind alle Standardstrategien Vorurteile. Natürlich sind königsindischer Angriff, sizilianische Verteidigung, angenommenes Damengambit und wie sie alle heißen nicht unlogisch. Wären sie es, hätten sich diese Spielweisen kaum so lange bewährt. Aber reiner Logik folgen sie ebenso wenig: Dass die Züge aus dem Lehrbuch in einer bestimmten Situation unter allen Umständen das beste Ergebnis liefern, kann schließlich niemand beweisen. Dafür wären ja alle überhaupt möglichen Zugfolgen zu testen, und das ist unmöglich. So kann ein Spieler immer auf den Einfall kommen, die empfohlene Lösung zu verwerfen, und einen neuen Weg im Möglichkeitsraum ausprobieren. Hat er damit Erfolg, wird er für seine kreativen Züge gelobt; bewährt sich seine Lösung auch in anderen Partien, geht diese irgendwann in die Lehrbücher ein.

Am Werk ist hier ein schöpferisches Denken grundsätzlich anderer Art als die im dritten Kapitel diskutierte Kunst der Kombination. Kombinatorisches Denken, das der Welt die Druckerpresse und das iPhone, aber auch ihre schönsten Gedichte und Newtons Erklärung der Schwerkraft bescherte, verbindet Konzepte aus bis dahin voneinander getrennten Möglichkeitsräumen. So vereinten sich ein Telefon und ein Tabletcomputer zu einem neuen Gerät, Erkenntnisse über kreisende Planeten und fallende Äpfel zu einer neuen Physik.

Das schöpferische Denken beim Schach hingegen bleibt im Möglichkeitsraum, den die Spielregeln vorgeben. Die geistige Leistung besteht darin, den Möglichkeitsraum zu erforschen und Hypothesen zu untersuchen, mit denen sich noch niemand befasst hat. Wie ein Entdecker auf einem noch weitgehend unbekannten Kontinent, so macht sich das Denken in Gebiete auf, die grundsätzlich zugänglich sind, in die aber noch keiner einen Fuß gesetzt hat. Darum heißt Kreativität dieser Art explorativ.[3]

Seit Beginn der Neuzeit ist der menschliche Verstand immer mehr damit befasst, die von ihm selbst geschaffenen und ständig anwachsenden Möglichkeitsräume zu untersuchen. Heute seien 97 Prozent aller menschlichen Kreativität explorativ, hat die englische Kognitionswissenschaftlerin Margaret Boden einmal geschätzt: Schöpferisches Denken dieser Art spielt nach den Regeln, variiert bekannte Prinzipien. Seine Ergebnisse mögen oft weniger überraschend anmuten als die von kühnen Kombinationen; und doch wäre es falsch, das exploratorische Denken geringzuschätzen.

Die Kreativität von Millionen Ingenieuren, die aus bekannter Technik neue Produkte und Verfahren erfinden, ist explorativ, ebenso die stille Arbeit in den Laboren, wo Wissenschaftler versuchen, noch unbekannte Phänomene im Rahmen der vertrauten Naturgesetze zu verstehen. »Tagwissenschaft« nannte der französische Genetiker und Nobelpreisträger François Jacob diese Mühen, im Gegensatz zur »Nachtwissenschaft« der gewagten Ideen, die oft im Umfeld der Träume entstehen und der Menschheit ungeahnte Horizonte öffnen. Als der junge Albert Einstein sich vorstellte, wie es wäre, auf einem Lichtstrahl zu reiten, und so zu den Prinzipien der Relativitätstheorie gelangte, war dies Nachtwissenschaft. (Im folgenden Kapitel werden wir untersuchen, wie solch kühne Spekulation funktioniert.) Tagwissenschaft betrieb Einstein, als er die Gleichungen der speziellen Relativitätstheorie systematisch anwandte, um die Ablenkung des Sternenlichts während einer Sonnenfinsternis zu prognostizieren, und mit den Gleichungen der allgemeinen Relativitätstheorie Gravitationswellen vorhersagte. Das schöpferische Denken der Tagwissenschaft ist explorativ. Selten gelangt diese Art der Forschung zu so aufsehenerregenden Ergebnissen wie Albert Einstein, als er die Möglichkeitsräume der beiden Relativitätstheorien untersuchte. Aber dass Tagwissenschaft gewöhnlich kaum Schlagzeilen macht, schmälert weder die schöpferische Leistung der Forscher, noch mindert es ihren Wert. Tagwissenschaft hat uns Himmelskarten und Elektromotoren, schnelle Computer und wirksame Medikamente beschert.

Auch die Künste folgen dem Prinzip der Tagwissenschaft. Man kann die Entwicklung jeder Kunstgattung als eine Forschungsgeschichte erzählen. Nicht nur die meisten, sondern auch einige der spektakulärsten Kunstwerke verdanken wir der systematischen Erforschung eines Möglichkeitsraums.

Das Werk Johann Sebastian Bachs etwa gilt als Höhepunkt nicht nur der europäischen Musik, obwohl Bach sich ausschließlich der eingeführten Techniken der Barockkomposition bediente. Unter seinen Zeitgenossen galt er als ein eher altmodischer Künstler, tatsächlich fügte Bach den Methoden, die seine Vorgänger erfunden hatten, keine einzige neue hinzu. Aber er reizte die Prinzipien des Kontrapunktes, der Chromatik und der barocken Formen mit einer Meisterschaft aus, die keiner vor ihm auch nur annähernd erreicht hatte und nie wieder ein Komponist erreichen sollte.

Bach verstand sich als Diener einer »musicalischen Wissenschaft«, wie er es formulierte. Sein Vorgehen war überaus systematisch, manchmal geradezu stur. In den beiden Teilen seines »Wohltemperierten Klaviers« arbeitete er sich zweimal Ton für Ton auf der chromatischen Tonleiter nach oben, gebrauchte immer die gleichen Formen, um in jeder der 24 Tonarten die Möglichkeiten des Präludiums und der Fuge zu untersuchen. So entwickelte er ein ganzes Repertoire an musikalischem Material, aus dem sich spätere Komponisten bedienten. »Immer, wenn ich beim Komponieren ins Stocken geriet, nahm ich mir das Wohltemperierte Klavier hervor, und sogleich sprossen mir wieder neue Ideen«, bekannte Ludwig van Beethoven einmal. Nicht die Erfinder, sondern die Erforscher eines Möglichkeitsraums schrieben die Musik, die uns am stärksten berührt.[4]

Die Meisterwerke der bildenden Kunst verdanken sich ebenfalls der explorativen Kreativität ihrer Schöpfer. Das bekannteste aller Gemälde, die Mona Lisa, kam durch den unvergleichlich rätselhaften Gesichtsausdruck der Dargestellten zu seinem Ruhm; weniger bekannt ist, wie systematisch Leonardo da Vinci zuvor den Ausdruck von Emotionen in Gesichtern erforschte. In bemerkenswerten Serien von grotesken Porträts variierte er immer wieder ähnliche, übersteigerte Formen und erfand sogar ein eigenes System zur Katalogisierung von Nasen, die er zum einen in vier Grundtypen wie gerade und knollig, zum anderen nach Krümmungsverlauf ihrer Oberkante einteilte. So legte er sich einen ganzen Baukasten von Elementen zurecht, mit denen er

Abb. 13: Leonardo da Vinci: Mimik-Studie, vermutlich um 1492.

einen Reichtum von Gefühlen abbilden konnte wie kein Maler zuvor.

In seinem klassischen Buch über die Zeichnung verglich der britische Künstler und Ausstellungskurator Philip Rawson Schach mit der Praxis der Künste. Hier wie dort seien Regeln die Voraussetzung des Spiels. Und jede Partie, jedes Kunstwerk nach diesen Regeln verwirkliche eine Möglichkeit, die in der Struktur des Spiels angelegt sei. Einen Unterschied gebe es allerdings: »Die Kunst ist ständig dabei, die Regeln zu ändern, die sie befolgt.«[5]

Jede Epoche und jede Stilrichtung der Kunst erforscht einen Möglichkeitsraum. Die Malerei der Gotik reduzierte alles Geschehen auf eine Ebene und untersuchte, wie man mit zweidimensionalen Figuren ähnlich den Gestalten eines Comics die ganze Heilsgeschichte der Bibel darstellen kann. In der Renaissance spielten die Künstler mit den Gesetzen der Perspektivwahrnehmung und erkundeten die Tiefe des Raums, im anschließenden Barock die dramatischen Wirkungen von Verzerrung und Licht.

Nach einer Periode der Entdeckungen erschöpft sich regelmäßig ein Möglichkeitsraum. Alle wesentlichen Hypothesen, die man aus dessen Konzepten erzeugen kann, scheinen dann gefunden. In solchen Phasen stagniert die Kunst und gerät in eine Krise, bis sich ein neuer Möglichkeitsraum auftut. Meist ist ein solcher Übergang mit einem Generationswechsel verbunden. Junge Wilde treten an die Öffentlichkeit und werfen der alten Garde vor, diese habe nichts mehr zu sagen. Die Neuerer propagieren Konzepte, die noch wenig untersucht sind: eine geistige Landschaft, in der sie selbst Entdecker sein können, bis ein paar Jahrzehnte später auch dieses Terrain ausgekundschaftet scheint.

Gelegentlich machen Künstler von sich reden, die ihre Stile immer wieder radikal wechseln und so im Lauf ihrer Karriere mehrere Möglichkeitsräume erforschen. Ein solcher Künstler war Pablo Picasso. Sein malerisches Werk liest sich wie eine Kunstgeschichte des 20. Jahrhunderts im Kleinen. In seiner blauen Periode untersuchte er Möglichkeiten der Monochromie und die dunklen Seiten des menschlichen Daseins, in der anschließenden rosa Periode machte er sich eine neue, idealisierende Bildsprache zu eigen und zeigte in ihr die Welt der Artisten. Im Kubismus erforschte er Konzepte, mit denen sich der dreidimensionale Raum jenseits der perspektivischen Wahrnehmung darstellen lässt, in seinem Spätwerk versuchte er, die Motive der alten Meister in neue Darstellungen zu übersetzen. Jede Phase bot ihren eigenen Möglichkeitsraum, den er in jeweils Hunderten Zeichnungen und Gemälden auslotete.[6]

Die Schwierigkeit der explorativen Kreativität liegt darin, sich für die richtigen Vorurteile zu entscheiden. Wer neue Lösungen entdecken will, muss einerseits Vorurteile aufgeben. Wer andererseits zu viel anzweifelt, verliert sich in einem unübersehbaren Möglichkeitsraum. Erst Vorurteile, die Komplexität reduzieren, ermöglichen das schöpferische Denken.

Aber sie blockieren es auch. Denn Vorurteile verfestigen sich. Eine Ursache dafür, dass man sich ungern von ihnen trennt, findet sich in der evolutionären Vergangenheit. In Umgebungen mit knappen Ressourcen und voller Gefahren ist Orientierungslosigkeit gefährlicher als ein Mangel an Phantasie. Unbekannte Hypothesen zu testen kostet zudem Energie. Da ist es sicherer und schlicht bequemer, immer wieder dieselben Wege zu gehen, wodurch allerdings ein großer Teil des Möglichkeitsraums unerkannt bleibt.

Das wusste schon Leonardo da Vinci. In einem frühen Manuskript beschrieb er eine »neue Methode, um den Geist zu den verschiedensten Erfindungen anzuregen«.[7] Er empfahl, den zu seiner Zeit allgegenwärtigen Schmutz als Auslöser für Ideen zu nutzen: »Wenn du in ein Gemäuer hineinschaust, das mit vielfachen Flecken verdreckt ist, (…) so wirst du dort Ähnlichkeiten mit diversen Landschaften finden, die mit Bergen geschmückt sind, Flüsse, Felsen, Bäume – Ebenen, große Täler und Hügel in wechselvoller Art; auch wirst du dort allerlei Schlachten sehen und lebhafte Gebärden von Figuren, sonderbare Gesichter und eine endlose Vielzahl von Dingen, die du auf eine willkommene und gute Form zurückbringen kannst.« Ratsam sei es auch, »in die Asche im Feuer, in die Wolken, oder in Schlamm« zu sehen, denn »du wirst, wenn du sie recht betrachtest, sehr wunderbare Erfindungen in ihnen entdecken«. Auf einem einfachen Prinzip beruhe diese Methode: »Durch verworrene und unbestimmte Dinge wird der Geist zu neuen Erfindungen wach.«

So hatte Leonardo, noch bevor er die neuen Möglichkeiten der Malerei, der Kartographie und der technischen Zeichnung entdeckte, bevor er die Anatomie des menschlichen Körpers und den Vorgang des Sehens untersuchte, bevor er Flugmaschinen und Bühnenillusionen, Roboter und künstliche Herzklappen erfand, sein eigenes schöpferisches Denken erforscht. Die obigen Zeilen schrieb er früh in seiner Karriere, während seiner ersten Mailänder Zeit, als sein erstes Meisterwerk, das Abendmahl, noch lange nicht gemalt war. Aus schmerzlicher Erfahrung muss Leonardo schon damals gewusst haben, dass der Verstand seine Möglichkeiten nicht ausschöpft. Nur so ist sein Rat zu erklären. Die »neue Methode« kann dem Künstler und Erfinder schließlich keine Vorlagen für die Gegenstände liefern, um deren Darstellung er ringt. Vielmehr zielt die Betrachtung der verworrenen und unbestimmten Dinge darauf ab, den Verstand in bisher vernachlässigte Bereiche des Möglichkeitsraums zu katapultieren und so Phantasie zu entfesseln. Sie wirkt, indem sie Wahrnehmung und Denken verändert, wie eine Droge, die Halluzinationen auslöst. Die zufälligen Muster stoßen Assoziationen an; ähnlich den sparsamen Linien in der Graphik auf Seite 121 können sie der Funke sein, der ein Feuerwerk von Vorstellungen zündet: Ein winziger Hinweis führt Ideen herbei, die zuvor unerreichbar waren – obwohl der Hinweis mit dem eigentlichen Problem in gar keinem oder allenfalls sehr entferntem Zusammenhang steht. Leonardo hatte eine Kreativitätstechnik beschrieben.

Heute ist uns die Wirksamkeit dieses Verfahrens vertraut. Manchmal genügt es schon, den Raum zu verlassen, in den man sich auf der Suche nach einem Problem verbissen hat; wie durch ein Wunder stellen sich bei ersten Schritten an der frischen Luft Lösungen ein. Künstler, Schriftsteller und Forscher, die sich in einer geistigen Sackgasse sahen, machten sich seit Beginn der Neuzeit auf Reisen. Manche brachen auf, um von den Kollegen in fremden Städten zu lernen; andere reisten allein in der Hoffnung, dass die ungewohnte Umgebung sie auf neue Einfälle bringt. Erstaunlich viele hatten Erfolg. Goethe, der Leonardo bewunderte, nannte seine zweijährige Italienreise eine »Wiedergeburt«. Den »Faust« als eines der bedeutendsten Werke der deutschen Literatur etwa hätte es ohne die Reise nach Italien niemals gegeben. Dabei schöpfte Goethe auf seiner italienischen Reise kaum Material, sah auch keine Veranlassung dazu. Denn als er zu seiner Fahrt über die Alpen aufbrach, hatte er den Stoff für den »Faust«, die Dramen »Torquato Tasso« und »Egmont« und den Roman »Wilhelm Meister« seit Jahren beisammen, war aber qualvoll daran gescheitert, die Manuskripte in eine gültige Form zu bringen. Nach der Rückkehr gelang es ihm plötzlich; in rascher Folge veröffentlichte er diese Werke und ein halbes Dutzend weitere Dramen. Wie Leonardos »verworrene Dinge« waren ihm die Reiseerlebnisse kein Ausgangsmaterial für Ideen, sondern ein Mittel, um den Verstand zu entfesseln.

Kehren wir zum Schach zurück. Das sogenannte königliche Spiel bot vor kurzem ein dramatisches Beispiel dafür, wie hartnäckige Vorurteile Entdeckungen verhindern, obwohl der Möglichkeitsraum des Schachs so gründlich erforscht wurde wie vermutlich kein anderer. Seit mindestens einem halben Jahrtausend denken Menschen über immer neue Strategien nach, mit denen man den Gegner mattsetzen kann. Die Schachliteratur füllt Bibliotheken. Eröffnungen, also das erste Dutzend Züge, wurden in einer riesigen Zahl an Varianten erforscht und in Enzyklopädien niedergeschrieben. Alle Hypothesen, die Schachspieler erfanden und erprobten, haben Programmierer in Computer gefüttert, denn auch Maschinen brauchen ihre Faustregeln. Selbst Supercomputer sind viel zu langsam, um jede mögliche Abzweigung des Spiels bis an ihr logisches Ende zu untersuchen.

Immerhin entscheiden Supercomputer schneller als Menschen. Deswegen konnte der von IBM entwickelte Rechner Deep Blue im Jahr 1997 erstmals einen amtierenden Schachweltmeister, Garri Kasparow, besiegen; seit diesem denkwürdigen Match hat nie mehr ein Großmeister unter Turnierbedingungen gegen eine Maschine gewonnen. Selbst Programme, die auf einem Smartphone laufen, sind heute dem besten menschlichen Schachspieler überlegen. Ihr Vorteil ist, dass sie weniger Vorurteile brauchen als wir, weil sie mit einer um Zehnerpotenzen höheren Rechenleistung einen größeren Möglichkeitsraum untersuchen. Ein menschlicher Großmeister prüft ein paar hundert mögliche Spielverläufe, die gängigen Schachprogramme dagegen zehn Millionen und mehr. Doch das ist immer noch nur ein verschwindend kleiner Ausschnitt aus dem Raum der vielen Billionen möglichen Fortsetzungen einer Partie. Welche dieser Varianten also erwägen, welche ohne weitere Prüfung verwerfen? Das können auch Computer nur anhand von Vorurteilen entscheiden. Und diese Faustregeln hatten sie von den Menschen übernommen – bisher jedenfalls.

Doch im Dezember 2017 stellte ein Tochterunternehmen von Google einen Rechner neuen Typs vor. Die Maschine namens

AlphaZero orientierte sich, anders als sämtliche Schachcomputer bisher, nicht mehr an von Menschen erdachten Strategien – sie entwickelte ihre eigenen. Was auch immer Menschen in ihrer jahrhundertelangen Beschäftigung mit Schach erdacht und ausprobiert hatten, war für AlphaZero irrelevant. Keine einzige je von Menschen gespielte Partie war dem Programm einprogrammiert. Alles, was AlphaZero von seinen Schöpfern mitbekam, waren die Regeln des Spiels. Mit diesem minimalen Wissen ausgestattet, trat AlphaZero zu vielen Millionen Partien gegen sich selbst an, die aber wegen der enormen Rechenleistung der Maschine in vier Stunden erledigt waren. Anfangs wählte AlphaZero seine Züge zufällig, lernte aber schnell, was sich bewährte. So eignete sich der Computer in den vier Stunden seine eigenen Vorurteile an. Von da an war AlphaZero allen herkömmlichen Schachprogrammen überlegen.

Menschliche Beobachter sahen staunend, wie der Computer die Faustregeln verletzte, die Strategien missachtete, an denen man einen guten Spieler erkennt. AlphaZero opferte seine wertvollsten Figuren, positionierte seine Dame in einer Ecke des Spielfelds, wo sie gemeinhin als wirkungslos gilt, ließ seine Figuren wie Wespen den gegnerischen König umkreisen. Oft spielte die Maschine Draufgängerschach, wie man es von Kindern gewohnt ist. Doch AlphaZero gewann Partie um Partie. Stolz erklärte Demis Hassabis, einer der Entwickler des Programms, der früher selbst an Schachmeisterschaften teilnahm und von einem Weltmeistertitel träumte, die Maschine spiele so stark, »weil sie nicht mehr durch die Grenzen des menschlichen Wissens eingeschränkt ist«.

So leistete der Computer, was explorative Kreativität tut: AlphaZero erschloss Bereiche des Möglichkeitsraumes, in die während der langen Geschichte des Schachs noch nie ein Mensch vorgedrungen war.

Dabei sind die Probleme des Schachs, verglichen mit denen der Künste, der Wissenschaft oder auch des täglichen Lebens, geradezu lächerlich einfach. So spricht alles dafür, dass wir die Möglichkeiten unserer Kultur noch lange nicht ausgereizt haben. Wir sind wie die Erforscher eines Höhlensystems, die über ein sich vor ihnen öffnendes Labyrinth staunen, obwohl sie sich gerade einmal in den ersten Kammern aufhalten: Wir ahnen noch nicht einmal, welche Räume uns, bisher unerkannt, in der Tiefe erwarten.

AlphaZero setzte sich seine eigenen Grenzen. Das Programm besiegt seine Gegner keineswegs mit roher Rechengewalt. Pro Zug prüft die Maschine nur um die 50 000 mögliche Verläufe einer Partie. Damit kalkuliert sie zwar fünfhundertmal mehr als ein menschlicher Meister, doch fünftausendmal weniger als ein herkömmliches Schachprogramm. Wenn AlphaZero dennoch besser spielt als die Konkurrenz, kann es nur daran liegen, dass es eine geschicktere Vorauswahl trifft. Dies also ist die Frucht der Millionen Spiele, in denen AlphaZero seine Vorurteile erwarb.

Nicht nur die kombinatorische, sondern erst recht die explorative Kreativität beruht auf Erfahrung. Im ersten Fall, wenn bekannte Ideen zu einer neuen zusammengesetzt werden, liefert die Erfahrung das Material. Im zweiten Fall erforscht das schöpferische Denken einen schon vorhandenen, aber unübersehbaren Möglichkeitsraum; hier kann allein Erfahrung die Anhaltspunkte dafür geben, welche Wege sich lohnen könnten und welche von vorneherein aussichtslos sind.

Von der Erfahrung als Voraussetzung der kreativen Entdeckung handelt eine Anekdote, die von verschiedenen Malern erzählt wird, aber auf keinen so gut passt wie Pablo Picasso, der ein enormes Werk von ungefähr 50 000 Skizzen, Graphiken, Gemälden, Drucken und Skulpturen hinterließ. Einmal habe der Meister zeichnend in einem Pariser Park gesessen. Eine amerikanische

Touristin erkennt ihn und bittet, er möge sie porträtieren. Picasso, gutgelaunt, willigt ein, ein paar Minuten später überreicht er ihr das Bild. Die Frau ist begeistert, immer wieder sprudelt es aus ihr hervor, wie wunderbar das Werk sei und wie präzise es ihre Persönlichkeit treffe. Wie viel sie ihm schulde? »5000 Dollar«, sagt Picasso. Das könne nicht sein, erregt sich die Amerikanerin, die Arbeit habe ihn doch keine fünf Minuten in Anspruch genommen. »Nein, Madame«, antwortet Picasso, »ich habe mein ganzes Leben dafür gebraucht.«

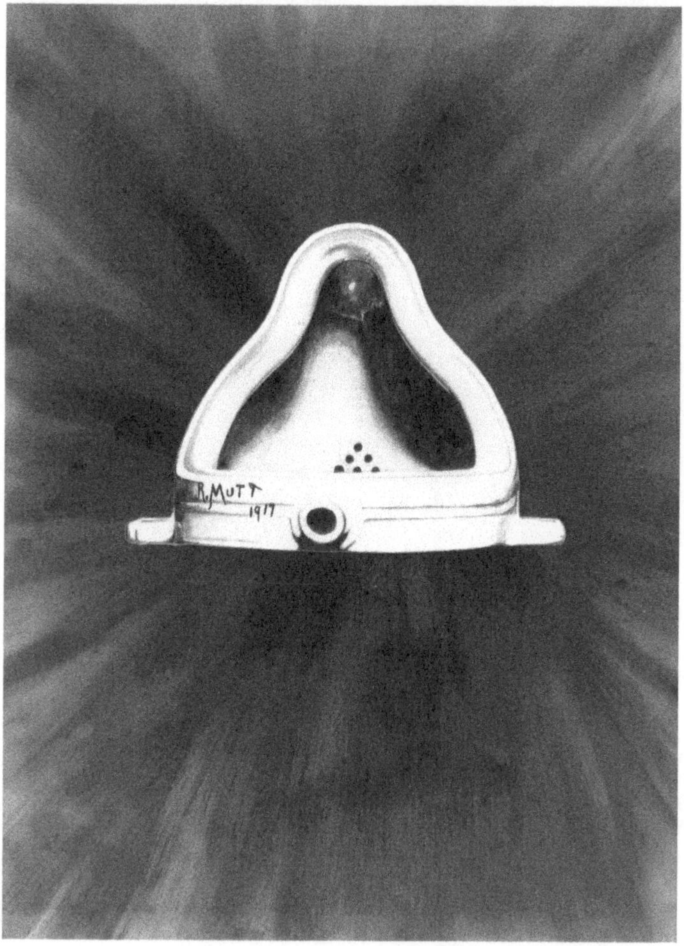

Das 1917 in New York gezeigte Objekt »Fontäne«.
Nach einem Foto von Alfred Stiegliz

9 Wie man die Welt aus den Angeln hebt

Salieri, ein kompetenter und viel bewunderter Musiker, könnte also Gott verflucht haben, weil er ihm genug Talent gegeben hat, um Mozarts Genie besser als jeder andere zu erkennen. Die Unwissenden (das heißt die Unerfahrenen) können die Originalität nicht einmal bemerken, geschweige denn schätzen.
MARGARET BODEN[1]

Die sogenannte Big Show, die New York im Frühjahr 1917 erregte, beeindruckend zu nennen wäre untertrieben. Schon der Veranstaltungsort war imposant. Man hatte die Gäste in einen der frühen Wolkenkratzer geladen: Einem riesigen florentinischen Herrscherpalast nachgebildet, erhob sich das Grand Central Palace über den Gleisen des Hauptbahnhofs von Manhattan. Als das Palace am 10. April seine Tore öffnete und die Besucher über Brücken in das Gebäude einströmten, erwartete sie eine Ausstellung der Superlative. Nicht weniger als 1200 Künstler präsentierten ihr Schaffen. Darauf angelegt, die Neue Welt endlich mit kulturellen Zentren wie Paris oder Wien gleichziehen, wenn nicht diese überholen zu lassen, stellte die Schau alles vor, was Kunst zu dieser Zeit umtrieb. Wer eine Karte für die Big Show ergattert hatte, bekam die raffiniertesten Gemälde, die subtilsten Zeichnungen, die kühnsten Skulpturen geboten. Die bedeutendsten Meister der Avantgarde zeigten ihr Schaffen.

Aber nicht über Pablo Picasso und Constantin Brâncuşi redete man. Was das Publikum, die Kritiker und die Zeitungen beschäftigte, war der Beitrag eines gewissen »R. Mutt«, dessen Namen nicht einmal intime Kenner der Kunstszene kannten. Vor allem hatte niemand das Werk, von dem sich so viele schockiert zeigten, gesehen. Dieser Mutt, so hieß es, habe ein Urinal eingereicht, das wie eine wertvolle Skulptur auf einem Sockel montiert war. Er habe die Porzellanschale liegend gedreht angebracht, so dass ihre Öffnung nach oben zeigte und für den ursprünglichen Zweck nicht mehr zu gebrauchen war, mit seinem Namen signiert und als »Fontäne« betitelt. Angeblich informierte Quellen behaupteten sogar, dass gut sortierte Sanitärfachgeschäfte das Urinal, natürlich ohne Signatur, als Modell »Bedfordshire« führten.

Die Jury hatte die Einreichung abgelehnt. Das Objekt möge am richtigen Ort seinen Zweck haben, schrieb das Komitee. Aber was daran sei Kunst? Fast alle Kritiker stimmten zu: Die »Fontäne« sei vulgär, unmoralisch und, schlimmer noch, ein Plagiat. Schließlich habe der ominöse »R. Mutt« das Werk nicht mit eigenen Händen geschaffen, seine einzige Leistung liege darin, einen von der Industrie tausendfach hergestellten Gegenstand zur Kunst zu erklären.

Erst als die Big Show ihre Tore geschlossen hatte, bekamen einige Insider die »Fontäne« zu sehen. Der Avantgardefotograf Alfred Stieglitz stellte das Objekt in seiner New Yorker Privatgalerie aus und fertigte eine Aufnahme an. Die Betrachter zeigten sich von den Kurven der »Fontäne« begeistert. Das Foto des Urinals sei ein Wunder, schrieb Stieglitz. »Jeder, der es gesehen hat, findet es schön. Und das ist es auch. Die Anmutung ist orientalisch – eine Kreuzung aus einem Buddha und einer verschleierten Frau.«[2]

Stieglitz' Foto ist alles, was von der »Fontäne« blieb, denn nach der Ausstellung landete das Objekt auf dem Müll. Wer sich hinter »R. Mutt« verbarg, ist bis heute ein Rätsel. Allgemein gilt der damals in New York ansässige französische Maler Marcel Duchamp als Urheber des Skandals. Er war schon vor der Provokation bei der Big Show aufgefallen, als er die Speichenfelge eines Fahrrads zur Kunst erklärte und einen Flaschentrockner, den er in einem Pariser Kaufhaus beschafft hatte, als sein Werk signierte.

Duchamp machte keinen Hehl daraus, dass er die Sitten des Kunstmarkts verachtete. Guter oder schlechter Geschmack interessierten ihn nicht, erklärte Duchamp, der später für sein Heimatland in vier Schacholympiaden antrat. Er wolle nicht den Augen schmeicheln, sondern dem Geist dienen. Und: »Ein gewöhnliches Ding kann durch die bloße Entscheidung eines Künstlers die Würde eines Kunstwerks bekommen.«[3] Zu der »Fontäne« allerdings äußerte Duchamp sich nie. Deswegen wird seine Urheberschaft angezweifelt. Einige Kunstgeschichtlerinnen vermuten, dass Elsa von Freytag-Loringhoven, eine aus Pommern stammende Dada-Künstlerin, die in New York als die Baronin bekannt war, das Urinal eingereicht hat.[4] »Die Baronin«, behauptete Duchamp rätselhaft, »ist die Zukunft.«

Die »Fontäne« jedenfalls war zukunftsweisend. Das zur Skulptur umfunktionierte Sanitärobjekt wirkte wie ein Zündfunke für die Kunst der Moderne. Ein Gremium aus 500 britischen Experten kam sogar zu dem Schluss, die »Fontäne« sei das wichtigste Werk des 20. Jahrhunderts gewesen. Nicht weniger als acht der bedeutendsten Museen der Welt vom Pariser Centre Pompidou bis zur Londoner Tate Gallery zeigen heute Nachbildungen des verlorenen Originals, und an der Frage, ob dies Kunst sei, erhitzen sich noch immer die Geister.

Aber niemand bestreitet, welchen Einfluss die verschollene Kloschüssel auf die letzten 100 Jahre Kunstgeschichte ausgeübt hat und bis heute ausübt. Ganze Kunstrichtungen wie Pop-Art, Fluxus, Konzeptkunst, Minimalismus, das Schaffen Tausender Künstler: Sie alle berufen sich auf die »Fontäne«. Ohne dieses Werk – wenn man die Einreichung des »R. Mutt« denn als Werk bezeichnen will – wären die Sammlungen der Gegenwartskunst unendlich viel ärmer. Die »Fontäne« eröffnete einen neuen Möglichkeitsraum, den bildende Künstler bis heute erforschen. Die Ergebnisse sind in jeder Galerie zu besichtigen, in der Suppendosen, aufgeschlitzte Leinwände, bemalte Körper, Leuchtschriften auf einem Display und Videos von Performances als Kunst ausgestellt sind. Wie auch immer man über solche Hervorbringungen denkt: Seit der »Fontäne« verfügt die Menschheit über Formen des Ausdrucks, die ihr bis dahin unbekannt waren.

Man kann das Unverständnis, mit dem die New Yorker auf die »Fontäne« reagierten, nachfühlen. Neuerungen sind immer unbequem. Aber meistens lassen sie sich mit dem Bekannten zumindest erklären. Das Auto war eine Kutsche mit Motor, dem Rock 'n' Roll hörte man seine Wurzeln im Country und der afroamerikanischen Musik der Zeit an. Solche Neuerungen erinnern, bei allem Befremden, an etwas Vertrautes: Denn sie entstanden durch Kombination oder indem jemand unerforschte Winkel in bestehenden Möglichkeitsräumen entdeckte, wie in den vorigen Kapiteln besprochen.

Die »Fontäne« gehört in eine ganz andere Kategorie. Diese Arbeit ist mit den Konzepten, von denen Künstler und das Publikum sich jahrhundertelang leiten ließen, nicht zu verstehen. Wenn Museen heute bereit sind, das signierte Pissoir sogar als bedeutendes Werk anzuerkennen, dann verneinen sie damit alle traditionellen Kriterien wie Ästhetik, Autorenschaft, Aussage, Ausführung und Handwerksgeschick. Seit der »Fontäne« hat Kunst nicht mehr schön zu sein. Auch müssen sich Künstler nicht länger bestimmter Formen bedienen, nicht einmal mehr selbst Hand anlegen an ihr Werk, um Anerkennung zu gewinnen. Die »Fontäne« hat einen neuen Maßstab gesetzt: Nicht mehr ein besonderes Objekt ist es, was Kunst ausmacht, sondern eine besondere Idee. Kunst wirkt, wenn Betrachter auf diese Idee reagieren. Die Leistung des Künstlers ist es, eine Darstellung zu finden, die der Idee optimal entspricht.

Indem Marcel Duchamp die Fahrradfelge, den Flaschentrockner und wahrscheinlich auch das Pissoir als Kunstwerke ausstellte, gab er die bis dahin geltenden Regeln auf und erfand neue. Der Kunstbetrieb ist ihm, mit einigem Zögern, gefolgt. Kreativität solcher Art nennt man transformativ.

In allen Künsten, allen Wissenschaften, auch in der Gesellschaft gibt es seltene Momente, in denen eine neue Idee radikal mit dem Bestehenden bricht, anfangs auf Ablehnung stößt, dann aber an Einfluss gewinnt. Zu Beginn des vergangenen Jahrhunderts allerdings häuften sich solche Ereignisse, die der im vorigen Kapitel zitierte François Jacob das Ergebnis von »Nachtwissenschaft« nannte. Im Jahr 1905 zertrümmerte ein unbekannter Berner Patentprüfer die Grundlagen der Physik. In einer Serie von vier Aufsätzen argumentierte der junge Albert Einstein, dass Raum und Zeit einerseits vom Betrachter abhängen, andererseits Energie und Masse als zwei Erscheinungsformen desselben Phänomens anzusehen seien. Damit nicht genug: Licht bestehe aus Teilchen, und alle Gegenstände seien aus Atomen zusammengesetzt, erklärte Einstein. Die Konzepte für eine neue Physik waren geschaffen.

Zwei Jahre später schockierte der aufstrebende Pablo Picasso die Pariser mit einem Bild, das er selbst »Le Bordel d'Avignon« nannte und fünf Frauen darstellt, die ihre kaum bekleideten Kör-

Abb. 14: Pablo Picasso, »Les Demoiselles d'Avignon«

per anbieten. Mehr noch als der Inhalt spottete die Form allen Konventionen der Malerei. Die Perspektive ist aufgelöst, der Betrachter sieht die Figuren gleichzeitig aus mehreren Richtungen an, alle Oberflächen zersplittern. Selbst Picassos engste Freunde aus der Pariser Avantgarde waren befremdet. Unter dem weniger verfänglichen Titel »Les Demoiselles d'Avignon« bekannt (Die Fräulein von Avignon), gilt das Werk heute als ein Wendepunkt in der Geschichte der Malerei.

In denselben Jahren, als Einsteins Theorien die Wissenschaft und der Kubismus die Kunst umwälzte, entwickelte sich eine fundamental neue Methode des politischen Kampfs. In Südafrika organisierte der junge Anwalt Mohandas Gandhi den Widerstand gegen die britische Kolonialregierung. Sein Aufruf widersprach jeder Logik, nach der Menschen seit jeher kollektiv ihre Ziele durchzusetzen versuchten. Gandhi riet, der Macht des Gegners nicht mit eigener Macht, sondern mit Ohnmacht entgegenzutreten: Die indische Minderheit, der er selbst angehörte, solle als ungerecht empfundene Gesetze missachten und sich dann wehrlos einsperren lassen. Seine Ideen veränderten die Regeln der gesellschaftlichen Auseinandersetzung für immer.

Transformative Kreativität ist die vielleicht erstaunlichste Fähigkeit des menschlichen Geistes. Man kann sie auch als Kreativität zweiter Stufe bezeichnen. Kreativität erster Stufe – Exploration und Kombination – geht vom Bestehenden aus. Sie bringt uns auf Ideen, die noch nicht gedacht wurden, aber gedacht werden konnten. Kreativität zweiter Stufe oder Transformation hingegen sprengt den Rahmen der bekannten Konzepte. Durch sie kommen Menschen auf Einfälle, die im vertrauten Weltbild undenkbar waren.

Von der traditionellen Kunst führt kein direkter Weg zur »Fontäne« des geheimnisvollen R. Mutt. Wer Raum und Zeit für unveränderlich hält, kann Albert Einsteins Relativitätstheorie nicht begreifen. Wer davon überzeugt ist, dass Macht aus Geld und Befehlsgewalt folgt, wird nie verstehen, wie das bitterarme Indien die Streitkräfte des britischen Weltreichs abschütteln konnte.

Wie ist Transformation möglich? Radikal neue Ideen entstehen regelmäßig in einer Krise. Erst wenn Menschen keine Lösungen mehr in den bekannten Möglichkeitsräumen mehr finden, verabschieden sie sich von den bewährten Konzepten.

Marcel Duchamp begann mit Objekten zu experimentieren, als ihm die Malerei ausgereizt schien. Nachdem er mit seinem kubistischen Gemälde »Akt, eine Treppe herabsteigend« 1913 eine heftige Publikumsreaktion ausgelöst hatte – selbst der amerikanische Präsident Roosevelt äußerte sich zu dem Werk –, verlor die traditionelle Kunst für ihn ihren Reiz. »Die Malerei ist veraltet«, behauptete Duchamp. »Sie ist Energieverschwendung, keine gute Masche, nicht praktisch. Wir haben jetzt die Photographie, das Kino – so viele andere Wege, um das Leben auszudrücken.« Im selben Jahr erklärte er sein erstes Readymade, die Fahrradfelge, zur Kunst.

Albert Einstein suchte einen Weg aus den Widersprüchen, die sich zwischen den Theorien der Physik und Messungen aufgetan hatten. Ein nach Norden geschickter Lichtstrahl etwa sollte sich schneller verbreiten als einer in westöstlicher Richtung, weil sich die Erde mit hoher Geschwindigkeit um die Sonne bewegt – das zumindest behauptete die klassische Lehre. Aber die Experimente zeigten das Gegenteil. Licht bewegt sich immer gleich schnell. Jahrzehntelang hatten Physiker versucht, die Widersprüche im Rahmen der gewohnten Vorstellungen von Raum und Zeit zu erklären – und waren gescheitert.

Mohandas Gandhi schließlich erlebte mehrmals mit eigenen Augen, wie wenig die unterdrückten Völker Südafrikas gegen die Kolonialmacht ausrichten konnten, wenn sie sich gewaltsam erhoben. Zuletzt hatten es die Zulu versucht, als im April 1906 1500 mit Speeren bewaffnete Männer gegen die Besatzungstruppen vorgingen. Nicht nur endete der Aufstand in einem entsetzlichen Blutbad, die Briten regierten anschließend mit noch mehr Gewalt. Tausende Zulu wurden eingesperrt oder in die Verbannung geschickt.

Die Krise bewirkt, dass der Verstand nicht mehr im Rahmen der gewohnten Konzepte nach Antworten sucht. Stattdessen werden die Konzepte selbst hinterfragt. In seiner Krise hörte Duchamp auf, weiter nach den Möglichkeiten der Malerei zu forschen. Stattdessen dachte er darüber nach, was Kunst eigentlich ist. Einstein versuchte nicht länger, die klassische Physik mit den Messungen in Einklang zu bringen. Er stellte grundsätzliche Fragen: Was ist Zeit? Was ist Raum? Und wie können wir Zeit und Raum messen?

Auch Gandhi trennte sich von allen Annahmen über Macht und Ohnmacht in einer Gesellschaft. So erkannte er, warum es nicht nur aussichtslos, sondern auch unnötig war, die Briten mit Waffen zu schlagen: Auf Haftbefehle, Spitzel und Truppen kann sich eine Herrschaft nur kurzfristig stützen. Langfristig siegt, wer die öffentliche Meinung gewinnt. Wie aber wäre dies zu erreichen? Kreativität erster Stufe versucht, bekannte Probleme zu lösen. Kreativität zweiter Stufe definiert ein Problem.

Kreativität zweiter Stufe verletzt die Regeln, nach denen Menschen gewöhnlich ihre Einfälle beurteilen. Deswegen lässt sich zunächst unmöglich entscheiden, ob die von ihr aufgeworfenen Fragen weltbewegend sind oder verrückt. Einsteins Gedankenexperiment, wie es wäre, auf einem Lichtstrahl zu reiten, erscheint auf den ersten Blick so abwegig, wie ein Urinal zur Kunst zu erklären. Und als Gandhi ankündigte, die Herrschaft der Briten über Indien zu brechen, indem er das Salzmonopol der Kolonialisten unterlaufen, mit Anhängern zu einem Marsch ans Arabische Meer aufbrechen und am Strand ein paar Gramm Salz einsammeln würde, erntete er selbst unter Gefolgsleuten Gelächter. 17 Jahre nach dem Salzmarsch war Indien ein freies Land.

Kreativität erster und zweiter Stufe beruhen auf ähnlichen geistigen Vorgängen. Der große Unterschied ist, dass Kreativität zweiter Stufe sich um Lösungen auf einer höheren Ebene bemüht. Kreativität erster Stufe will die Antwort auf eine Frage auf möglichst direktem Weg entdecken, Transformation dagegen spielt über Bande. Sie ringt um Konzepte, sucht also nach Werkzeugen für den Verstand. Kreativität zweiter Stufe verändert unsere Vorstellung der Welt.

Die Revolution der Physik im vorigen Jahrhundert bietet eines der besten Beispiele dafür, wie Kreativität zweiter Stufe, Transformation, vorgeht und wirkt. Man kann die Folgen des neuen Denkens, das sich von 1900 bis 1935 entwickelte, kaum überschätzen: Es hat nicht nur unser Weltbild, sondern auch fast alle Lebensbereiche völlig verändert. Die neue Physik bescherte der Menschheit Computer, das Internet und Solarzellen, die Mondflüge und die Atombombe, die Entschlüsselung des Genoms und das Wissen um Schwarze Löcher.

Hätte irgendjemand diese Entwicklung vorhersagen können? Nicht einmal Wissenschaftler, die zu Beginn des vorigen Jahrhunderts an vorderster Front forschten, erwarteten einen Umbruch – geschweige denn solche Dramatik. Ganz im Gegenteil: Man war sicher, dass in der Physik alles beim Alten bleibt. »Die großen grundlegenden Prinzipien sind fest etabliert«, erklärte der Amerikaner Albert Michelson in einer Rede 1894. »Künftig wird man die Wahrheiten der Physik in der sechsten Nachkommastelle suchen.« Dass ausgerechnet er so fest an das Bestehende glaubte, wirkt rückblickend erstaunlich: Mit seinen Messungen der Lichtgeschwindigkeit, für die er später auch den Nobelpreis erhielt, gab Michelson den Anstoß für Einsteins Relativitätstheorie.

Weitere Widersprüche taten sich auf, als Physiker sich der Welt der Atome zu nähern begannen. An der Schwelle zum 20. Jahrhundert vermutete man, dass die Materie aus Teilchen zusammengesetzt sei, wenngleich man über diese so gut wie nichts wusste. Licht hingegen dachte man sich als Welle. Für beides gab es gute Gründe. Wenn sich beispielsweise Lichtstrahlen überlagern, entstehen dieselben Muster wie bei der Überlagerung von Wellen im Wasser.

Aber im Jahr 1902 störte ein Effekt, den man den fotoelektrischen nannte, die Ordnung. Violettes Licht, das man auf eine Metalloberfläche strahlte, schlug dort Elektronen heraus, negativ geladene Teilchen. Merkwürdigerweise reagierten die Elektronen nur auf diese Farbe. Mit rotem, grünem oder gelbem Licht gab es keinen Effekt. Noch rätselhafter war, dass es nicht im Geringsten auf die Helligkeit ankam. Ein kümmerliches Lämpchen – nur violett musste es sein – brachte Elektronen mit genauso viel Energie zum Vorschein wie der mächtigste Scheinwerfer.

Weder mit gesundem Menschenverstand noch mit klassischer Physik war das zu begreifen. Wenn Licht eine Welle ist, dann heißt Helligkeit hohe Wellen. (Wie jeder Strandurlauber weiß, sind höhere Wellen intensiver.) Was wir als Farbe sehen, ist die Länge der Welle. Ein roter Scheinwerfer sendet hohe, lange Wellen aus, verursacht einen Tsunami. Aber die flachen, kurzen Wellen des violetten Dämmerlichts schlugen die Teilchen aus dem Metall. Wie kann ein Tsunami spurlos vorübergehen, während eine Kräuselung des Meeres bei leichter Brise Verheerungen anrichtet?

In einer bahnbrechenden Arbeit des Sommers 1905 erklärte Albert Einstein den fotoelektrischen Effekt. Er versuchte es gar nicht erst mit den gewohnten Bildern. Wie sich Physiker Licht vorstellten, führte offenbar in die Irre. Einstein erfand ein neues Konzept. Die Strahlung verhalte sich, »wie wenn sie aus voneinander unabhängigen Energiequanten bestünde«, schrieb er. Die Energie trifft in Paketen ein.

Damit war das Problem gelöst: Violettes Licht bestand aus großen, rotes Licht aus kleinen Paketen. Die Pakete, die Einstein Quanten nannte, haben nicht die Eigenschaften einer Welle, sondern von Partikeln, »welche sich bewegen, ohne sich zu teilen, und nur als Ganze absorbiert und erzeugt werden können«. Das war eine revolutionäre Idee. Indem Einstein das Licht als einen Schauer von Teilchen beschrieb, hatte er eine jahrhundertealte Vorstellung geopfert. Transformation hinterfragt die als selbstverständlich angenommenen Voraussetzungen eines Weltbilds. Sie erschüttert Gewissheit und erzeugt Unsicherheit. Einsteins Theorie konnte die älteren Experimente, in denen sich Licht als Welle dargestellt hatte, ja nicht entkräften. Somit waren zwar die Widersprüche beim fotoelektrischen Effekt aufgelöst, aber an anderer Stelle neue Widersprüche entstanden.

Einsteins Quantentheorie war verwirrend, aber innerhalb ungefähr eines Jahrzehnts entdeckten Physiker, welche Vorteile sie bot. Mit den Energiequanten ließ sich beispielsweise verstehen, warum Licht Spektrallinien hat. Wenn ein Gas leuchtet, sendet es nämlich nicht alle Farben gleichmäßig aus, sondern nur Licht genau definierter, eng begrenzter Farben. Jede Spektrallinie entspricht einem Energiepaket, einem Quantum, das die Atome des Gases abgeben. Man stellte sich vor, dass Elektronen, die den Atomkern auf genau festgelegten Bahnen umkreisen, Quanten abgeben oder aufnehmen, wenn sie die Bahn wechseln. Das sind die berühmten »Quantensprünge«. Die von Einstein angestoßene Transformation hatte Konzepte ermöglicht, die vorher undenkbar waren.

Niemand konnte erklären, warum sich die Elektronen ausgerechnet auf diesen Bahnen bewegten. Über ein Jahrzehnt rätselte man. Im Jahr 1923 endlich fand Einstein in seiner Post eine Doktorarbeit aus Paris. Ein Kollege war unsicher über die Schrift, die ein junger Prinz aus einem uralten französischen Adelsgeschlecht an der Sorbonne eingereicht hatte: Louis de Broglie, so hieß der Kandidat, lege überzeugend dar, er habe die Lösung.

Irritierend allerdings war der Preis, den de Broglie für seinen Erfolg bezahlte. Der junge Mann hatte es aufgegeben, sich Elektronen als Teilchen zu denken. Man müsse sich ein Elektron, überhaupt alle Materie, als Welle vorstellen, behauptete er. Dann ergäben sich die Quantensprünge aus der Länge der Materiewellen. Somit habe sich die Frage nach den Bahnen erledigt, Wellen verteilen sich im Raum. Einstein war beeindruckt. Er selbst hatte einst Lichtwellen als Teilchen beschrieben, nun erklärte de Broglie Teilchen zu Wellen – die Begriffe der Physik waren auf den Kopf gestellt.

Die Natur erschien jetzt rätselhafter denn je. Einerseits hatten Einstein und de Broglie gezeigt, dass sich wichtige Fragen nur beantworten lassen, wenn man Licht als Teilchen und Materie als Wellen ansieht. Anderseits gab es Experimente, die das genaue Gegenteil verlangten. Diese erschlossen sich nur, wenn man zu den alten Vorstellungen von Licht als Welle und Materie als Teilchen zurückkehrte. Was also war nun die richtige Art, um über den Aufbau der Natur zu reden? Transformation ringt um Konzepte.

Offenbar genügte die bekannte Sprache nicht mehr, um die Wirklichkeit zu beschreiben. Die Physik war an die Grenzen des Sagbaren gestoßen. So konnte der letzte und entscheidende Schritt der Transformation nur sein, eine neue Sprache zu formulieren. Geschaffen haben diese neue Sprache der damals erst vierundzwanzigjährige Werner Heisenberg aus Göttingen und sein etwas älterer österreichischer Kollege Erwin Schrödinger. Im Jahr 1925 entdeckten beide unabhängig voneinander eine grundlegend neue Beschreibung der Welt, die nicht mehr versuchte, einzelne

Gegenstände in der Welt zu benennen, sondern von Zusammenhängen ausging.

Mit dieser neuen Beschreibung lösen die Widersprüche sich auf. Je nachdem, in welchem Zusammenhang wir sie betrachten, erscheinen uns Licht und Materie entweder als Welle oder als Teilchen. Tatsächlich sind sie keines von beiden. In der Sprache, die Heisenberg und Schrödinger erfanden, heißen Licht und Materie »Zustände«, und man bezeichnet sie mit einem mathematischen Symbol. In Worte lässt sich diese Sprache nur unzureichend übersetzen. Sie benutzt Formeln. Die Logik, die wir aus dem Alltag gewohnt sind, gilt in ihr nicht. Ein Zustand kann die Existenz und zugleich die Nichtexistenz von etwas beschreiben. Teilchen können sich aus nichts materialisieren, in Strahlung verwandeln, auch Wände durchqueren. Solche Ereignisse vermögen wir uns unmöglich vorzustellen, solange unser Denken den Erfahrungen und den Begriffen des Alltags verhaftet ist. Und doch sind sie real. Auch die Quantenwelt folgt Naturgesetzen, die sich allerdings nur in der neuen Sprache ausdrücken lassen.

Die Quantenphysik hatte sich nicht nur von der Sinneserfahrung, sondern auch von der bisherigen Mechanik so weit entfernt wie die „Fontäne" des R. Mutt von Leonardo da Vincis Gemälden. Damit eröffnete sie einen Möglichkeitsraum, in dem die Ideen für die Technik der kommenden Jahrhunderte entstanden.

Einstein und seine Nachfolger wollten mit ihrer Quantentheorie die Welt verstehen, nicht verändern. Aber hundert Jahre später prägt die große Transformation der Physik unser Leben. Nur wenigen Zeitgenossen ist heute bewusst, wie viele ihrer täglichen Annehmlichkeiten sie einer kleinen Gruppe von Wissenschaftlern verdanken, die vor nur drei Generationen an den Grenzen der Sprache verzweifelten und eine neue erfanden – und in welchem Maß die gegenwärtige Erschütterung der Gesellschaft auf den Erkenntnisdrang dieser Forscher zurückgeht. Die Quantentheorie erlaubte den Menschen, die feinsten Strukturen der Materie zu verändern, um Werkzeuge für das Gehirn herzustellen. Sie konnten nun Elektronik entwickeln, Computer bauen, das Internet einrichten, künstliche Intelligenz programmieren. Die neue Physik ermöglichte die vierte geistige Revolution, die wir gegenwärtig erleben.

TEIL IV *Die Zukunft der Intelligenz*

Platine aus einem Computer, um 2015

10 Adas Vermächtnis

Ich glaube, am Ende des Jahrhunderts wird sich der Gebrauch der Worte (...) so sehr verändert haben, dass man in der Lage sein wird, von Maschinen zu reden, die denken, ohne Widerspruch zu erwarten.
ALAN TURING

Die Prophetin der künstlichen Intelligenz war ein unwillkommenes Kind. Ihre Mutter misstraute ihrem Charakter, ihr Vater, der berühmte Schriftsteller Lord Byron, zeigte sich enttäuscht von ihrem Geschlecht. Er hatte einen »ruhmreichen Jungen« erhofft.[1] Der Dichter tröstete sich damit, das eigentlich Augusta getaufte Baby mit einem »kurzen, uralten und vokalreichen Namen« zu rufen: Ada. Der Name blieb alles, was der Vater seinem Kind mitgab, denn fünf Wochen nach der Geburt im Dezember 1815 trennten sich die Eltern. Adas Mutter, Lady Anna Milbanke, ließ den untreuen Byron öffentlich als geisteskrank hinstellen, die Londoner Gesellschaft hatte einen Skandal, Byron flüchtete aus England und begab sich auf abenteuerliche Reisen, von denen er nie mehr zurückkehren sollte.

Ada blieb bei der Mutter, die fürchtete, dass der Vater ihr seinen Wahnsinn vererbt haben könnte. Um dem romantischen Gefühlsüberschwang, den Byrons Gedichte feierten und unter dem sie selbst so gelitten hatte, in dem Kind gar nicht erst aufkommen zu lassen, verordnete sie ihm eine für diese Zeit ungewöhnliche

Erziehung. Sobald Ada lesen konnte, engagierte Lady Milbanke, die selbst von Mathematik fasziniert war, die besten Lehrer für Rechnen und Naturwissenschaften. Geistige Anstrengung und strikte Orientierung an Fakten sollten das Mädchen von seiner Erregbarkeit abbringen. Die Hoffnungen der Mutter zerschlugen sich, als Ada 16 Jahre alt war und ruchbar wurde, dass die junge Frau mit einem Hauslehrer ihre erste Liebesbeziehung unterhielt; dieser Affäre folgten weitere. Doch noch als Ada längst verheiratet war, bestellte die Mutter Lehrer zu ihrer moralischen Unterweisung.

Für die Wissenschaft zeigte Ada trotzdem größtes Interesse. Mit zwölf Jahren hatte sie sich bereits an der Konstruktion dampfbetriebener Flugmaschinen versucht. Fünf Jahre später schloss sie eine Bekanntschaft, die sie zu ihrem Lebenswerk anregen sollte. Sie war zu einer Abendgesellschaft geladen; der Gastgeber, erfuhr sie, war nicht nur der reiche Erbe eines Bankers, wie es sie in London zu Hunderten gab, sondern auch ein genialer Erfinder. Mit Geld der Regierung ihrer Majestät konstruiere dieser Charles Babbage eine monströse, mit Dampf angetriebene Rechenmaschine, welche so groß wie eine Lokomotive sein solle, komplizierte Operationen viel schneller und genauer bewältige, als es der beste Mathematiker könne, und das Ergebnis auch noch mit einem angeschlossenen Drucker zu Papier bringe.

Ada bat um eine Demonstration. Als sie zwei Tage nach der Soirée mit ihrer Mutter bei Babbage erschien, bestaunten die Frauen eine metallische Säule, die keineswegs furchterregend, sondern nur so hoch wie ein Unterarm war. In der Säule drehten sich Tausende Zahnräder, Achsen und Walzen aus Messing. Sie habe tatsächlich eine »denkende Maschine« erlebt, schwärmte Lady Milbanke in einem Brief. Das Gebilde habe Zahlen zur dritten Potenz erhoben, auch Quadratwurzeln könne es ziehen.[2]

Von diesem Tag an war Ada gebannt. Könnte eine Maschine mit dem menschlichen Verstand gleichziehen, ihn vielleicht sogar übertreffen? Zwei Jahre nach der Begegnung mit Babbage heiratete sie einen Adeligen; Ada brachte ihren Ehemann, der später zum Earl Lovelace erhoben wurde, dazu, sich in die Royal Society aufnehmen zu lassen, um ihr Literatur zu beschaffen. Frauen war der Eintritt in Bibliotheken und Universitäten verboten. Nach der Geburt ihres dritten Kindes nahm sie Privatunterricht bei einem Londoner Mathematikprofessor. Vor allem hielt sie die Verbindung zu Babbage.

Babbage hatte sich auf ein neues, noch ehrgeizigeres Projekt verlegt. Der Prototyp, den Ada Lovelace kannte, hatte nur ein paar mathematische Operationen beherrscht, der neue Automat hingegen sollte alles berechnen, was sich überhaupt ausrechnen lässt. Die »analytische Maschine«, wie Babbage seine Erfindung nannte, würde ein Gedächtnis aus rotierenden Walzen bekommen und Mechanismen, die Entscheidungen treffen. Er zeichnete unermesslich komplizierte Entwürfe. Aber niemand interessierte sich für die analytische Maschine, niemand schien das Projekt zu verstehen – außer Ada.

»Ich arbeite sehr hart … wie der Teufel (der ich vielleicht bin)«, beginnt ein Brief, den sie im Juli 1843 an Babbage schrieb. Sie kündigte darin an, am Beispiel der sogenannten Bernoulli-Zahlen, mit denen sich wichtige Funktionen der höheren Mathematik ausrechnen lassen, die Möglichkeiten der analytischen Maschine zu erforschen. Ein paar Monate später veröffentlichte sie auf großen Papierbögen Tabellen, in deren Spalten sie Formeln, Befehle und Variablen eingetragen hatte. Es handelte sich um eine Folge von kunstvoll ineinandergeschachtelten Anweisungen – Schleifen von Kommandos, die die analytische Maschine immer wieder durchlaufen sollte, bis endlich das Ergebnis feststand. Lovelace hatte das erste Computerprogramm der Geschichte verfasst.

Aber der Automat, der den Algorithmus ausführen konnte, existierte nur in ihrem Kopf und auf immer neuen Zeichnungen, die Babbage entwarf.[3] Im Übrigen wollte Ada mehr als nur ein Gerät, das Menschen mühsame Rechenarbeit abnehmen sollte. Sie sah die analytische Maschine dazu imstande, alle erdenklichen Probleme zu lösen. Ada Lovelace verglich den Automaten mit einem nach seinem Erfinder Jacquard genannten Webstuhl, der, mit Lochkarten programmiert, Stoffe mit beliebigen Motiven herstellen konnte; auch Babbage experimentierte mit Lochkarten zur Programmierung seiner Maschine. In einem poetischen Satz erklärte Ada das Prinzip: »So, wie der Jacquard-Webstuhl Blumen und Blätter webt, webt die analytische Maschine algebraische Muster.«

Darunter verstand sie ein Geflecht von beliebigen Beziehungen zwischen beliebigen Dingen. In Symbolen ausgedrückt, würde die Maschine dieses Geflecht analysieren. Und weil die Symbole für alles stehen können – für Zahlen, Objekte oder auch Menschen –, könne sich die Maschine grundsätzlich mit »allen Gegenständen im Universum« befassen, schrieb Ada Lovelace. Beispielsweise ließe sich der Automat dazu bringen, »beliebig umfangreiche und komplexe Musikstücke zu komponieren«. Man müsse lediglich die Beziehungen zwischen Tonhöhen und Harmonien in geeignete Symbole übersetzen.

Das war Adas revolutionäre Einsicht: Alles Denken handelt von Beziehungen. Es versucht, Beziehungen zu klären und Beziehungen zu schaffen. Diese Grundoperationen sind unabhängig von den Inhalten des Denkens. Der Verstand macht von ihnen Gebrauch, ganz gleich, ob es gilt, eine Musik zu komponieren, ein graphisches Muster zu entwerfen, einen Text zu verfassen oder eine mathematische Gleichung zu lösen. Und diese Operationen, spekulierte Ada, würde auch eine Maschine bewältigen können. Sie träumte von einem Apparat, der Zahlen und Bilder, Töne und Buchstaben verarbeiten kann, sah die Möglichkeit eines universellen Computers voraus – wenn auch das Wort seinerzeit noch nicht existierte.

Selbst das Denken des Menschen wollte sie enträtseln. »Mir scheint nicht, dass Hirnmasse den Mathematikern unzugänglicher sein sollte als die Materie & die Bewegungen der Sterne & Planeten, wenn sie es nur richtig angehen würden«, schrieb sie voll Selbstvertrauen. »Ich hoffe, ich werde (...) eine Analysis des Nervensystems hinterlassen.«[4] Vielleicht war ja das Gehirn nichts anderes als eine Maschine.[5]

Adas Vision vom universellen Computer hat sich erfüllt. Auf jedem Schreibtisch steht heute ein solches Gerät. In den Hosentaschen tragen wir Apparate, die Sprachbefehle verstehen, Textnachrichten verschicken und Bilder bearbeiten können. Sie alle arbeiten nach dem Prinzip der analytischen Maschine, nur erledigen elektronische Schaltkreise die Aufgaben, die Charles Babbage Zahnrädern, Lochkarten und Walzen zugedacht hatte. Nur die Elektronik lag außerhalb von Adas Vorstellungsvermögen. Sie ergab sich erst aus den neuen Konzepten der Physik, die den Menschen in der zweiten Hälfte des 20. Jahrhunderts Kontrolle über die feinsten Strukturen der Materie verschafften.

Wie Ada Lovelace es erwartet hatte, können rechnende Maschinen nahezu jede Aufgabe übernehmen. Computer lenken Autos, handeln Aktien, vergeben Kredite, verkuppeln Singles auf Dating-Portalen. Sie steuern Flugzeuge über den Ozean, versorgen Menschen mit Nachrichten und Unterhaltung, lassen Industrieroboter Waren herstellen, analysieren den Kosmos und die menschlichen Gene.

Hunderte Milliarden elektronischer Prozessoren, jeder nach dem Prinzip der analytischen Maschine aufgebaut, doch viel leistungsfähiger als diese, verrichten heute weltweit ihren Dienst. Wie viele es genau sind, weiß niemand, so schnell wächst ihre Zahl. Eine vorsichtige Schätzung liefert die Menge der im Internet vergebenen Adressen. Im Jahr 1990 waren im weltweiten Netz ein paar tausend, im Jahr 2000 an die hundert Millionen Geräte miteinander verknüpft. Zehn Jahre später waren die Menschen schon in der Unterzahl: Erstmals existierten mehr Maschinen im Netz als Bewohner der Erde. Im Jahr 2020 entfielen auf jeden Menschen schon mehr als sechs Prozessoren, die über das weltweite Netz Daten austauschen.[6] Und zu dieser Armee von inzwischen weit über 50 Milliarden Rechnern kommt ein Vielfaches an Prozessoren, die in Geräte wie elektronische Kameras oder Waschmaschinen eingebaut sind.

Die Allgegenwart der Computer setzte die vierte geistige Revolution in Gang. Sie verändert von Grund auf, wie Menschen arbeiten und zusammenleben, wie sie sich unterhalten und ihre Freizeit verbringen. Vor allem aber verändert sie unser Selbstverständnis. Denn Adas zweite Vision steht im Raum – die Vermutung, dass unser Denken mit derselben Logik zu beschreiben sein könnte wie die Funktionen eines Computers. Träfe diese Annahme zu, so fände sich zu jedem Vorgang in unseren Köpfen ein entsprechender Prozess, den eine Maschine ausführen kann. Was wäre dann noch einzigartig am menschlichen Geist? Ada Lovelace hatte die Entwicklung von Maschinen vorausgesagt, die menschliches Denken ersetzen oder sogar übertreffen können. Heute bezeichnet man solche Maschinen mit dem etwas unscharfen Begriff »künstliche Intelligenz«.

Im Jahr 1965 dachte der englische Mathematiker Irving John Good Adas Überlegung zu Ende. Er prophezeite eine »explosionsartige Entwicklung der Intelligenz«, die allerdings leider nicht mehr unsere eigene wäre. Ultraintelligente Maschinen könnten das Ruder übernehmen. »Da der Bau ebensolcher Maschinen eine dieser intellektuellen Fähigkeiten ist, kann eine ultraintelligente Maschine noch bessere Maschinen bauen«, warnte Good. »Die erste ultraintelligente Maschine ist also die letzte Erfindung, die der Mensch zu machen hat.« Mit dem Auftritt solcher Superintelligenz – inzwischen hat sich für dieses Ereignis die Bezeichnung »Singularität« durchgesetzt – würde das schöpferische Denken der Menschen unerheblich, wäre die Geschichte der Menschheit beendet. Maschinen, die sich selbst weiterentwickeln, lenkten fortan die Welt. Sie erschienen dem *Homo sapiens* wie Götter, deren Treiben er nicht mehr nachzuvollziehen vermag.

Als Good diese Zeilen schrieb, schienen Computer mit der Leistungsfähigkeit von Menschenhirnen utopisch. Großrechner im Jahr 1965 wurden noch immer mit Lochkarten programmiert und verfügten gerade einmal über 16 Kilobyte Speicher. Heute fasst jede fingernagelgroße Speicherkarte, etwa in einem Smartphone, das Millionenfache an Daten. Um die in einem menschlichen Gedächtnis gespeicherte Information unterzubringen, bräuchte man zwar hunderttausend bis eine Million solcher Speicherchips, denn nach neuen Schätzungen nimmt das Gehirn mindestens ein Petabyte auf.[7] Die Kapazität eines heutigen Smartphones entspricht ungefähr der eines Ameisenhirns.

Große Maschinen aber haben inzwischen die Rechenleistung menschlicher Gehirne erreicht und übertroffen. Im Jahr 2018 hat ein Supercomputer, der im stattlichen Oak Ridge Laboratory im US-Bundesstaat Tennessee aufgestellt ist, erstmals zweifelsfrei die Grenze durchbrochen. Die »Summit«, Gipfel, genannte Maschine speichert nicht nur zehn Petabyte Daten, fasst also selbst dann um ein Vielfaches mehr Information als das menschliche Hirn, wenn man dessen Kapazität sehr großzügig ansetzt. »Summit« arbeitet auch viel schneller als unsere Neuronen: Die Maschine bewältigt mehrere Exaflop, das sind über eine Milliarde Milliarden Rechenoperationen in jeder Sekunde. Ein noch leistungsfähigerer Rechner namens »Fugaku« geht im Jahr 2021 in Japan in Betrieb.

Somit trat ein, was Futuristen vorhergesagt hatten. Erstaunlich treffsicher sah Ray Kurzweil einen Computer mit der Rechenleistung unseres Gehirns im Jahr 2019 verwirklicht.[8] Der umstrittene amerikanische Erfinder und Schriftsteller veröffentlichte seine Prognose in den letzten Tagen des vorigen Jahrhunderts, nur im Preis und in den Abmessungen der Geräte irrte er sich. Kurzweil erwartete, man könnte sich einen solchen Apparat für 4000 Dollar ins Zimmer stellen; tatsächlich kostete »Summit« 200 Millionen und füllt eine Halle. Innerhalb weniger Jahre nach Inbetriebnahme eines Computers, der schneller rechnet und mehr Daten speichert als unser Gehirn, erwartete Kurzweil den Anbruch der Superintelligenz. Da den Maschinen hoffnungslos unterlegen, habe der menschliche, im Gehirn verkörperte Geist fortan ausgedient als schöpferische Kraft in der Welt.

Kurzweil, dem die Computertechnik die Erfindung der automatischen Schrifterkennung verdankt, wurde einerseits für seine kühnen Voraussagen oft kritisiert. Und er hat seine Glaubwürdigkeit nicht gerade dadurch gesteigert, dass er ankündigte, seinen eigenen Körper nach dem Tod in flüssigen Stickstoff einfrieren zu lassen, und obendrein testamentarisch verfügte, man solle die in seinem Gehirn gespeicherte Information durch eine noch zu entwickelnde Technik auf einen Computer hochladen, damit sein

Geist als Datensatz ewig fortlebe. Andererseits warnt nicht nur Kurzweil vor der Gefahr, dass künstliche Intelligenz die Menschen entmachtet. 150 weltweit führende Informatiker schlugen im Jahr 2015 in einem offenen Brief Alarm, auch Bill Gates und Stephen Hawking äußerten sich besorgt. Stuart Russell, der Autor des maßgeblichen Lehrbuchs der künstlichen Intelligenz, verglich das Risiko der neuen Technik mit der Bedrohung, die von Kernspaltung ausgeht – der Vernichtung der Menschheit.

Wird künstliche Intelligenz uns also überflüssig machen? Die technische Voraussetzung sind schnelle Computer mit einem gewaltigen Speicher. Da solche Rechner nun existieren, stellen sich grundsätzliche Fragen: Können Maschinen überhaupt alle geistigen Vorgänge ausführen, die sich in unseren Köpfen vollziehen? Was bedeutet es zu denken?

Ada Lovelace sah die Möglichkeit, dass Maschinen dem menschlichen Gehirn Konkurrenz machen könnten. Doch ihr blieb keine Zeit, die Fragen, die sie in den Raum gestellt hatte, genauer zu untersuchen. Ada starb mit nur 36 Jahren an Gebärmutterkrebs. Nach ihrem Tod im Jahr 1852 geriet ihr Werk in Vergessenheit. Zu wirklichkeitsfern schien die Aussicht auf Maschinen, die geistige Leistungen vollbringen.

Erst acht Jahrzehnte später nahm ein junger englischer Mathematiker den Faden neu auf. Alan Turing träumte, wie einst Ada Lovelace, von einer Maschine, die es noch nicht gab. Doch er wollte keine neue Technik erschaffen. Erst 24 Jahre alt, verfolgte er ein noch ehrgeizigeres Ziel: das Denken selbst zu verstehen.[9]

Ada hatte versucht, den menschlichen Geist von der analytischen Maschine ausgehend zu begreifen, Turing ging den umgekehrten Weg: Er nahm sich »Computer« zum Vorbild. Darunter verstand man im Jahr 1936 – meist weibliche – Angestellte, die mit Papier und Bleistift etwas ausrechneten. Worin genau besteht diese Tätigkeit?, fragte sich Turing. Und wie müsste eine Vorrichtung aussehen, die menschliche Computer ersetzt?

Turing entdeckte eine genial einfache Lösung: Ein Streifen Papier, ein Lesekopf und ein Stift. Das Papier speichert Information, der Lesekopf entziffert und der Stift verändert sie. Eine simple Steuerung bringt Lesekopf und Stift dazu, sich nach links und rechts über das Papier zu bewegen und einzelne Zeichen zu ersetzen. Turing behauptete, dass dieses simple Gerät jede Rechnung bewältigen könne, die Menschen je ausgeführt haben und überhaupt auszuführen imstande seien. Seine Maschine sei so fähig wie lebende Computer – sie *war* ein Computer.

Man nimmt an, dass es grundsätzlich unmöglich ist, einen Rechenautomaten zu bauen, der mehr leistet als Turings Maschine. Jedenfalls hat bis heute niemand auch nur eine theoretische Möglichkeit aufgezeigt, wie ein solcher Hypercomputer aussehen könnte. Für sämtliche Computer, die heute existieren, lässt sich sogar beweisen: Sie alle sind, bestenfalls, nur eine Variation der Turingmaschine – oder dieser unterlegen.[10] In ihnen ist der Papierstreifen durch eine Festplatte, ein Laufwerk oder irgendeinen anderen Datenspeicher ersetzt. Und anstelle von Lesekopf und Stift manipulieren elektronische Schaltungen die Information. Aber darauf kommt es nicht an. Alles, was Computer leisten, lässt sich genauso gut mit Papier, Stift und Geduld bewerkstelligen.

Auch das Gehirn verstand Turing als eine seiner Maschinen.[11] Schließlich funktioniert sein Prinzip unabhängig davon, ob ein Apparat aus toter oder lebender Materie besteht. Alle Computer sind, aus der abstrakten Sicht eines Mathematikers jedenfalls, gleich. Turings Theorie ist keine Herabsetzung unseres Verstandes. Im Gegenteil warnt sie davor, künstliche Intelligenz höher zu schätzen, als sie es verdient: Nie werden Maschinen etwas vollbringen, wozu der menschliche Verstand grundsätzlich unfähig ist. Sie arbeiten lediglich schneller als wir.

»Turings Maschinen: Diese Maschinen sind Menschen, die rechnen«, notierte der Philosoph Ludwig Wittgenstein.[12] Turing selbst drückte es umgekehrt aus: »Ein Mensch mit Papier, Bleistift und einem Radiergummi, strenger Disziplin unterworfen, ist eine universelle Maschine.«[13]

Als Beispiel für eine universelle Maschine stellte er sich persönlich zur Verfügung. Im Sommer 1948 begann er mit einem Kollegen, das erste Computerspiel der Geschichte zu schreiben. Doch in jahrelanger Arbeit wurde das »Turochamp« genannte Schachprogramm zu komplex, als dass damalige Großrechner es hätten in annehmbarer Rechenzeit ausführen können. Also spielte Turing nach mehrjähriger Arbeit selbst die Maschine. Minutiös arbeitete er die Anweisungen von »Turochamp« ab, das kostete ihn gut eine halbe Stunde pro Zug. Die einzige dokumentierte Partie verlor »Turochamp« alias Turing nach 29 Zügen.

Mit der universellen Turingmaschine war der Einwand entkräftet, dass kognitive Leistungen von Menschen und Maschinen schon deswegen nicht zu vergleichen seien, weil wir anders funktionieren als sie. Natürlich fehlen Computern Gefühle, machen sie keine bewussten Erfahrungen, erleben sie sich nicht als Personen. Doch auf das Innenleben kommt es nicht an, erklärte Turing, nur die Ergebnisse zählen. Wer seitdem behauptet, Menschen seien Maschinen überlegen, muss Beispiele für Probleme nennen, die wir lösen können, sie aber grundsätzlich nicht.[14]

Auf Turings Ideen beruht alle moderne Informatik. Aber auch er sollte nicht erleben, wie sich die von ihm erdachten universellen Maschinen über die ganze Erde verbreiteten. Im Frühjahr

1952 stellte man ihn, der im Zweiten Weltkrieg die geheimen Funksprüche der Wehrmacht entschlüsselt und damit vermutlich mehr zum Sieg der Alliierten beigetragen hatte als jede andere Person, vor ein Strafgericht. Die Anklage lautete auf »Grobe Unsittlichkeit«; der Staatsanwalt bezichtigte Turing, homosexuelle Beziehungen unterhalten zu haben – nach dem damaligen Strafrecht des Vereinigten Königreichs ein Verbrechen. Turing plädierte auf schuldig. Das Gericht ihrer Majestät verurteilte ihn zu einer Gefängnisstrafe. Wahlweise konnte sich der Verurteilte einer Zwangsbehandlung mit Geschlechtshormonen unterwerfen, die einer chemischen Kastration gleichkam. Turing entschied sich für die Spritzen, die ihn in eine schwere Depression stürzten. Anfang Juni 1954 fand man seine mit Blausäure vergiftete Leiche. Daneben lag ein angebissener Apfel, mit dem Turing sich offenbar die tödliche Dosis zugeführt hatte. Turing wurde 41 Jahre alt. Erst im Jahr 2017 verabschiedete das Londoner Parlament ein Gesetz, das Turing und mit ihm 49 000 ebenfalls verurteilte homosexuelle Männer rückwirkend begnadigte.

Wie Turing zeigte, sind Computer perfekte Soldaten. Und doch können sie schöpferisch sein. Das im achten Kapitel beschriebene Schachprogramm AlphaZero schlägt seine Gegner mit Strategien, auf die Menschen in der mehr als tausendjährigen Geschichte des Schachs nie kamen. Vielleicht noch imponierender sind die Einfälle, mit denen AlphaGo aufwartete. Dieser Vorgänger von AlphaZero beherrscht das asiatische Brettspiel Go, das mit mehr als 2500 Jahren doppelt so alt ist wie Schach und als das komplizierteste Strategiespiel überhaupt gilt. Go erlaubt mehr Spielverläufe, als das Universum Atome enthält. Die Meister des Spiels verstehen sich weniger als Strategen, sondern vielmehr als Künstler, deren Aufgabe es ist, auf dem karierten Spielfeld mit schwarzen und weißen Steinen geistreiche Muster zu legen. Die besten Züge, erklären sie, ergäben sich aus der Intuition. Wie sollte eine Maschine da mithalten können?

Im März 2016 forderten die Programmierer von AlphaGo den koreanischen Profispieler Lee Sedol, der die Weltranglisten anführte, zu einem Wettkampf heraus, der vor Millionen asiatischer Fernsehzuschauer stattfinden sollte. Sedol erklärte, er werde haushoch gewinnen. Der Computer sei chancenlos.

Ein Zug des Turniers wurde legendär. Als sich die Eröffnung der zweiten Partie ihrem Ende zuneigte, setzte AlphaGo einen Stein in die Mitte der fünften Reihe des Brettes. Ein solcher Zug ist zwar erlaubt, wird jedoch in der uralten Praxis des Go als dermaßen nachteilig angesehen, dass nicht einmal ein Anfänger ihn ausführt. Die Kommentatoren fragten sich, ob die mit Google-Millionen entwickelte künstliche Intelligenz fehlerhaft sei. Lee Sedol war so verwirrt, dass er wortlos den Raum verließ und erst eine Viertelstunde später wieder erschien. Tatsächlich war es dieser Zug, mit dem AlphaGo die Partie für sich entschied. Aber das stellte sich erst mehr als hundert Züge später heraus: AlphaGo hatte mit seinem vermeintlich irrsinnigen Manöver einen Vorteil erzielt, der für seinen Gegner zu diesem Zeitpunkt unbegreiflich, doch nicht mehr einzuholen war. Später erklärte Sedol, was ihn so aus der Fassung gebracht hatte: »Ich dachte, AlphaGo arbeitet mit Wahrscheinlichkeitsrechnung und ist nur eine Maschine. Als ich diesen Zug sah, habe ich meine Meinung geändert. AlphaGo ist zweifellos kreativ.«[15]

Tatsächlich erfüllte der inzwischen berühmte 37. Zug der zweiten Partie zwischen Sedol und AlphaGo alle Kriterien der Kreativität. Der Zug war neu (nie hatte sich ein ernstzunehmender Spieler so entschieden), überraschend (AlphaGo hatte die Wahrscheinlichkeit, dass je ein menschlicher Gegner auf diesen Gedanken verfällt, berechnet: weniger als eins zu zehntausend) und offenbar nützlich. Der Zug eröffnete neue Möglichkeiten, an die bis dahin niemand gedacht hatte, und veränderte das Go-Spiel für immer. Die ersten Nachwirkungen zeigten sich schon in der übernächsten Partie des Turniers. Als hätte die Spielweise von AlphaGo seine Gedanken befreit, vollführte nun Sedol einen exzentrischen Zug – auch hier hatte das Programm die Wahrscheinlichkeit, das je ein Mensch so entscheidet, auf geringer als eins zu zehntausend geschätzt. Die begeisterten koreanischen Kommentatoren lobten den Einfall ihres Landsmannes als »göttlich«. Sedol gewann dieses Spiel, als einziges im Turnier. Kurz darauf beendete er seine Karriere, weil die von Menschen gepflegte Kunst des Go in seinen Augen Vergangenheit war. Seither bezwang nie wieder ein Mensch das Programm.

»Nahezu göttlich« nannte die koreanische Go-Vereinigung auch AlphaGo, als sie den Automaten als Ehrenmitglied im höchsten Meisterrang aufnahm. Aber selbst diese künstliche Intelligenz, eine der derzeit am höchsten entwickelten, ist lediglich eine Turingmaschine. Alle Operationen, die sie ausführt, könnte grundsätzlich auch der Apparat aus Papierband und Stift bewältigen.

Woher kommt also der Einfallsreichtum der Maschine? Mit ausgefeilten Handlungsanweisungen, enormer Rechengeschwindigkeit und einem gewaltigen Speicher erforschte sie den Möglichkeitsraum des Spiels in einer Gründlichkeit, die Menschen in der zweitausendfünfhundertjährigen Geschichte des Go nie erreicht hatten. Solche Kreativität, die darauf beruht, einen gegebenen Möglichkeitsraum zu erkunden, um bisher unerkannte Lösungen zu entdecken, nannten wir exploratorisch. Wie im achten Kapitel beschrieben, verdanken wir exploratorischer Kreativität den größten Teil aller neuen Ideen. Sie erfordert im Wesentlichen intelligente Strategien des Suchens. Menschen erleben den Erfolg als Ergebnis ihrer Intuition. Doch dahinter verbergen sich Erfahrungen und Algorithmen, die auch eine Maschine auszuführen vermag. Wenn wir also meinen, geheimnisvolle Vorgänge jenseits aller Berechnung hätten uns ans Ziel gebracht, so liegt es nur daran, dass die eigenen Suchstrategien uns unbewusst sind.

Sobald Maschinen schneller suchen können als Menschen, haben sie gute Aussichten, uns in exploratorischer Kreativität zu übertreffen. Davon versuchen Pharmaunternehmen zu profitieren, die zunehmend künstliche Intelligenz zur Entdeckung neuer Wirkstoffe einsetzen. Und Künstler programmieren Computer, die Musik komponieren oder Graphiken zeichnen. Eine ganze Gattung der sogenannten generativen Kunst ist entstanden.

Im Oktober 2018 versteigerte Christie's in New York zum ersten Mal ein von einem Rechner produziertes Gemälde.[16] Das Auktionshaus, das im Jahr zuvor ein Leonardo da Vinci zugeschriebenes Ölbild für nahezu eine halbe Milliarde Dollar versteigert hatte, präsentierte nun in einem vergoldeten Rahmen eine Leinwand, die das eigentümlich ausdruckslose Gesicht eines jungen Mannes zeigte; das Bild erinnerte entfernt an die Porträtmalerei des 18. Jahrhunderts, aber auch an manche der unscharfen Porträts Gerhard Richters. Gezeigt sei ein gewisser Edmond de Belamy, erklärte der Katalog, doch eine Person dieses Namens hat nie existiert. Anstelle einer Signatur stand in der rechten untere Ecke der Leinwand eine mathematische Formel, nach der das Werk entstanden sein soll. Für mehr als 430 000 Dollar, das Fünfundvierzigfache des Schätzpreises, erhielt ein unbekannter Bieter den Zuschlag. Adas Voraussage hatte sich erfüllt: Maschinen erzeugen, mathematischen Regeln folgend, Schöpfungen, denen Menschen den Rang eines Kunstwerks zugestehen. Das Geld floss

Abb. 15: Der fiktive Edmond de Belamy, gemalt von künstlicher Intelligenz. Anstelle der Signatur steht die Formel, nach der das Portrait entstand

auf das Konto eines Künstlerkollektivs namens »Obvious«, welches, wie sich herausstellte, aus einem Pariser Informatikstudenten und seinen zwei Freunden bestand.

Wie vorauszusehen war, regte sich Widerspruch. Künstler, die sich seit langem mit dem Einsatz von Computern in der Malerei befassen, erklärten, das Pariser Kollektiv habe sich seinen Namen »Obvious«, »offensichtlich«, zu sehr zu Herzen genommen: Das Bildnis des Edmond de Belamy sei uninteressant. Mit einer im Übrigen schon älteren Software hätten die Programmierer nichts weiter als ein banales Plakat erzeugt.

Journalisten hingegen nutzten den Anlass, um grundsätzlich gegen Computerkunst zu wettern. Den Ton gab Jonathan

Jones vor, der Kritiker des Londoner »Guardian«. »Was für eine schreckliche, geschmacklose, gefühllose und seelenlose Travestie von allem, was in der menschlichen Natur schöpferisch ist«, schrieb Jones angewidert über von Maschinen hergestellte Gemälde, die er bloß als »clevere Labormodelle« ansah. »Kunst ist immer menschlich – oder gar nicht.«[17]

Hatte Jones vergessen, dass sich ändert, was wir als menschlich ansehen? Meisterschaft in Schach oder Go zu erlangen, galt bis vor wenigen Jahrzehnten als einer der größten Triumphe des menschlichen Geistes, heute erfahren wir in ebendiesen Spielen unsere Grenzen. Großmeister werden inzwischen daran gemessen, wie oft es ihnen gelingt, in bestimmten Situationen so zu entscheiden wie eine künstliche Intelligenz. Und keine Hoffnung besteht, dass *Homo sapiens* seinen Rückstand gegen die Maschinen je wieder aufholen kann.

Vielleicht bangte der Kritiker Jones um das Einkommen und Ansehen menschlicher Künstler. Nach dem fulminanten Verkaufserfolg des computergenerierten Porträts erscheint die Befürchtung, dass Maschinen künftig einen Teil des Kunstmarkts beschicken, alles andere als abwegig. Doch Jones' Vehemenz lässt auf die tiefer sitzende Angst schließen, die menschliche Kreativität werde insgesamt an Bedeutung verlieren.

Aber welchen Anlass für diese Prognose bietet das Bildnis des Edmond de Belamy? Ein Computer hatte die Malerei entworfen und ausgeführt; der Pressetext des Auktionshauses behauptete reißerisch, das Porträt sei »kein Erzeugnis des menschlichen Geistes«.

Hält die Pressemitteilung den Tatsachen stand? Bevor der Computer das Bild errechnete, hatten die drei jungen Männer von »Obvious« in die Maschine nahezu die gesamte Geschichte der abendländischen Porträtmalerei eingespeist – einen Datensatz bestehend aus 15 000 Gemälden aller Epochen zwischen dem 14. und dem 20. Jahrhundert. Das Programm, das Edmond de Belamy abbildete, war selbstverständlich ebenfalls von Menschen geschrieben. Das Verfahren ging auf den heute bei Apple angestellten amerikanischen Informatiker Ian Goodfellow zurück – dessen Nachname ins Französische übersetzt »Belamy« lautet. Die Behauptung, das zum Rekordpreis versteigerte Bild sei »kein Erzeugnis des menschlichen Geistes«, ist nachgerade absurd.

Tatsächlich widerlegt das lukrative Experiment der drei Pariser Studenten eher die vermeintliche Bedrohung der menschlichen Kreativität: Es zeigt, wie wenig die sogenannte künstliche Intelligenz auf sich allein gestellt ausrichten kann. Das Porträt des Edmond de Belamy ist ein Werk exploratorischer Kreativität, die in zwei Schritten vorgeht. Im ersten Schritt wird ein gegebener Möglichkeitsraum nach noch nicht begangenen Wegen durchsucht – in diesem Fall ergibt er sich aus den Regeln der Porträtmalerei. Hier zeigt die künstliche Intelligenz ihre Stärken. Im zweite Schritt aber gilt es, den neuen Lösungsweg zu beurteilen. Kreativität ist schließlich die Fähigkeit, nicht nur neue und überraschende, sondern auch wertvolle Ergebnisse zu liefern. Und hier stößt künstliche Intelligenz schnell an ihre Grenzen.

Denn was wollen wir als wertvoll ansehen? Manchmal liegt die Antwort auf der Hand: Im Schach oder Go gilt es zu gewinnen. Auch über das Ziel, ein Medikament zu entwickeln, besteht wenig Zweifel: Wirkstoffe, die Krankheitserreger töten, Symptome lindern oder Leiden vorbeugen, sind gut. Bei Aufgaben solcher Art kann künstliche Intelligenz sich bewähren. Andere Probleme stellen weniger klare Anforderungen. Wie etwa formuliert man ein Ziel für ein Programm, das ein Bild von künstlerischem Wert malen soll? Wie ließe sich ein Computer mit der Entwicklung von Kochrezepten beauftragen, wenn niemand zu definieren vermag, was das ist, ein guter Geschmack? Und wie könnte ein Wissenschaftler, der eine künstliche Intelligenz mit der Ausarbeitung einer Theorie beauftragen will, der Maschine erklären, wonach er sucht? Der Forscher weiß es ja selbst nicht.

Computer können schlecht urteilen. Diese Schwierigkeit stellt sich schon, wenn man sie das Sehen lehren will. Menschen fällt es leicht, Gegenstände wiederzuerkennen. Legt man Ihnen einmal ein Foto von einem Didgeridoo vor, werden Sie fortan treffsicher auch auf anderen Bildern dieses australische Blasinstrument identifizieren, selbst wenn sie nie zuvor ein Didgeridoo gesehen haben und sich die dargestellten Didgeridoos obendrein unterscheiden. Weshalb Sie so sicher sind, dass es sich dennoch jedes Mal um Objekte derselben Art handelt, können Sie nicht sagen – so wenig, wie ein Musikkritiker eindeutige Maßstäbe dafür angeben kann, was die eine Komposition zu einem Meisterwerk macht und die andere zu einer Schnulze. Sie entscheiden aufgrund von Kriterien, die Ihnen unbewusst sind.

Die Aufgabe der Bilderkennung, die wir mit Leichtigkeit bewältigen, stellt Computer vor enorme Probleme. (Daher gehören die sogenannten Captchas, die uns im Internet mit dümmlichen Fotos von Zebrastreifen und gelben Schulbussen auf amerikanischen Straßen traktieren, zu den sichersten Methoden, um Mensch und Maschine zu unterscheiden.) Lange schienen die technischen Hindernisse unüberwindlich. Erst nach dem Jahr 2010 brachten künstliche neuronale Netze den Durchbruch. Das sind Programme, die das assoziative Denken des Gehirns und dessen Aufbau als Geflecht von Neuronen simulieren. Ein künstliches neuronales Netz wird zunächst mit Hilfe von Vorlagen auf die erwünschte Antwort trainiert, indem man ihm Fotos präsentiert und zugleich vorgibt, was das Programm darauf erkennen soll. Hat man das neuronale Netz erst einmal mit genügend Bildern von Didgeridoos gefüttert, erkennt es anschließend selbsttätig Didgeridoos. Allerdings versteht das Programm keineswegs, was ein Didgeridoo ist, noch wozu es dient und welche Eigenschaften es hat. Es macht lediglich das gesuchte Objekt anhand seiner Ähnlichkeit mit den Fotos ausfindig, die es im Training analysiert hat.

Der Haken ist die Langsamkeit, mit der die künstlichen Netze lernen. Selbst ein Kleinkind begreift in einem einzigen Durchgang, was ein Didgeridoo von einem Schweizer Alphorn oder einem gewöhnlichen Stock unterscheidet. Computer brauchen sehr viel länger, um ein Urteilsvermögen auszubilden. Sie benötigen Zehntausende bis Millionen unterschiedlicher Ansichten eines Objekts als Trainingsvorlage. Darum wurde maschinelle Bilderkennung erst möglich, als sich auf den Servern von Google, Facebook & Co. Milliarden Fotos angesammelt hatten. Warum das Gehirn so viel effizienter zu lernen vermag, wissen wir nicht. Ein Grund könnte sein, dass Menschen ständig nach Bedeutungen suchen, während künstliche neuronale Netze oberflächlicher vorgehen – sie stellen ja nur Ähnlichkeiten fest.

Zu erkennen, was für einen Gegenstand ein Foto zeigt, fällt vergleichsweise leicht; sehr viel anspruchsvoller ist die Aufgabe, über den künstlerischen Wert einer Graphik, den Wohlgeschmack eines neuen Gerichts oder die Tauglichkeit einer wissenschaftlichen Theorie zu urteilen. Heutige Technik kann solche Entscheidungen unmöglich treffen. Dem Computer, der das Porträt des Edmond de Belamy erzeugte, sind Kategorien wie künstlerischer Wert oder Bedeutung fremd. Er ist lediglich darauf programmiert, Bilder zu schaffen, die den Werken in seiner Datenbank ähneln. Das Ergebnis kann ein ungeübtes Auge nur deswegen täuschen, weil dieses viele Eigenschaften der eingespeicherten Vorlagen aus der Kunstgeschichte wiedererkennt.

Andere Künstler setzen Computer mutiger ein als die Programmierer dieses arg konventionellen Porträts. Sie versuchen, mit Hilfe der Rechner Werke zu schaffen, die man so noch nicht gesehen hat. Aber je weiter sich die künstliche Intelligenz vom Bekannten entfernt, desto stärker muss der Mensch in den Prozess eingreifen. Denn der Rechner kann nur Vorschläge liefern, aber nicht über den Wert seiner Produkte entscheiden. Mitnichten haben also Maschinen die Malerei zu neuen Horizonte geführt, und nichts von einem Tizian und Rembrandt steckt in den Prozessoren. Die Computer arbeiten vielmehr so, wie es die Angestellten in den Werkstätten dieser Meister taten: Sie wandeln nur ab und führen aus, was der Chef vorgibt.

Wenn Warner eine Zukunft beschreiben, in der Maschinen die Menschen beherrschen, begründen sie ihre Szenarien fast immer mit der überlegenen Intelligenz der Computer. Die sogenannte Singularität, wenn Maschinen die Welt zu lenken beginnen, drohe, sobald Computer erstens leistungsfähiger als unser Gehirn und damit zweitens schöpferisch werden, schließlich drittens ihre eigenen Ziele verfolgen.

Das sind drei starke Annahmen. Fast immer werden sie in einem Atemzug genannt, als würden sich der zweite und dritte Punkt notwendig aus dem ersten, also der Entwicklung immer potenterer Rechner, ergeben. Doch man muss unterscheiden: Eine Frage ist es, ob Maschinen leistungsfähiger sind als unser Gehirn, eine andere jedoch, ob sie tatsächlich Neues erfinden können. Noch einmal eine andere Frage ist es, ob die künstlichen Intelligenzen unseren oder ihren eigenen Absichten folgen. Und darauf kommt es an: Nur wenn es Computern gelingt, unabhängig von uns Einfälle hervorzubringen, droht dem menschlichen Geist die Belanglosigkeit.

Schon Ada Lovelace erkannte dies. Sonst selten um kühne Visionen verlegen, bezweifelte sie, dass Maschinen zu eigenständiger Kreativität fähig seien. Zwar sah sie Rechenautomaten voraus, die Musik komponieren; trotzdem bestritt sie, dass ihre Schöpfung, die gemeinsam mit Charles Babbage erdachte analytische Maschine, selbst schöpferisch sein werde. »Sie kann alles ausführen, was wir ihr zu befehlen verstehen«, schrieb Ada. »Aber die analytische Maschine hat keinen Anspruch, selbst etwas zu schaffen.«

Selbst wenn es gelänge, eine künstliche Intelligenz ihre Einfälle beurteilen zu lassen, wären Maschinen noch immer Lichtjahre davon entfernt, die Welt aus den Angeln zu heben. Computer könnten dann zwar einigermaßen selbständig Aufgaben der explorativen Kreativität übernehmen: Sie würden im Rahmen eines gegebenen Möglichkeitsraums nach bisher unentdeckten Lösungen suchen, um ein ebenfalls definiertes Ziel zu erreichen, wie es das Spielprogramm »AlphaGo« heute schon tut. Vielleicht sehen wir bald von Maschinen ausgeklügelte Werbespots, schlucken Pillen, deren Wirkstoffe Computer synthetisiert haben, hören Popsongs, die ein Rechner komponiert hat. Trotzdem werden die Maschinen Werkzeuge bleiben. Sie werden unser exploratives Denken unterstützen und ihm neue Horizonte eröffnen. Aber sie können den menschlichen Geist nicht ersetzen.

Von der höchsten Stufe der Kreativität haben wir im Zusammenhang mit künstlicher Intelligenz noch gar nicht gesprochen: Die Kunst der Transformation beruht gerade nicht darauf, nach den Regeln zu spielen, noch strebt sie an, ein bestimmtes Ziel zu erreichen. Transformative Kreativität gibt die bekannten Ziele auf und findet neue. Sie bricht mit den Regeln und schreibt sich ihre eigenen. So brachten Menschen ihre einflussreichsten Einfälle hervor. Indem Albert Einstein die damals 300 Jahre alte Newton'sche Mechanik überwand, bescherte er der Physik neue Konzepte. Dass eine Symphonie mit vier rhythmischen Donnerschlägen des Orchesters beginnt, war undenkbar, bis Beethoven in seiner Fünften den Grundsatz aufgab, dass eine Melodie singbar sein müsse. Marcel Duchamp begrub mit seinen Readymades für immer die Erwartung, dass Kunst etwas mit Kunstfertigkeit zu tun habe.

Wären Maschinen, wie intelligent auch immer, zu solchen Richtungswechseln imstande? Programme führen nur bloß ihre Vorgaben aus. Sie sind dafür gemacht, bestimmte Probleme zu lösen – nicht dafür, neue Probleme zu schaffen. Deswegen wird ein Computer, der die Gleichungen der klassischen Physik untersuchen soll, nie die Relativitätstheorie entdecken. Ein Rechner, der programmiert wurde, Bronzeplastiken menschlicher Körper zu entwerfen, wird nie mit dem Vorschlag aufwarten, ein Urinal zur Skulptur zu erklären.

Nur Menschen vermögen sich von ihrer Ausbildung und ihren Vorerfahrungen zu lösen. Der Grund ist nicht etwa, dass ein Gehirn fundamental anders arbeitet als ein Computer. Viel spricht dafür, dass man das Gehirn als einen Automaten verstehen kann, der zwar anders aufgebaut ist, doch nach denselben oder zumindest sehr ähnlichen Prinzipien Information verarbeitet wie ein Computer. Das Gehirn funktioniert wie eine Turingmaschine.

Allerdings verfolgt es einen ganz anderen Zweck. Gehirne entwickelten sich im Lauf von mehr als 500 Millionen Jahren Evolution, um dem Fortbestand und der Fortpflanzung eines Organismus zu dienen. Das ist der entscheidende Unterschied zwischen dem menschlichen Geist und einer Maschine: Computer sollen Probleme lösen, Gehirne dienen dem Überleben.

Wie jede Turingmaschine ist auch das Gehirn auf ein Ziel programmiert. Aber im Gegensatz zu Rechnern, die Brettspiele gewinnen, Wertpapiere handeln, Autos steuern, Fahrstuhlmusik komponieren oder andere spezielle Aufgaben erfüllen, verfolgt das Gehirn ein überaus allgemeines Ziel: Alle Handlungen, die dem eigenen Weiterleben und der eigenen Fortpflanzung nützen könnten, sind gut. Alles dagegen, was die Existenz des eigenen Körpers und die Verbreitung seiner Gene bedroht, steht zu vermeiden.

Die Evolution hat das Gehirn darauf eingerichtet, diesen beiden Maximen zu folgen. Damit wir nach ihnen handeln, sind uns Signale mitgegeben – Gefühle. Mit Angst und Wut, Trauer und Glück bewerten wir, was wir erleben und was wir als mögliche Handlung erwägen. Negative Emotionen warnen uns, wenn eine Situation oder eine Entscheidung unsere Lebenschancen zu vermindern droht. Positive Emotionen markieren aussichtsreiche Umstände. Gefühle sind also lebensnotwendig. Sie steuern unser Verhalten.[18] Unser Verstand arbeitet somit viel flexibler als ein Computer. Die Maximen der Evolution und die Gefühle setzen uns nur einen Rahmen. Innerhalb dieser Grenzen können wir fast beliebigen Absichten nachgehen. (Sogar der Rahmen lässt sich verrücken. Menschenmöglich ist es, den Maximen ihrer Fortpflanzung und des eigenen Überlebens zuwiderzuhandeln.)

Was uns leitet, sind die Prinzipien des Lebens selbst. Zu diesen gehört, einen Stoffwechsel aufrechtzuerhalten und die Fähigkeit, den eigenen Organismus zu reproduzieren. Keines dieser Prinzipien ist auf Computer anwendbar. Ihnen sind bestimmte Ziele, uns dagegen ist Freiheit einprogrammiert.

So können wir von einem Vorhaben abrücken und stattdessen ein anderes verfolgen, wenn es uns lohnenswerter oder einfach interessanter erscheint. Auf solcher Verschiebung der Prioritäten beruht transformative Kreativität: Man gibt, oft nach wiederholtem Scheitern und langen inneren Kämpfen, seine Absicht auf, eine Lösung nach den Regeln zu suchen, die ein bekannter Möglichkeitsraum vorgibt. Stattdessen betrachtet man das Problem aus einem anderen Blickwinkel. Wer damit Erfolg hat, eröffnet einen neuen Möglichkeitsraum. Fast immer stellen sich dann Fragen, die zuvor gar nicht formuliert werden konnten. Albert Einstein etwa stand vor dem Rätsel, wie sich das Licht durch Raum und Zeit bewegt – und drehte die Frage um, indem er Raum und Zeit ihrerseits durch die Ausbreitung des Lichts erklärte. Marcel Duchamp, von der traditionellen Malerei gelangweilt, begann das Wesen der Kunst selbst zu untersuchen.

Der Schlüssel zur Transformation ist weniger Intelligenz als vielmehr Autonomie. Gefühle verschaffen uns die Freiheit, Absichten zu ändern, und ermöglichen es unseren Gedanken, sich zu neuen Horizonten aufzumachen. Sie treiben uns an, nach den Sternen zu greifen, »lassen tausend intellektuelle Schiffe vom Stapel und helfen mit, diese zu steuern«, wie es der Neurowissenschaftler Antonio Damasio ausgedrückt hat. Aber erst ein Körper, für dessen Überleben sie sorgen sollen, bringt diese Emotionen hervor.

So schließt sich der Kreis. Sein schöpferisches Denken erlaubte es dem Menschen zwar, sich aus der Natur herauszuheben. Aber die Natur, die ihn mit Nahrung und Nachkommen für seinen Einfallsreichtum belohnte, hat uns nie entlassen: Wir blieben biologische Geschöpfe. Unsere Kreativität und unsere Körperlichkeit sind voneinander untrennbar.

Papierschiff, 2021

11 Wie wir die Welt verändern

Der Genius, das ist nichts als die nach Wunsch wiedergewonnene Kindheit.
CHARLES BAUDELAIRE[1]

Unsere Reise begann mit einer kleinen Gruppe von Affen, die vor drei Millionen Jahren aufhörten, Tiere wie alle anderen zu sein. Sie entwickelten die Fähigkeit, in die Zukunft zu schauen. Unsere Vorfahren lernten zu sehen, was noch nicht ist, aber sein könnte. Ihre Vorstellungskraft befähigte sie, wertlose Steine in Werkzeuge zu verwandeln und später das Feuer zu zähmen. Mit den Werkzeugen gelangten sie immer leichter an Nahrung, mit dem Feuer hatten sie sich eine Energiequelle erschlossen. Ihr schöpferisches Denken verhalf den Hominiden zu übernatürlichen Kräften. Sie begannen, Pläne zu schmieden, wurden unternehmungslustig und eroberten die Welt.

Drei Millionen Jahre erscheinen uns als eine sehr lange Zeit. Aber nach den Maßstäben der Erdgeschichte sind drei Millionen Jahre nicht einmal ein Moment. Die Herrschaft der Dinosaurier dauerte sechzigmal so lang. Und als ein Ereignis der Erdgeschichte muss man den Aufstieg der Hominiden betrachten. Eine einzige Art – unsere – hat den Planeten völlig verwandelt.

Schon der prähistorische Mensch wirkte wie eine Naturgewalt. Zur Zeit der Neandertaler strichen noch Höhlenlöwen und Säbelzahntiger, Wollnashörner und Riesenhirsche, Hyänen und Waldelefanten durch Europas Wälder und Steppen. Auf allen Kontinenten tummelte sich eine Megafauna, wie sie heute nur noch in ein paar afrikanischen Nationalparks zu besichtigen ist. Wo auch immer Menschen eintrafen und sich vermehrten, verschwanden diese großen Tiere. Sie starben in Europa, als nach dem Ende der Eiszeit die Bevölkerung wuchs, sie starben in Australien, als vor 50 000 Jahren Seefahrer an den Küsten des Kontinents landeten, sie starben in Amerika, kurz nachdem vor 15 000 Jahren die ersten Menschen über eine damals existierende Landbrücke von Sibirien nach Alaska einwanderten und südwärts zogen. Die Speere brachten ihnen den Tod.[2] Die Jäger und Sammler aber konnten sich an der Natur schadlos bedienen. Waren die Bestände an einem Ort erschöpft, zogen sie weiter, war eine Art ausgestorben, bejagten sie eine andere.

Als die Bevölkerung weiter zunahm, ersetzte der Mensch die Geschöpfe der Natur durch seine eigenen. Heute sind 60 Prozent aller Säugetiere auf der Welt Zuchtvieh, 70 Prozent aller Vögel Geflügel. Wegen der Massenviehhaltung leben auf der Erde mehr einzelne Tiere als jemals zuvor. Aber sie gehören nur noch wenigen Arten an, die der Mensch zu seinem alleinigen Nutzen gekreuzt und verändert hat, und ziehen nicht mehr unter freiem Himmel umher. Die meisten vegetieren in Ställen dahin. Mit den Hühnern dieses Planeten ließen sich alle wilden Vögel dreimal, mit Schweinen und Rindern die letzten wilden Säugetiere der Erde vierzehnmal aufwiegen.[3]

Lange bezahlten vor allem große Tiere den Preis unseres Erfolgs; doch mit der Ausbreitung der Städte und der Industrialisierung der Landwirtschaft begann *Homo* auch das kleinere Wild zu eliminieren. In den letzten 30 Jahren ging die Zahl der Brutvögel um 14 Prozent, die der Fluginsekten in Deutschland um 80 Prozent zurück. Weltweit sind derzeit mindestens eine Million Tier-

und Pflanzenarten vom Aussterben bedroht.[4] Die Rate, mit der Lebewesen für immer von der Erde verschwinden, liegt heute so hoch wie zuletzt vor 66 Millionen Jahren.[5] Damals zerstörte der Einschlag eines riesigen Asteroiden die Welt der Dinosaurier und mit ihnen einen Großteil des irdischen Lebens.

Zunehmend greifen wir auch in die Kreisläufe der unbelebten Natur ein. In den Tiefen der Weltmeere, auch im Trinkwasser reichert sich zu feinsten Partikeln gemahlener Plastikmüll an; radioaktiver Niederschlag von Kernwaffentests hat sich auf die Erde aller Kontinente gelegt; die Ansammlung von Treibhausgasen in der Atmosphäre bewirkt die Erwärmung der Erde, das Schmelzen der Polkappen und lässt die Ozeane versauern. All dies bewog den Chemiker Paul Crutzen, der für seine Entdeckung des menschengemachten Ozonlochs den Nobelpreis erhielt, im Jahr 2000 ein neues Erdzeitalter auszurufen. »Anthropozän« nannte Crutzen unsere Ära. In ihr bestimmen nicht mehr Naturkräfte allein, sondern auch der Mensch die Entwicklung des Planeten.

So stellt der Mensch im Anthropozän seinen eigenen Fortbestand in Frage. Von unseren Entscheidungen hängt ab, ob die Erde künftig noch von Menschen bewohnt werden kann – oder ob *Homo sapiens* selbst zu den vielen von *Homo sapiens* ausgerotteten Geschöpfen zählen wird, wie die Wollnashörner, Säbelzahntiger und Dodos.

Ist die Zerstörung des Planeten der Preis unseres Erfolgs? Oft heißt es, der durch seine Kultur beflügelte Mensch habe sich zu stark vermehrt. Die heute lebenden 7,8 Milliarden Frauen, Männer und Kinder seien mehr, als die Erde ertrage. Dagegen spricht, dass unsere körperliche Anwesenheit in der Natur kaum nennenswert ist. Alle 7,8 Milliarden Menschen zusammen bilden nicht einmal ein Zehntausendstel der irdischen Biomasse. Der größte

Teil dieser Biomasse besteht aus Pflanzen, Bakterien und Pilzen; aber selbst zur weitaus geringeren Biomasse der Tiere steuert der Mensch kaum ein Dreißigstel bei. Die gesamte Weltbevölkerung wiegt weniger als alle Termiten der Erde.[6] Diese Zahlen sind bedeutend, weil die Menge an Nährstoffen und die Energie, die ein Tier benötigt, von seiner Körpermasse abhängt. Für einen einzelnen Menschen beträgt dieser Grundbedarf 100 Watt, was dem Energieverbrauch einer etwas stärkeren Glühbirne entspricht. Die Ressourcen, deren selbst die heutige Großmenschheit für ihr Überleben bedarf, sind gemessen am gesamten Stoffwechsel der Erde beinahe vernachlässigbar.

Aber wir verbrauchen ein Vielfaches dieser Ressourcen. Allein durch das Öl und die Kohle, die wir verbrennen, setzen wir für jeden Bewohner der entwickelten Staaten 10 000 Watt um – hundertmal mehr Energie als unser Organismus erfordert. Zusätzlich tötet die Menschheit 30 Milliarden Tonnen anderer Lebewesen pro Jahr. In Gestalt der geernteten Feldfrüchte, eingeschlagenen Bäume, abgebrannten Wälder und für unseren Verzehr geschlachteten Tiere zerstören wir jährlich drei Prozent der terrestrischen Biomasse.[7] Lediglich ein Zwanzigstel dieser Ernte verzehren wir als Lebensmittel; mehr als die Hälfte hingegen werfen wir unserem Vieh zum Fraß vor, das einen Teil der aufgenommenen Nahrung dann in Treibhausgase umsetzt.[8]

Kein Naturgesetz zwingt die Menschheit dazu, sich mit ihrem maßlosen Konsum selbst zu gefährden. Wenn das Leben auf der Erde bedroht ist, liegt es ausschließlich an unserem Verstand. Im frühen 21. Jahrhundert hat sich *Homo sapiens* noch nicht vom Denken seiner Vorfahren befreit, die als Jäger und Sammler weiterziehen konnten, wenn ein Stück Natur für sie aufgebraucht war.

Weil uns die Konzepte für den Umgang mit einer endlichen

Welt fehlen, scheitern wir nicht nur daran, unserer Situation angemessen zu handeln. Wir wissen, schlimmer noch, oft nicht einmal, was es hieße, angemessen zu handeln. Wie lässt sich mit einem tragbaren Ressourcenverbrauch ein würdiges Leben für bald acht Milliarden Menschen garantieren? Wie stellt man in einer Gesellschaft, die mit begrenzten Ressourcen wirtschaften muss, Zufriedenheit und Gerechtigkeit her? Wie gestaltet man den Übergang in eine solche Gesellschaft? Und was ist das überhaupt, ein menschenwürdiges Leben? Auf viele dieser Fragen fehlt uns heute die Antwort.

In der Geschichte des menschlichen Geistes ist das Denken immer wieder in Sackgassen geraten. Wir haben solche Situationen im neunten Kapitel analysiert. Sie ergeben sich dann, wenn der Möglichkeitsraum des Denkens ausgeschöpft scheint oder der Wirklichkeit nicht mehr entspricht. Der Ausweg aus der Sackgasse eröffnet sich in einem Prozess, der aus zwei Phasen besteht. In der ersten Phase versuchen Menschen noch, das Problem mit den bekannten Konzepten zu lösen. Sie gehen also explorativ vor, bis sie sich schließlich ihr Scheitern eingestehen müssen. Die zweite Phase bringt dann die Transformation: Das Problem wird neu formuliert. Revolutionäre Konzepte treten zutage, ein erweiterter Möglichkeitsraum tut sich auf. Zuvor Undenkbares wird denkbar.

Die Bewältigung der globalen Krise steckt noch in ihrer ersten Phase. Wir bemühen uns, im Rahmen der alten Gewohnheiten zukunftsfähig zu werden. Autos sollen elektrisch fahren, Düsenjets Pflanzenöl verbrennen, Schlachtvieh kein genmanipuliertes Futter mehr fressen und die Baumwolle für Wegwerfmode ein Bio-Siegel erhalten. Nach dem Samstagseinkauf trennen wir den Verpackungsmüll. Jede dieser Maßnahmen ist zu begrüßen. Aber auch in ihrer Summe reichen sie nicht einmal annähernd aus, um kommenden Generationen eine Lebensgrundlage zu sichern. Erforderlich sind größere Schritte. Um solche Schritte zu gehen, brauchen wir die zweite Phase der Transformation.

Transformation setzt die Bereitschaft voraus, Verwirrung zu ertragen. In einer bemerkenswerten Meditation über den kreativen Prozess erklärte der amerikanische Essayist James Baldwin, warum Gesellschaften gegen Veränderung Widerstand leisten. Den Bewahrungswillen erklärte Baldwin nicht mit dem Kampf um Privilegien, sondern mit der Unfähigkeit vieler Zeitgenossen, Unsicherheit auszuhalten. »Der Zweck der Gesellschaft ist es, ein Bollwerk gegen das innere und äußere Chaos zu schaffen, um das Leben erträglich zu machen und die menschliche Rasse am Leben zu erhalten. Wenn sich eine Tradition welcher Art auch immer entwickelt hat, werden die meisten Menschen annehmen, dass diese Tradition seit dem Anfang aller Zeiten bestand. Sie werden unwillig und tatsächlich unfähig sein, sich irgendeine Veränderung vorzustellen. Sie wissen nicht, wie sie ohne diese Traditionen leben sollen, die ihnen ihre Identität gegeben haben. Wenn man ihnen vorschlägt, dass sie genau das können oder müssen, reagieren sie mit Panik.« Diese Zeilen schrieb Baldwin im Jahr 1962; heute lesen sie sich prophetisch.

Wir wissen mittlerweile, dass die Reaktionen, die Baldwin aufzeigte, in der Funktionsweise unseres Gehirns angelegt sind. Menschen ziehen in vielen Situationen automatisch die bekannten Verhältnisse vor, selbst wenn sie wissen, dass der Status quo für sie nachteilig ist und sich eine alternative Lösung auszahlen würde. Nicht nur weil Neues beunruhigt, sondern vor allem, weil die Entscheidung für das Gewohnte weniger geistige Leistung verlangt, handeln sie den eigenen Interessen zuwider. Ausgetretene Wege zu gehen erspart dem Gehirn Rechenaufwand.[9]

Baldwin konnte seinerzeit noch daran glauben, dass Menschen, die vor Veränderung zurückschrecken, tatsächlich ein »Bollwerk gegen das innere und äußere Chaos« errichten und die eigene Rasse erhalten. »Eine Gesellschaft muss annehmen, dass sie stabil ist«, schrieb er. Aber im frühen 21. Jahrhundert erscheint nichts so instabil wie der Status quo. Am Bewährten festzuhalten garantiert keine Zukunft mehr, sondern beschwört den Untergang herauf. Nicht Veränderung, sondern Beharren ist heute riskant. Trotzdem sehnen wir uns nach Beständigkeit. Unsere Psychologie trägt der Wirklichkeit nicht Rechnung.

Gegen die trügerische Sicherheit des Vertrauten setzte Baldwin die Zweifel der Künstler. Diese seien unbequem, weil sie gegen Behaglichkeit rebellieren. »Ein Künstler kann und darf nichts für gegeben hinnehmen. Er muss zum Herz jeder Antwort vordringen und die Frage offenlegen, die diese Antwort verdeckt.« Mit dem Bohren nach Fragen, wo sich bequemere Geister mit Antworten zufriedengeben, beginnt Transformation.

Künstlerisches Denken ist niemandem fremd. Als Kinder hatten wir alle den Mut, unbequeme Fragen zu stellen. Wieso müssen Eltern arbeiten? Können Fische seekrank werden? Warum haben wir so viel und der Bettler so wenig? Weiß der Krieg, wo Deutschland ist?

So haben wir gelernt. Als Kinder übertrafen wir unsere Eltern nicht nur im Memory-Spiel und in der Geschwindigkeit, mit der wir uns Sprachen aneigneten – Kinder zeigen generell mehr geistige Flexibilität als Erwachsene. Sie fragen noch, wo ältere Menschen schon meinen, die Antwort zu wissen. Wie neue Experimente nachweisen konnten, verschafft dies Kindern einen Vorsprung beim Lösen vieler Probleme. Sie finden Erklärungen, wo Erwachsene im Dunkeln tappen, berücksichtigen dabei mehr

Informationen, vor allem wenn diese nur entfernt mit der Aufgabe zusammenhängen, und erweisen sich auch in klassischen Kreativitätstests als überlegen.[10] Der Preis ihres Einfallsreichtums ist Unsicherheit. Als Kinder haben wir die Verwirrung ertragen, der wir uns als Erwachsene verweigern.

Erwachsene handeln unter Annahmen, die ihnen selbstverständlich erscheinen. So können sie bekannte Situationen effizient bewältigen. Kinder treffen diese Annahmen noch nicht. Deswegen stellen Routineaufgaben, bei denen es auf Erfahrung ankommt, für sie ein Problem dar. Dafür verfügen Kinder jedoch über einen Sinn für Möglichkeiten, der vielen Erwachsenen fehlt und der sich in unbekannten Situationen bewährt. »Der Kaiser ist ja nackt«: Nur ein Kind konnte in Andersens berühmtem Märchen einen ganzen Staat von der Täuschung befreien. Die Erwachsenen dagegen waren entweder in der gemeinsamen Illusion, dass nur würdige Untertanen die neuen Kleider des Herrschers sehen können, oder in ihrem Opportunismus gefangen.

Die Phantasie und der Scharfblick, die junge Menschen auszeichnen, machen sich am stärksten im Vorschulalter bemerkbar. Nach dem Schuleintritt denken und handeln Kinder konventioneller. Folgen sie ihrer natürlichen Entwicklung oder hinterlässt der Unterricht seine Spuren? Wir wissen es nicht. Herauszufinden, wie wir Kinder am besten in ihrer geistigen Unternehmungslust bestärken, ist eine der wichtigsten Aufgaben der Gegenwart. Derzeit schwindet die Freiheit der Kinder. Die Zeit etwa, die sie mit freiem Spiel verbrachten, ging schon in den Jahren zwischen 1981 und 2003 um gut ein Drittel zurück.[11] (Dies ist die letzte Periode, aus der Daten vorliegen.) Und damals hatten noch keine Videokonsolen in jedes Kinderzimmer, keine Handys in jede Hosentasche Einzug gehalten.

Das ungestüme Denken lebt in der Pubertät wieder auf, wenn

Jugendliche ihre Unabhängigkeit entdecken und die Kultur mit ihrer eigenen Sprache, ihrer Musik und ihren Wertvorstellungen bereichern. Wie viel von der Lust einer oder eines Siebzehnjährigen, die Welt zu hinterfragen und sich selbst im Leben auszuprobieren, können wir uns im Erwachsenenalter erhalten? Dass das Feuer der Jugend verlöschen muss, ist kein Naturgesetz. Künstler vermögen sich den Hunger auf geistige Abenteuer bis ins hohe Alter zu bewahren. Picasso beispielsweise malte nach dem 80. Lebensjahr einige seiner gewagtesten Bilder. Oft wurde bemerkt, dass Kinder wie kleine Wissenschaftler ihre Umwelt studieren, aber auch die Umkehrung ist wahr: Große Wissenschaftler verglichen sich selbst immer wieder mit Kindern. Isidor Isaac Rabi, der für die Entdeckung der Grundlagen der Kernspintomographie den Nobelpreis erhielt, nannte seine Physikerkollegen »die Peter Pans der menschlichen Rasse: Sie behalten ihre Neugier und werden niemals erwachsen.«[12] Ihre Freude am Experimentieren leben viele Forscher auch künstlerisch aus; gerade erfolgreiche Wissenschaftler betätigen sich auffällig oft nebenher als Maler, Bildhauer, Schriftsteller oder Musiker. Die Wahrscheinlichkeit, dass ein Nobelpreisträger zugleich als bildender oder darstellender Künstler hervortritt, ist dreißigmal höher als im Durchschnitt der Bevölkerung.[13]

Das Unbekannte, vor dem so viele Erwachsene zurückschrecken, übt auf Kinder und Jugendliche, Künstler und Wissenschaftler magische Anziehung aus. Man könnte nun meinen, dass Letztere ihre Entdeckerlust einer besonderen Begabung verdanken. Aber die Persönlichkeitspsychologie widerspricht dem. Viele Menschen, die mit ihren Ideen die Welt veränderten, waren keineswegs mit spektakulären Geistesgaben bedacht. Aber regelmäßig fielen sie früh durch ihre geistige Unabhängigkeit auf. Schon als Kinder konnten diese Persönlichkeiten über die Welt und über sich selbst staunen. Und fast immer gab es in ihrer Umgebung Menschen, die sie darin bestärkten, nachzuhaken und zu experimentieren.

Der schon erwähnte Richard Feynman lenkte nicht nur mit seinen Strichzeichnungen von Wechselwirkungen der Elementarteilchen und vielen anderen Beiträgen die Physik des 20. Jahrhunderts in eine neue Richtung, sondern trat auch als Trommler in Samba-Orchestern auf und hinterließ Hunderte Graphiken und Aquarelle. In Interviews erzählte er von seinem Vater, der ihn nicht belehrte, sondern immer wieder ermutigte, Dinge selbst herauszufinden. Die Familie lebte in den späten 1920er Jahren in ärmlichen Verhältnissen auf Long Island; der junge Richard erprobte sein schöpferisches Denken in einer Bastelecke, wo er Radiogeräte zerlegte, und draußen am Strand. Als Feynman später in seinen berühmten Vorlesungen Studenten sein Verständnis der Natur darlegte, begann er mit einer Erinnerung an diesen Strand:

> »Wenn wir (…) auf die See blicken, sehen wir das Wasser, die brechenden Wellen, die Gischt, das Schwappen des Wassers, (…) die Winde und die Wolken, die Sonne und den blauen Himmel und Licht; da ist Sand und da sind Steine (…). Da gibt es Tiere und Tang, Hunger und Krankheit und den Beobachter am Strand …«[14]

In seinem Kopf brachte dieses elementare Schauspiel eine endlose Kette von Fragen hervor:

> »Ist der Sand anders als die Steine? Besteht der Sand vielleicht nur aus einer großen Zahl winziger Steine? Ist der Mond ein großer Felsen? Würden wir auch den Sand und den Mond ver-

stehen, wenn wir die Felsen verstehen? Entspricht das Brausen des Windes dem Schwappen des Wassers im Ozean?«

Feynmans Fragen sind spielerisch und tiefgründig zugleich. Schöpferische Menschen sehen die Welt mit den Augen eines Kindes, das nichts für gegeben nimmt und bereit ist, mit allem zu experimentieren.

Kreativität ist kein Talent, sondern eine Lebenseinstellung. Ihr verdanken wir unser Dasein. Die Geschichte der Menschheit begann, als unsere Vorfahren lernten, voneinander zu lernen. Sie überlebten, indem die Erfahrenen ihr Wissen an die nächsten Generationen weitergaben. Doch wenn die Menschheit die Herausforderungen unserer Zeit meistern will, wird es nicht reichen, auf das Bewährte zurückzugreifen. Wir müssen lernen, die Welt wieder wie ein Kind zu sehen.

Danksagung

Wie alle schöpferischen Leistungen, von denen die vorigen Seiten erzählten, so ist natürlich auch dieses Buch nicht nur die Frucht der Arbeit eines einzelnen. Ich danke allen, die mir die Recherche ermöglichten, ihre Einsichten teilten, im Gespräch meine Gedanken schärften oder mich beim Schreiben unterstützten.

Sonia Harmand, Louise Leakey, Richard Leakey, Jason Lewis und Lawrence Martin ermöglichten mir den Zugang zu den Fundstätten am Turkana-See und führten mich in die atemberaubende Welt der dortigen Archäologie ein. Fredrick Manthi vom Kenianischen Nationalmuseum verschaffte mir das Privileg, die Schädel unserer frühesten Vorfahren in den Händen zu halten. Angelika Klein und Oliver Paulus waren wunderbare Gastgeber in Nairobi. Daniel Garrido Pimentel, Dirk Hoffmann, Alistair Pike und João Zilhão danke ich für unsere denkwürdigen Besuche in den Höhlen von Monte Castillo, Pilar Fatás Monforte für ihre Unterstützung in der Höhle von Altamira und Michel Lorblanchet für das Vergnügen, am heißesten Tag des Jahres 2019 gemeinsam die Bilderhöhlen des Lot zu durchstreifen. Nicholas Conard führte mich in die Höhlen auf der Schwäbischen Alb, in denen er mit seinen Kollegen die Venus vom Hohlefels und die ältesten Musikinstrumente ausgrub. In Gesprächen mit all diesen Gelehrten habe ich unendlich viel über unsere Ursprünge gelernt.

Mit Joseph Henrich und Claudio Tennie über das kollektive Gehirn zu diskutieren war eine Freude. Margaret Boden, einer Pionierin der Kognitionswissenschaft der Kreativität, verdanke ich grundlegende Ideen und überaus anregende gemeinsame Stunden. Matthias Benedek führte mich in seine faszinierenden Versuche über die neuralen Korrelate des schöpferischen Denkens ein, Alison Gopnik gab mir wichtige Hinweise aus der Entwicklungspsychologie. Diana Deutsch machte mich auf die kulturellen Grundlagen der akustischen Wahrnehmung, Thomas Metzinger auf Ergebnisse aus der Philosophie des Geistes aufmerksam. Thomas de Padova half mir, die Wissensgesellschaft der Renaissance besser zu verstehen. Alberto de Campo öffnete mir die Augen für generative Kunst.

Viele Ideen habe ich zuerst in Vorlesungsreihen und Seminaren erprobt, die ich in den Jahren 2017 bis 2020 an der Berliner Universität der Künste hielt. Die Seminare veranstaltete ich, in wechselnden Besetzungen, gemeinsam mit Armin Chodzinski, Nicola Clayton, Jakob Grossmann, Nica Junker, Clive Wilkins und Semir Zeki. Allen Teilnehmerinnen und Teilnehmern sei für ihre Beiträge und ihre Experimentierfreude herzlich gedankt.

Siv Bublitz und Alexander Roesler setzten sich im Verlag mit großer Energie für das Projekt ein, Alfio Funari und Matthias Landwehr vertraten es als Agenten mit gewohnter Verve. Christoph Amend und Jörg Burger haben zwei Magazingeschichten, die ich als Ausgangspunkt je eines Kapitels benutzte, hervorragend betreut. Stefanie Harjes danke ich für die wundervollen Illustrationen. Alexandra Rigos, meine Frau, hat den ganzen Text gelesen, ihn an vielen Stellen verbessert und klugen Rat auf allen Schritten des Weges gegeben. Ihr gebührt mein größter Dank.

Anmerkungen

Einleitung Prometheus sind wir

1 Janko, Stark und Zink 2012.
2 Sorensen, Claud und Soressi 2018.
3 Entscheidend ist nicht die absolute Größe des Gehirns, sondern dessen relative Masse bezogen auf die Gesamtmasse des Körpers. Als beste Voraussage für die kognitiven Fähigkeiten eines Tiers hat sich der sogenannte Encephalisierungsquotient (EQ) erwiesen, in dessen Nenner die dritte Wurzel des Quadrats der Körpermasse eingeht. Der EQ moderner Menschen beträgt mehr als 7,5, die Werte für Delfine, Schimpansen und Hunde sind 5,3, 2,5 und 1,2.
4 Mississippi-Alligatoren beispielsweise legen sich Stöcke auf die Schnauze, die, wenn das Tier untertaucht, wie Schwemmgut erscheinen. So locken sie Beute an. Versucht nun ein Reiher auf der Suche nach Material für seinen Nestbau sich zu bedienen, schnappt das Maul zu. Die Alligatoren sind aber nicht in der Lage, ihre Jagdstrategie der Situation anzupassen. Unabhängig davon, ob sich brütende Vögel in der Nähe befinden, dekorieren sie ihre Schnauzen mit Stöcken. (Rosenblatt und Johnson 2020)
5 Kandel 2012.

1 Die Botschaft der Steine

1 Whitehead 1917.
2 Wong 2015.
3 Shumaker, Walkup und Beck 2011.
4 Goodall 2000.
5 Vgl. Einleitung, Fußnote 3.

6 Rutz u. a. 2010. Figaro, ein Kakadu, wurde immerhin dabei gefilmt, wie er mit dem Schnabel Stücke aus einem Ast abbrach, um dann damit anders nicht erreichbare Nüsse zu sich heranzubugsieren; allerdings lebt Figaro in Gefangenschaft an der Wiener Universität und gilt als Ausnahmetalent. (Auersperg u. a. 2012)
7 Pruetz und Bertolani 2007; Pruetz u. a. 2015.
8 Kivell 2015; Stout 2016; Morgan u. a. 2015; Morgan u. a. 2015.
9 Roche 2016.
10 Zu solcher Selbstkontrolle und langfristiger Planung sind Menschen viel besser imstande als andere Tiere. Das verdanken wir unseren großen Gehirnen. Spontane Impulse in Schach zu halten und sich eine bessere Zukunft auszumalen, benötigt beachtliche geistige Ressourcen. Ganz allgemein kann ein Tier umso beharrlicher und vorausschauender sein, je größer sein Schädelvolumen ist, wie der amerikanische Anthropologe Evan MacLean durch Vergleich verschiedener Arten nachwies. (MacLean u. a. 2014)
11 Prüfer u. a. 2012.
12 Schick u. a. 1999; Toth, Schick und Semaw 2006; Savage-Rumbaugh, Toth und Schick 2007.
13 Stout 2010.
14 Lombao, Guardiola und Mosquera 2017.
15 Tomasello u. a. 1997; Hobaiter und Byrne 2011.
16 Arbib 2012.
17 Schenker u. a. 2010.
18 Henrich und Tennie 2017.

2 Explosion der Schaffenskraft

1 Diese Zahl ist optimistisch geschätzt. Als europäische Pioniere im späten 18. Jahrhundert nach Tasmanien vordrangen, trafen sie dort auf eine Bevölkerung von Jägern und Sammlern, die nur zwei Dutzend verschiedene Gegenstände gebrauchten. (Henrich 2017)
2 Keeley 1993.
3 Kimbel und Villmoare 2016. Für die Varianten des *Homo erectus* sind verschiedene Bezeichnungen üblich. Die frühen Vertreter werden häufig als *Homo ergaster* bezeichnet, spätere Vertreter vor allem in Europa als

Homo heidelbergensis. Die Abgrenzung zwischen *Homo erectus, Homo ergaster* und *Homo heidelbergensis* ist umstritten. Es handelt sich nicht um Arten im eigentlichen biologischen Sinne, vergleiche die Ausführungen zu *Homo sapiens* und Neandertaler in diesem und im folgenden Kapitel. Die Einteilung erfolgt vielmehr nach dem Alter und der Herkunft der jeweiligen Fossilien. Man spricht von einer sogenannten Chronospezies. Weil die Einteilung nach Chronospezies willkürlich ist, verzichtet dieses Buch darauf. *Homo erectus, Homo ergaster* und *Homo heidelbergensis* werden unter dem Begriff *Homo erectus* zusammengefasst.

4 Lorblanchet 2017.

5 Roebroeks u. a. 2012.

6 Kozowyk u. a. 2017.

7 Klein 2009.

8 Hrvoj-Mihic u. a. 2013.

9 Semendeferi u. a. 2001.

10 Damasio 2010.

11 Wann genau Areal 10 seine heutige Größe annahm, ist unklar. Allerdings zeigt sich die Ausdehnung schon in einer ausgestorbenen Art kleinwüchsiger Menschen, deren Knochen bisher nur auf der indonesischen Insel Flores aufgetaucht sind. Nun sind der Zwergmensch von Flores und wir nur über den gemeinsamen Vorfahren *Homo erectus* miteinander verwandt. So lässt sich vermuten, dass schon *Homo erectus* vor 350 000 Jahren ein Gehirn hatte, das ihm erlaubte, in weiten Assoziationen zu denken. (Falk u. a. 2005)

12 Mcbrearty und Brooks 2000.

13 Mcbrearty und Brooks 2000; Henshilwood u. a. 2001.

14 Conard, Malina, und Münzel 2009.

15 Hublin 2014.

16 Ingman u. a. 2000.

17 Klein 2009.

18 Krause u. a. 2007.

19 Abraham 2002.

20 Max-Planck-Gesellschaft, Pressemitteilung 2013.

21 Platon, Ion 533c-534e.

3 Das kollektive Gehirn

1 Henrich 2017.
2 Diese Auffassung ist auch in der Fachliteratur verbreitet. Siehe zum Beispiel Hadamard 1996; Koestler 1964.
3 Wolf 1996.
4 Paczkowski 2010.
5 Übersetzung von Christa Schuenke.
6 Stukeley 1936.
7 https://www.bis.org/publ/otc_hy1905.htm abgerufen am 29. Oktober 2019.
8 Henrich 2017.
9 Winawer u. a. 2007.
10 Berlin und Kay 1991; Kay und Regier 2006.
11 Majid u. a. 2004. Der kanadische Musikwissenschaftler Colin McPhee berichtete von Tanzunterricht bei einem Stammesvolk auf Bali: Die Anweisungen lauteten beispielsweise, den östlichen Fuß nordwärts zu setzen und mit der westlichen Hand eine Geste nach Süden zu machen. (Deutscher 2010)
12 Kline und Boyd 2010.
13 Bromham u. a. 2015.
14 Collard u. a. 2013.
15 Bettencourt u. a. 2007; Carlino, Chatterjee und Hunt 2007.

4 Die Macht der Zeichen

1 James 1975.
2 Seit ihrer Entdeckung im Jahr 1994 wurden die rund 34 000 Jahre alten Malereien der Chauvet-Höhle als die frühesten der Geschichte angesehen. Im Jahr 2012 allerdings datierten Dirk Hoffmann und Alistair Pike einen kreisförmigen roten Farbauftrag in der Castillo-Höhle, die der Pasiega-Höhle benachbart ist, auf ein Alter von 40 000 Jahren. Im Jahr 2014 machten australische Archäologen Felszeichnungen in Höhlen der indonesischen Insel Sulawesi bekannt. Die Darstellungen von Rindern und Hirschebern und die Umrisse menschlicher Hände stammen ebenfalls aus einer

Zeit von vor 40 000 Jahren. (Pike u. a. 2012; Kinsley und Dosseto 2014)
3 Zilhão 2006.
4 Villa u. a. 2015.
5 Cassirer 1923.
6 Dehaene u. a. 2015.
7 Skeide u. a. 2017.
8 Boysen u. a. 1996.
9 Thompson, Oden und Boysen 1997.
10 Clark und Chalmers 1998.
11 Feynman und Weiner 1973.
12 Indem sich eines der u-Quarks, aus denen das Proton aufgebaut ist, in ein d-Quark verwandelt. Dies geschieht durch Streuung eines Elektrons (e-), unter Wirkung eines W+ Bosons das in ein Elektronen-Neutrino (νe) übergeht. Die Pfeilspitzen geben die Zeitrichtung an.
13 Aiken 1998.
14 Powell, Shennan und Thomas 2009.
15 Lorblanchet 2017.

5 Sehen ist erfinden

1 Meller und Michel 2018.
2 Selbst die Herkunft der Metalle konnten die Chemiker bestimmen. Das Gold und das Zinn, aus dem die Bronze bestand, waren aus dem fernen Cornwall eingeführt worden. (Ehser, Borg und Pernicka 2011)
3 Erschienen die Plejaden in Konjunktion zu einer Mondsichel von genau der Gestalt, wie sie auf der Scheibe dargestellt ist, am Himmel, dann zeigte dies eine Abweichung von Sonnen- und Mondjahr an, die durch einen Schaltmonat auszugleichen war. (Hansen und Rink 2008)
4 Hershenson 2013.
5 Murray, Boyaci und Kersten 2006.
6 Weidner u. a. 2014.
7 Oft erscheint der aufgehende Vollmond nicht nur übergroß, sondern zugleich unwirklich nah. Doch andererseits hat die Sehrinde die am Horizont leuchtende Scheibe gerade aufgrund ihrer vermuteten großen Entfernung vergrößert. Warum wir diese Entfernung nicht

wahrnehmen können, ist eine bis heute offene Frage. Wahrscheinlich liegt es daran, dass der Mond uns vertraut ist. Die Jülicher Messungen deuten auf komplizierte Vorgänge hin: Hat die Sehrinde den Lupeneffekt erst einmal erzeugt, bemerken andere Instanzen im Gehirn, dass der Mond nun größer erscheint, als wir ihn vom Nachthimmel erinnern. Um uns diese Irritation zu ersparen, wird der gefühlte Abstand in einem zweiten Schritt korrigiert: Wir sehen den Mond dann so nahe, wie es seiner wahrgenommenen Größe entspricht. Auch ist ungeklärt, warum Piloten in Düsenjets von riesigen Monden am Abendhimmel berichten, obwohl sich aus einem Flugzeug in zehn Kilometern über der Erde gar kein Anhaltspunkt für die Entfernung zum Horizont bietet, und warum wir den aufgehenden Mond viel kleiner wahrnehmen, wenn wir ihn mit nach vorne hängendem Kopf durch die gespreizten Beine betrachten.

8 Die zugrundeliegende Theorie der Gehirnfunktion ist als »predictive coding« bekannt. (Friston 2018; Huang und Rao 2011; Knill und Pouget 2004)

9 Raichle 2010.

10 Norris 2013; Grainger, Dufau und Ziegler 2016.

11 Lee und Nguyen 2001.

12 Diana Deutsch, persönliche Mitteilung an den Autor.

13 In der Spieltheorie, oft auch in der künstlichen Intelligenz, wird der Möglichkeitsraum üblicherweise als »Zustandsraum« bezeichnet.

14 Ahissar und Hochstein 2004.

6 Geistesblitze

1 Cicero, De re publica.

2 Dasen 1972; De Lemos 1969; Owens und Kaleva 2008.

3 So schreibt Platon in seinem siebenten Brief, 341c.

4 Jahn 1858.

5 Poincaré 1908; Hadamard 1945.

6 Jung-Beeman u. a. 2004; Kounios u. a. 2006; Kounios und Beeman 2014.

7 Stanovich 1999; Raichle und Snyder 2007; Raichle 2010.

8 Nielsen u. a. 2013.

9 Diese Hirnregion wird als dorsolateraler präfrontaler Kortex (DLPFC) bezeichnet.
10 Nakano u. a. 2012.
11 Raichle 2010.
12 Marron u. a. 2018.
13 Dijksterhuis und Meurs 2006; Baird u. a. 2012.
14 Liu u. a. 2012; Jung 2013; Benedek und Jauk 2018.
15 Beaty u. a. 2018,
16 Beaty u. a. 2018.
17 Petri u. a. 2014.
18 Li u. a. 2017.
19 Beaty, Seli und Schacter 2019.

7 Schwarz auf weiß

1 Burckhardt 1860; Burke 1998; Burke 2014; Debus 1978; Hall 1962; Grafton, Shelford und Siraisi 1992.
2 Febvre und Martin 1958; Dittmar 2011.
3 Zitiert nach Febvre und Martin 1958.
4 Tatarkiewicz 1980.
5 Dobrzycki und Hajdukiewicz 1969.
6 Kopernikus, Hamel und Posch 2015.

8 Reise durch den Möglichkeitsraum

1 Zermelo 1913.
2 Dies ist die sogenannte Entscheidungsbaum-Komplexität des Spiels.
3 Boden 2004.
4 Joseph Haydn gab der klassischen Musik nach Bach ihre Konzepte, aber Wolfgang Amadeus Mozart finden Klassikliebhaber göttlich. Niemand würde Mozarts Kreativität bestreiten, allerdings folgt seine Musik den Prinzipien, die Haydn erfand; Mozart erkannte seine Schuld gegenüber dem Kollegen und Freund auch öffentlich an. Die frühen Beatles-Songs klingen wie von Buddy Holly; Paul McCartney erklärte sogar, ihre ersten 40 Lieder hätten die Beatles unter dem Einfluss des 1959 bei

einem Flugzeugabsturz verunglückten Rock 'n' Rollers geschrieben. Heute ist Buddy Holly nur noch Kennern der Popgeschichte ein Begriff, die Beatles-Songs hingegen sind Volkslieder geworden.

5 Rawson 1983.

6 Man könnte auch eine ganze Geschichte der explorativen Kreativität in der Musik schreiben.

7 Pariser Handschriften BN 2037 22v.

9 Wie man die Welt aus den Angeln hebt

1 Boden 2004.

2 Naumann 2012.

3 Arnason 1986.

4 Gammel 2003; Hustvedt 2019.

10 Adas Vermächtnis

1 Turney 1972.

2 Toole 1998.

3 Erst Jahrzehnte nach Adas Tod sollte Charles Babbage einen kleinen Prototyp der analytischen Maschine anfertigen lassen. So erfuhr Ada nie, dass ihr Programm tatsächlich funktionierte. Heutige Computer berechnen die Bernoulli-Zahlen nach dem von ihr erdachten Prinzip.

4 Um die Vorgänge im Nervensystem untersuchen zu können, ließ Ada Lovelace sich von einem Ingenieur beibringen, wie man mit Elektrizität experimentiert. (Woolley 1999; Wolfram 2015)

5 Green 2001.

6 Burhan u. a. 2018.

7 Salk Institute 2016.

8 Kurzweil 1999.

9 Turing 1936.

10 Zu den Voraussetzungen gehört in Turings ursprünglichem Beweis ein unendlich langes Papierband, also unendliche Speicherkapazität. Man kann zeigen, dass reale Maschinen mit endlichem Speicher auf analoge Weise einander äquivalent sind.

11 Turing 1950.
12 Wittgenstein 1984.
13 Turing 1992.
14 Vorschläge dazu hat Roger Penrose gemacht. (Penrose 1991)
15 Silver 2018.
16 Christie's 2018.
17 Jones 2016; Jones 2018.
18 Klein 2002; Damasio 2004; Damasio 2017.

11 Wie wir die Welt verändern

1 Baudelaire 2012.
2 Sandom u. a. 2014.
3 Bar-On, Phillips und Milo 2018.
4 Brondizio u. a. 2019.
5 Bradshaw und Saltré 2019.
6 Bar-On, Phillips und Milo 2018.
7 Könnten Pflanzen nicht aus Sonnenlicht neue Biomasse aufbauen, wäre die Erde in drei Jahrzehnten vollständig verwüstet. (Burgess und Gaines 2018)
8 Haberl u. a. 2007.
9 Fleming, Thomas und Dolan 2010.
10 Einen guten Überblick geben Gopnik u. a. 2017.
11 Owens und Hofferth 2001; Burdette und Whitaker 2005; Hofferth 2009.
12 Gardner 2011.
13 Die entsprechende Wahrscheinlichkeit, dass ein Mitglied einer nationalen Wissenschaftsakademie sich zugleich als Künstler betätigt, ist dreimal höher als im Durchschnitt der Bevölkerung. (Root-Bernstein u. a. 2008)
14 Feynman, Leighton und Sands 2011.

Bibliographie

Abraham, Carolyn. 2002. *Possessing Genius: The Bizarre Odyssey of Einstein's Brain.* 1. Aufl. New York: St. Martin's Press.

Ahissar, Merav, und Shaul Hochstein. 2004. »The reverse hierarchy theory of visual perceptual learning«. *TRENDS in Cognitive Sciences* 8 (10): 458.

Aiken, Nancy E. 1998. *The Biological Origins of Art.* Westport, Conn: Praeger.

Arbib, Michael A. 2012. *How the Brain Got Language: The Mirror System Hypothesis.* 1. Aufl. New York: Oxford University Press.

Arnason, H. Harvard. 1986. *History of Modern Art: Painting, Sculpture, Architecture, Photography.* 3rd Rev & Up Auflage. New York: Harry N. Abrams, Inc.

Baird, Benjamin, Jonathan Smallwood, Michael D. Mrazek, Julia W. Y. Kam, Michael S. Franklin, und Jonathan W. Schooler. 2012. »Inspired by Distraction: Mind Wandering Facilitates Creative Incubation«. *Psychological Science* 23 (10): 1117–22. https://doi.org/10.1177/0956797612446024.

Baudelaire, Charles. 2012. *Écrits sur l'art.* Le Livre de Poche.

Beaty, Roger E., Paul Seli, und Daniel L. Schacter. 2019. »Network Neuroscience of Creative Cognition: Mapping Cognitive Mechanisms and Individual Differences in the Creative Brain«. *Current Opinion in Behavioral Sciences* 27 (Juni): 22–30. https://doi.org/10.1016/j.cobeha.2018.08.013.

Beaty, Roger E., Yoed N. Kenett, Alexander P. Christensen, Monica D. Rosenberg, Mathias Benedek, Qunlin Chen, Andreas Fink, u. a. 2018. »Robust Prediction of Individual Creative Ability from Brain Functional Connectivity«. *Proceedings of the National Academy of Sciences* 115 (5): 1087–92. https://doi.org/10.1073/pnas.1713532115.

Benedek, Mathias, und Emanuel Jauk. 2018. »Spontaneous and Controlled Processes in Creative Cognition«. In *The Oxford Handbook of Spontaneous Thought: Mind-Wandering, Creativity, and Dreaming*, herausgegeben von Kalina Christoff und Kieran C. R. Fox. Bd. 1. Oxford University Press. https://doi.org/10.1093/oxfordhb/9780190464745.013.22.

Berlin, Brent, und Paul Kay. 1991. *Basic Color Terms: Their Universality and Evolution*. University of California Press.

Bettencourt, Luís M. A., José Lobo, Dirk Helbing, Christian Kühnert, und Geoffrey B. West. 2007. »Growth, Innovation, Scaling, and the Pace of Life in Cities«. *Proceedings of the National Academy of Sciences* 104 (17): 7301–6. https://doi.org/10.1073/pnas.0610172104.

Boden, Margaret A. 2004. *The Creative Mind: Myths and Mechanisms*. London; New York: Routledge. http://public.eblib.com/choice/publicfullrecord.aspx?p=182590.

Boysen, S. T., G. G. Berntson, M. B. Hannan, und J. T. Cacioppo. 1996. »Quantity-Based Interference and Symbolic Representations in Chimpanzees (Pan Troglodytes)«. *Journal of Experimental Psychology: Animal Behavior Processes* 22: 76–86.

Bradshaw, Corey J. A., und Frédérik Saltré. 2019. »What Is a ›mass Extinction‹ and Are We in One Now?« The Conversation. 2019. http://theconversation.com/what-is-a-mass-extinction-and-are-we-in-one-now-122535.

Bromham, Lindell, Xia Hua, Thomas G. Fitzpatrick, und Simon J. Greenhill. 2015. »Rate of Language Evolution Is Affected by Population Size«. *Proceedings of the National Academy of Sciences* 112 (7): 2097–2102. https://doi.org/10.1073/pnas.1419704112.

Brondizio, E. S., J. Settele, S. Brondizio, und H. T. Ngo. 2019. »Global assessment report on biodiversity and ecosystem services of the Intergovernmental Science-Policy Platform on Biodiversity and Ecosystem Services.« Bonn: IPBES. https://ipbes.net/global-assessment.

Burckhardt, Jacob. 1860. *Die Kultur der Renaissance in Italien*, Basel.

Burdette, Hillary L., und Robert C. Whitaker. 2005. »Resurrecting Free Play in Young Children: Looking Beyond Fitness and Fatness to Attention, Affiliation, and Affect«. *Archives of Pediatrics & Adolescent Medicine* 159 (1): 46. https://doi.org/10.1001/archpedi.159.1.46.

Burgess, Matthew G., und Steven D. Gaines. 2018. »The Scale of Life and Its Lessons for Humanity«. *Proceedings of the National Academy of Sciences* 115 (25): 6328–30. https://doi.org/10.1073/pnas.1807019115.
Burhan, Muhammad, Rana Asif Rehman, Byung-Seo Kim, und Bilal Khan. 2018. »IoT Elements, Layered Architectures and Security Issues: A Comprehensive Survey«. *Sensors* 18 (August). https://doi.org/10.3390/s18092796.
Burke, Peter. 1998. *European Renaissance: Centers and Peripheries.* Oxford, UK; Malden, Mass: Blackwell Publishers.
—. 2014. *Papier und Marktgeschrei: Die Geburt der Wissensgesellschaft.* Übersetzt von Matthias Wolf. Berlin: Wagenbach.

Carlino, Gerald A., Satyajit Chatterjee, und Robert M. Hunt. 2007. »Urban Density and the Rate of Invention«. *Journal of Urban Economics* 61 (3): 389–419. https://doi.org/10.1016/j.jue.2006.08.003.
Cassirer, Ernst. 1923. *Philosophie der symbolischen Formen.* Berlin. http://archive.org/details/philosophieders00cass.
Christie's. 2018. »Is Artificial Intelligence Set to Become Art's next Medium? | Christie's«. 2018. https://www.christies.com/features/A-collaboration-between-two-artists-one-human-one-a-machine-9332-1.aspx.
Clark, Andy, und David Chalmers. 1998. »The Extended Mind«. *Analysis,* 10–23.
Collard, Mark, April Ruttle, Briggs Buchanan, und Michael J. O'Brien. 2013. »Population Size and Cultural Evolution in Nonindustrial Food-Producing Societies«. *PLoS ONE* 8 (9). https://doi.org/10.1371/journal.pone.0072628.
Conard, Nicholas J., Maria Malina, und Susanne C. Münzel. 2009. »New Flutes Document the Earliest Musical Tradition in Southwestern Germany«. *Nature* 460 (7256): 737–40. https://doi.org/10.1038/nature08169.

Damasio, Antonio R. 2004. *Descartes' Irrtum: Fühlen, Denken und das menschliche Gehirn.* 1. Aufl. München: List Taschenbuch.
Damasio, Antonio R. 2017. *Im Anfang war das Gefühl.* München.
Damasio, Antonio. 2010. »The Frontal Lobes«. In *Clinical Neuropsychology,* herausgegeben von MD Kenneth M. Heilman und Edward Valenstein MD. Oxford University Press.

Dasen, Pierre R. 1972. »Cross-cultural Piagetian research: A summary«. *Journal of cross-cultural Psychology* 3 (1): 23–40.
De Lemos, Marion M. 1969. »The development of conservation in Aboriginal children«. *International Journal of Psychology* 4 (4): 255–269.
Debus, Allen G. 1978. *Man and Nature in the Renaissance*. Cambridge University Press.
Dehaene, Stanislas, Laurent Cohen, José Morais, und Régine Kolinsky. 2015. »Illiterate to Literate: Behavioural and Cerebral Changes Induced by Reading Acquisition«. *Nature Reviews Neuroscience* 16 (4): 234–44. https://doi.org/10.1038/nrn3924.
Deutscher, Guy. 2010. »Does Your Language Shape How You Think?« *The New York Times*, 26. August 2010, Abschn. Magazine. https://www.nytimes.com/2010/08/29/magazine/29language-t.html.
Dijksterhuis, Ap, und Teun Meurs. 2006. »Where Creativity Resides: The Generative Power of Unconscious Thought«. *Consciousness and Cognition* 15 (1): 135–46. https://doi.org/10.1016/j.concog.2005.04.007.
Dittmar, Jeremiah E. 2011. »Information Technology and Economic Change: The Impact of The Printing Press«. *The Quarterly Journal of Economics* 126 (3): 1133–72. https://doi.org/10.1093/qje/qjr035.
Dobrzycki, Jerzy, und Leszek Hajdukiewicz. 1969. »Kopernik, Mikolaj«. In *Polish Biographical Dictionary*, 3–16. Wrocław: Polish Academy of Sciences.

Ehser, Anja, Gregor Borg, und Ernst Pernicka. 2011. »Provenance of the Gold of the Early Bronze Age Nebra Sky Disk, Central Germany: Geochemical Characterization of Natural Gold from Cornwall«. *European Journal of Mineralogy* (Dezember): 895–910. https://doi.org/10.1127/0935-1221/2011/0023-2140.

Falk, Dean, Charles Hildebolt, Kirk Smith, M. J. Morwood, Thomas Sutikna, Peter Brown, Jatmiko, E. Wayhu Saptomo, Barry Brunsden, und Fred Prior. 2005. »The Brain of LB1, Homo Floresiensis«. *Science* 308 (5719): 242–45. https://doi.org/10.1126/science.1109727.
Febvre, Lucien, und Henri-Jean Martin. 1958. *L'apparition du livre*. Paris: Michel.
Feynman, Richard P., Robert B. Leighton, und Matthew L. Sands. 1964. *The Feynman Lectures on Physics. Volume 1*. San Francisco, Calif.; Harlow: Addison-Wesley.

Feynman, Richard P., und Charles Weiner. 1973. »Oral Histories Interview, Session V«. 4. Februar 1973. https://www.aip.org/history-programs/niels-bohr-library/oral-histories/5020-5.

Fleming, Stephen M., Charlotte L. Thomas, und Raymond J. Dolan. 2010. »Overcoming Status Quo Bias in the Human Brain«. *Proceedings of the National Academy of Sciences* 107 (13): 6005–9. https://doi.org/10.1073/pnas.0910380107.

Friston, Karl. 2018. »Does Predictive Coding Have a Future?« *Nature Neuroscience* 21 (8): 1019–21. https://doi.org/10.1038/s41593-018-0200-7.

Gammel, Irene. 2003. *Baroness Elsa: Gender, Dada, and Everyday Modernity – A Cultural Biography*. MIT Press.

Gardner, Howard. 2011. *Creating Minds: An Anatomy of Creativity as Seen Through the Lives of Freud, Einstein, Picasso, Stravinsky, Eliot, G.* New York: Basic Books. http://public.eblib.com/choice/publicfullrecord.aspx?p=829608.

Goodall, Jane. 2000. *In the shadow of man*. Boston; New York: Houghton Mifflin Harcourt.

Gopnik, Alison, Shaun O'Grady, Christopher G. Lucas, Thomas L. Griffiths, Adrienne Wente, Sophie Bridgers, Rosie Aboody, Hoki Fung, und Ronald E. Dahl. 2017. »Changes in cognitive flexibility and hypothesis search across human life history from childhood to adolescence to adulthood«. *Proceedings of the National Academy of Sciences* 114 (30): 7892–7899.

Grafton, Anthony, April Shelford, und Nancy Siraisi. 1992. *New Worlds, Ancient Texts: The Power of Tradition and the Shock of Discovery*. Harvard University Press.

Grainger, Jonathan, Stéphane Dufau, und Johannes C. Ziegler. 2016. »A Vision of Reading«. *Trends in Cognitive Sciences* 20 (3): 171–79. https://doi.org/10.1016/j.tics.2015.12.008.

Green, Christopher. 2001. »Charles Babbage, the Analytical Engine, and the Possibili … – Google Scholar«. In *The Transformation of Psychology: Influences of 19th-Century Philosophy, Technology, and Natural Science*, herausgegeben von C. D. Green, M. Shore, und T. Teo. Washington D. C.

Haberl, Helmut, K. Heinz Erb, Fridolin Krausmann, Veronika Gaube, Alberte Bondeau, Christoph Plutzar, Simone Gingrich, Wolfgang Lucht, und Marina Fischer-Kowalski. 2007. »Quantifying and mapping the human appropriation of net primary production in earth's terrestrial ecosystems«. *Proceedings of the National Academy of Sciences* 104 (31): 12942–47.

Hadamard, Jacques. 1945. *An Essay on the Psychology of Invention in the Mathematical Field.* Dover Publications. http://archive.org/details/eassayonthepsych006281mbp.

Hadamard, Jacques. 1996. *The Mathematician's Mind: The Psychology of Invention in the Mathematical Field.* Princeton University Press.

Hall, Marie Boas. 1962. *The Scientific Renaissance: 1450–1630.* New York: Harper.

Hansen, Rahlf, und Christine Rink. 2008. »Himmelsscheibe, Sonnenwagen und Kalenderhüte – ein Versuch zur bronzezeitlichen Astronomie«. *Acta Praehistorica et Archaeologica* 40: 93–126.

Henrich, Joe, und C. Tennie. 2017. »Cultural evolution in chimpanzees and humans«. In: *Chimpanzees and human evolution.* Cambridge: Belknap Press, 645–702.

Henrich, Joseph. 2017. *Secret of Our Success: How Culture Is Driving Human Evolution, Domesticating Our Species, and Making Us Smarter.* New ed. Princeton; Oxford: Princeton Univers. Press.

Henshilwood, Christopher S., Francesco D'errico, Curtis W. Marean, Richard G. Milo, und Royden Yates. 2001. »An Early Bone Tool Industry from the Middle Stone Age at Blombos Cave, South Africa: Implications for the Origins of Modern Human Behaviour, Symbolism and Language«. *Journal of Human Evolution* 41 (6): 631–78. https://doi.org/10.1006/jhev.2001.0515.

Hobaiter, Catherine, und Richard W. Byrne. 2011. »Serial Gesturing by Wild Chimpanzees: Its Nature and Function for Communication«. *Animal Cognition* 14 (6): 827–38. https://doi.org/10.1007/s10071-011-0416-3.

Hofferth, Sandra L. 2009. »Changes in American children's time – 1997 to 2003«. *Electronic international journal of time use research* 6 (1): 26–47.

Hrvoj-Mihic, Branka, Thibault Bienvenu, Lisa Stefanacci, Alysson Renato Muotri, und Katerina Semendeferi. 2013. »Evolution, Development, and Plasticity of the Human Brain: From Molecules to Bones«. *Frontiers in Human Neuroscience* 7. https://doi.org/10.3389/fnhum.2013.00707.

Huang, Yanping, und Rajesh P. N. Rao. 2011. »Predictive Coding«. *Wiley Interdisciplinary Reviews: Cognitive Science* 2 (5): 580–93. https://doi.org/10.1002/wcs.142.

Hublin, Jean-Jacques. 2014. »The modern human colonization of western Eurasia: when and where?« *Quaternary Science Reviews* 30: 1e17.

Hustvedt, Siri. 2019. »When Will the Art World Recognise the Real Artist behind Duchamp's Fountain?« *The Guardian*, 29. März 2019, Abschn. Books. https://www.theguardian.com/books/2019/mar/29/marcel-duchamp-fountain-women-art-history.

Ingman, M., H. Kaessmann, S. Pääbo, und U. Gyllensten. 2000. »Mitochondrial genome variation and the origin of modern humans«. *Nature* 408 (6813): 708–13. https://doi.org/10.1038/35047064.

Jahn, Otto. 1858. *Biographie Mozarts.* Bd. 3. Leipzig: Breitkopf und Härtel. http://www.zeno.org/Musik/M/Jahn,+Otto/W.A.+Mozart/Anhang/Beilagen/21.

James, William. 1975. *Pragmatism.* Harvard University Press. Janko, Marek, Robert W. Stark, und Albert Zink. 2012. »Preservation of 5300 year old red blood cells in the Iceman«. *Journal of The Royal Society Interface* 9 (75): 2581–90. https://doi.org/10.1098/rsif.2012.0174.

Jones, Johnathan. 2018. »Jonathan Jones on Sondra Perry and Ian Cheng at the Serpentine Gallery«. *The Guardian,* 7. März 2018. http://www.theguardian.com/artanddesign/2018/mar/07/sondra-perry-ian-cheng-review-serpentine-gallery-london-technology.

Jones, Jonathan. 2016. »The Digital Rembrandt: A New Way to Mock Art, Made by Fools | Jonathan Jones«. *The Guardian,* 6. April 2016. http://www.theguardian.com/artanddesign/jonathanjonesblog/2016/apr/06/digital-rembrandt-mock-art-fools.

Jung-Beeman, Mark, Edward M. Bowden, Jason Haberman, Jennifer L. Frymiare, Stella Arambel-Liu, Richard Greenblatt, Paul J. Reber, und John Kounios. 2004. »Neural Activity When People Solve Verbal Problems with Insight«. *PLOS Biology* 2 (4): e97. https://doi.org/10.1371/journal.pbio.0020097.

Jung, Rex E. 2013. »The structure of creative cognition in the human brain«. *Frontiers in Human Neuroscience* 7. https://doi.org/10.3389/fnhum.2013.00330.

Kandel, Eric. 2012. *The Age of Insight: The Quest to Understand the Unconscious in Art, Mind, and Brain, from Vienna 1900 to the Present.* Illustrated Edition. New York: Random House.

Kay, Paul, und Terry Regier. 2006. »Language, thought and color: recent developments«. *Trends in cognitive sciences* 10 (2): 51–54.

Keeley, Lawrence H. 1993. »Microwear analysis of lithics«. In: *The Lower Palaeolithic Site at Hoxne, England,* 129–138.

Kimbel, William H., und Brian Villmoare. 2016. »From Australopithecus to Homo: The Transition That Wasn't«. *Philosophical Transactions of the Royal Society B: Biological Sciences* 371 (1698): 20150248. https://doi.org/10.1098/rstb.2015.0248.

Kinsley, L., und A. Dosseto. 2014. »Pleistocene cave art from Sulawesi, Indonesia«. *NATURE* 514: 9.

Kivell, Tracy L. 2015. »Evidence in Hand: Recent Discoveries and the Early Evolution of Human Manual Manipulation«. *Philosophical Transactions of the Royal Society B: Biological Sciences* 370 (1682): 20150105. https://doi.org/10.1098/rstb.2015.0105.

Klein, Richard G. 2009. *The Human Career: Human Biological and Cultural Origins.* 3 Revised edition. Chicago: The University of Chicago Press.

Klein, Stefan. 2002. *Die Glücksformel. Oder wie die guten Gefühle entstehen.* 12. Aufl. Reinbek: Rowohlt.

Kline, M.A., und R. Boyd. 2010. »Population Size Predicts Technological Complexity in Oceania«. *Proceedings of the Royal Society B: Biological Sciences* 277 (1693): 2559–64. https://doi.org/10.1098/rspb.2010.0452.

Knill, David C., und Alexandre Pouget. 2004. »The Bayesian Brain: The Role of Uncertainty in Neural Coding and Computation«. *Trends in Neurosciences* 27 (12): 712–19. https://doi.org/10.1016/j.tins.2004.10.007.

Koestler, Arthur. 1964. *The Act of Creation.* London: Last Century Media.

Kopernikus, Nikolaus, Jürgen Hamel, und Thomas Posch. 2015. *Über die Umschwünge der himmlischen Kreise.*

Kounios, John, Jennifer L. Frymiare, Edward M. Bowden, Jessica I. Fleck, Karuna Subramaniam, Todd B. Parrish, und Mark Jung-Beeman. 2006. »The Prepared Mind: Neural Activity Prior to Problem

Presentation Predicts Subsequent Solution by Sudden Insight«. *Psychological Science* 17 (10): 882–90. https://doi.org/10.1111/j.1467-9280.2006.01798.x.

Kounios, John, und Mark Beeman. 2014. »The Cognitive Neuroscience of Insight«. *Annual Review of Psychology* 65 (1): 71–93. https://doi.org/10.1146/annurev-psych-010213-115154.

Kozowyk, P. R. B., M. Soressi, D. Pomstra, und G. H. J. Langejans. 2017. »Experimental Methods for the Palaeolithic Dry Distillation of Birch Bark: Implications for the Origin and Development of Neandertal Adhesive Technology«. *Scientific Reports* 7 (1): 1–9. https://doi.org/10.1038/s41598-017-08106-7.

Krause, Johannes, Carles Lalueza-Fox, Ludovic Orlando, Wolfgang Enard, Richard E. Green, Hernán A. Burbano, Jean-Jacques Hublin, u. a. 2007. »The Derived FOXP2 Variant of Modern Humans Was Shared with Neandertals«. *Current Biology* 17 (21): 1908–12. https://doi.org/10.1016/j.cub.2007.10.008.

Kurzweil, Ray. 1999. *The Age of Spiritual Machines*. London: Phoenix.

Lee, Tai Sing, und My Nguyen. 2001. »Dynamics of Subjective Contour Formation in the Early Visual Cortex«. *Proceedings of the National Academy of Sciences* 98 (4): 1907–11. https://doi.org/10.1073/pnas.98.4.1907.

Li, Junchao, Delong Zhang, Aiying Liang, Bishan Liang, Zengjian Wang, Yuxuan Cai, Mengxia Gao, Zhenni Gao, Song Chang, und Bingqing Jiao. 2017. »High transition frequencies of dynamic functional connectivity states in the creative brain«. *Scientific reports* 7: 46072.

Liu, Siyuan, Ho Ming Chow, Yisheng Xu, Michael G. Erkkinen, Katherine E. Swett, Michael W. Eagle, Daniel A. Rizik-Baer, und Allen R. Braun. 2012. »Neural Correlates of Lyrical Improvisation: An fMRI Study of Freestyle Rap«. *Scientific reports* 2 (834): 1.

Lombao, D., M. Guardiola, und M. Mosquera. 2017. »Teaching to Make Stone Tools: New Experimental Evidence Supporting a Technological Hypothesis for the Origins of Language«. *Scientific Reports* 7 (1): 14394. https://doi.org/10.1038/s41598-017-14322-y.

Lorblanchet, Michel. 2017. *The First Artists: In Search of the World's Oldest Art*. 1 Aufl. New York, NY: Thames & Hudson.

MacLean, E. L., B. Hare, C. L. Nunn, E. Addessi, F. Amici, R. C. Anderson, F. Aureli, u. a. 2014. »The Evolution of Self-Control«. *Proceedings of the National Academy of Sciences* 111 (20): E2140–48. https://doi.org/10.1073/pnas.1323533111.

Majid, Asifa, Melissa Bowerman, Sotaro Kita, Daniel B. M. Haun, und Stephen C. Levinson. 2004. »Can Language Restructure Cognition? The Case for Space«. *Trends in Cognitive Sciences* 8 (3): 108–14. https://doi.org/10.1016/j.tics.2004.01.003.

Marron, Tali R., Yulia Lerner, Ety Berant, Sivan Kinreich, Irit Shapira-Lichter, Talma Hendler, und Miriam Faust. 2018. »Chain Free Association, Creativity, and the Default Mode Network«. *Neuropsychologia, The neural bases of creativity and intelligence: common grounds and differences,* 118 (September): 40–58. https://doi.org/10.1016/j.neuropsychologia.2018.03.018.

Max-Planck-Gesellschaft. 2013. »Wahre Identität des Gauß-Gehirns aufgeklärt (Pressemitteilung)«. 28. Oktober 2013. https://www.mpg.de/7585895/gehirn_gauss.

Mcbrearty, Sally, und Alison S. Brooks. 2000. »The Revolution That Wasn't: A New Interpretation of the Origin of Modern Human Behavior«. *Journal of Human Evolution* 39 (5): 453–563. https://doi.org/10.1006/jhev.2000.0435.

Meller, Harald, und Kai Michel. 2018. *Die Himmelsscheibe von Nebra: Der Schlüssel zu einer untergegangenen Kultur im Herzen Europas.* Berlin: Propyläen Verlag.

Morgan, T. J. H., N. T. Uomini, L. E. Rendell, L. Chouinard-Thuly, S. E. Street, H. M. Lewis, C. P. Cross, u. a. 2015. »Experimental Evidence for the Co-Evolution of Hominin Tool-Making Teaching and Language«. *Nature Communications* 6 (1): 6029. https://doi.org/10.1038/ncomms7029.

Nakano, Tamami, Makoto Kato, Yusuke Morito, Seishi Itoi, und Shigeru Kitazawa. 2012. »Blink-Related Momentary Activation of the Default Mode Network While Viewing Videos«. *Proceedings of the National Academy of Sciences*, Dezember. https://doi.org/10.1073/pnas.1214804110.

Naumann, Francis M. 2012. *The recurrent, haunting ghost: Essays on the art, life and legacy of Marcel Duchamp.* Readymade Press.

Nielsen, Jared A., Brandon A. Zielinski, Michael A. Ferguson, Janet E. Lainhart, und Jeffrey S. Anderson. 2013. »An Evaluation of the Left-Brain vs. Right-Brain Hypothesis with Resting State Functional Connectivity Magnetic Resonance Imaging«. *PLOS ONE* 8 (8): e71275. https://doi.org/10.1371/journal.pone.0071275.

Norris, Dennis. 2013. »Models of Visual Word Recognition«. *Trends in Cognitive Sciences* 17 (10): 517–24. https://doi.org/10.1016/j.tics.2013.08.003.

Owens, Kay, und Wilfred Kaleva. 2008. »Indigenous Papua New Guinea knowledges related to volume and mass«. In *International Congress on Mathematics Education, Discussion Group*. Bd. 11.

Owens, Timothy J., und Sandra L. Hofferth. 2001. *Children at the Millennium: Where Have We Come From? Where Are We Going?* Elsevier.

Paczkowski, John. 2010. »D8 Video: Steve Jobs on the Origins of the IPad«. *AllThingsD* (blog). 1. Juni 2010. http://allthingsd.com/20100601/d8-video-steve-jobs-on-the-origins-of-the-ipad/.

Penrose, Roger. 1991. *Computerdenken des Kaisers neue Kleider oder die Debatte um künstliche Intelligenz, Bewusstsein und die Gesetze der Physik.*

Petri, G., P. Expert, F. Turkheimer, R. Carhart-Harris, D. Nutt, P. J. Hellyer, und F. Vaccarino. 2014. »Homological scaffolds of brain functional networks«. *Journal of The Royal Society Interface* 11 (101): 20140873. https://doi.org/10.1098/rsif.2014.0873.

Pike, A. W. G., D. L. Hoffmann, Marcos García-Diez, Paul Pettitt, José Javier González, Rodrigo De Balbin-Behrmann, C. González-Sainz, u. a. 2012. *U-Series Dating of Paleolithic Art in 11 Caves in Spain*. Bd. 336. https://doi.org/10.1126/science.1219957.

Poincaré, Henri. 1908. *Science et méthode*. Paris: E. Flammarion. http://archive.org/details/scienceetmthod00poin.

Powell, Adam, Stephen Shennan, und Mark G. Thomas. 2009. »Late Pleistocene Demography and the Appearance of Modern Human Behavior«. *Science* 324 (5932): 1298–1301. https://doi.org/10.1126/science.1170165.

Pruetz, Jill D., P. Bertolani, K. Boyer Ontl, S. Lindshield, M. Shelley und

E. G. Wessling. 2015. »New evidence on the tool-assisted hunting exhibited by chimpanzees (Pan troglodytes verus) in a savannah habitat at Fongoli, Sénégal«. *Royal Society Open Science* 2 (4): 140507. https://doi.org/10.1098/rsos.140507.

Pruetz, Jill D., und Paco Bertolani. 2007. »Savanna Chimpanzees, Pan Troglodytes Verus, Hunt with Tools«. *Current Biology* 17 (5): 412–17. https://doi.org/10.1016/j.cub.2006.12.042.

Prüfer, Kay, Kasper Munch, Ines Hellmann, Keiko Akagi, Jason R. Miller, Brian Walenz, Sergey Koren, u. a. 2012. »The Bonobo Genome Compared with the Chimpanzee and Human Genomes«. *Nature* 486 (7404): 527–31. https://doi.org/10.1038/nature11128.

Raichle, Marcus E. 2010. »Two views of brain function«. *Trends in Cognitive Sciences* 14 (4): 180–90. https://doi.org/10.1016/j.tics.2010.01.008.

Raichle, Marcus E., und Abraham Z. Snyder. 2007. »A default mode of brain function: A brief history of an evolving idea«. *NeuroImage* 37 (4): 1083–90. https://doi.org/10.1016/j.neuroimage.2007.02.041.

Raichle, Marcus. 2010. »The brain's dark energy«. *Scientific American* 302 (3): 44–49.

Rawson, Philip. 1983. *The Art of Drawing*. London: Macdonald.

Roche, Hélène. 2016. »Stones That Could Cause Ripples«. *Nature* 539 (7627): 34–35. https://doi.org/10.1038/nature19484.

Roebroeks, W., M. J. Sier, T. K. Nielsen, D. De Loecker, J. M. Pares, C. E. S. Arps, und H. J. Mucher. 2012. »Use of Red Ochre by Early Neandertals«. *Proceedings of the National Academy of Sciences* 109 (6): 1889–94. https://doi.org/10.1073/pnas.1112261109.

Root-Bernstein, Robert, Lindsay Allen, Leighanna Beach, Ragini Bhadula, Justin Fast, Chelsea Hosey, Benjamin Kremkow, u. a. 2008. »Arts Foster Scientific Success: Avocations of Nobel, National Academy, Royal Society, and Sigma Xi Members«. *Journal of Psychology of Science and Technology* 1 (2): 51–63. https://doi.org/10.1891/1939-7054.1.2.51.

Rosenblatt, Adam E., und Alyssa Johnson. 2020. »An experimental test of crocodilian stick-displaying behavior«. *Ethology Ecology & Evolution* 32 (3): 218–26. https://doi.org/10.1080/03949370.2019.1691057.

Rutz, Christian, Lucas A. Bluff, Nicola Reed, Jolyon Troscianko, Jason Newton, Richard Inger, Alex Kacelnik, und Stuart Bearhop. 2010. »The Ecological Significance of Tool Use in New Caledonian

Crows«. *Science* 329 (5998): 1523–26. https://doi.org/10.1126/science.1192053.

Salk Institute. 2016. »Memory Capacity of Brain Is 10 Times More than Previously Thought«. *Salk Institute for Biological Studies* (blog). 2016. https://www.salk.edu/news-release/memory-capacity-of-brain-is-10-times-more-than-previously-thought/.

Sandom, Christopher, Søren Faurby, Brody Sandel, und Jens-Christian Svenning. 2014. »Global late Quaternary megafauna extinctions linked to humans, not climate change«. *Proceedings of the Royal Society B: Biological Sciences* 281 (1787): 20133254. https://doi.org/10.1098/rspb.2013.3254.

Savage-Rumbaugh, E. S., N. Toth, und K. Schick. 2007. »Kanzi learns to knap stone tools«. In *Primate perspectives on behavior and cognition.* American Psychological Association, Washington, 279–291.

Schenker, Natalie M., William D. Hopkins, Muhammad A. Spocter, Amy R. Garrison, Cheryl D. Stimpson, Joseph M. Erwin, Patrick R. Hof, und Chet C. Sherwood. 2010. »Broca's Area Homologue in Chimpanzees (Pan Troglodytes): Probabilistic Mapping, Asymmetry, and Comparison to Humans«. *Cerebral Cortex* 20 (3): 730–42. https://doi.org/10.1093/cercor/bhp138.

Schick, Kathy D., Nicholas Toth, Gary Garufi, E. Sue Savage-Rumbaugh, Duane Rumbaugh, und Rose Sevcik. 1999. »Continuing Investigations into the Stone Tool-Making and Tool-Using Capabilities of a Bonobo (Pan Paniscus)«. *Journal of Archaeological Science* 26 (7): 821–32. https://doi.org/10.1006/jasc.1998.0350.

Semendeferi, Katerina, Este Armstrong, Axel Schleicher, Karl Zilles, und Gary W. Van Hoesen. 2001. »Prefrontal Cortex in Humans and Apes: A Comparative Study of Area 10«. *American Journal of Physical Anthropology* 114: 224.

Shumaker, Robert W., Kristina R. Walkup, und Benjamin B. Beck. 2011. *Animal Tool Behavior: The Use and Manufacture of Tools by Animals.* JHU Press.

Silver, David. 2018. »AlphaZero: Shedding new light on the grand games of chess, shogi and Go«. *Deepmind* (blog). 2018. https://deepmind.com/blog/article/alphazero-shedding-new-light-grand-games-chess-shogi-and-go.

Skeide, Michael A., Uttam Kumar, Ramesh K. Mishra, Viveka N. Tripathi, Anupam Guleria, Jay P. Singh, Frank Eisner, und Falk Huettig. 2017. »Learning to Read Alters Cortico-Subcortical Cross-Talk in the Visual System of Illiterates«. *Science Advances* 3 (5): e1602612. https://doi.org/10.1126/sciadv.1602612.

Stanovich, Keith E. 1999. *Who Is Rational?* 1. Aufl. Mahwah, N. J.: Routledge.

Stout, Dietrich. 2010. »Possible relations between language and technology in human evolution«. *Stone tools and the evolution of human cognition*, 159–184.

—. 2016. »Tales of a stone age neuroscientist«. *Scientific American* 314 (4): 28–35.

Stukeley, William. 1936. *Memoirs of Sir Isaac Newton's Life… 1752. Being Some Account of His Family and Chiefly of the Junior Part of His Life.* London.

Tatarkiewicz, Władysław. 1980. *A history of six ideas: An essay in aesthetics by Władysław Tatarkiewicz.* The Hague [usw.]: Nijhoff [usw.].

Thompson, Roger K. R., David L. Oden, und Sarah T. Boysen. 1997. »Language-naive chimpanzees (Pan troglodytes) judge relations between relations in a conceptual matching-to-sample task.« *Journal of Experimental Psychology: Animal Behavior Processes* 23 (1): 31.

Tomasello, Michael, Josep Call, Jennifer Warren, G. Thomas Frost, Malinda Carpenter, und Katherine Nagell. 1997. »The Ontogeny of Chimpanzee Gestural Signals: A Comparison Across Groups and Generations«. *Evolution of Communication* 1 (2): 223–59. https://doi.org/10.1075/eoc.1.2.04tom.

Toole, Betty A. (Betty Alexandra). 1998. *Ada, the Enchantress of Numbers.* Mill Valley, Calif.: Strawberry Press; Sausalito, CA: Orders to Critical Connection. http://archive.org/details/adaenchantressof00tool.

Toth, Nicholas, Kathy Schick, und Sileshi Semaw. 2006. »A comparative study of the stone tool-making skills of Pan, Australopithecus, and Homo sapiens«. *The Oldowan: case studies into the earliest Stone Age*, 155–222.

Turing, A. M. 1950. »Computing Machinery and Intelligence«. *Mind* LIX (236): 433–60. https://doi.org/10.1093/mind/LIX.236.433.

—. 1992. »Intelligent Machinery, report for the National Physical

Laboratory, 1948.« In *Collected Works, I: Mechanical Intelligence.* Amsterdam.
Turing, Alan Mathison. 1936. »On computable numbers, with an application to the Entscheidungsproblem«. *J. of Math* 58 (345–363): 5.
Turney, Catherine. 1972. *Byron's Daughter: A Biography of Elizabeth Medora Leigh.* 1. Aufl. New York: Charles Scribner's Sons.

Villa, Paola, Luca Pollarolo, Ilaria Degano, Leila Birolo, Marco Pasero, Cristian Biagioni, Katerina Douka, Roberto Vinciguerra, Jeannette J. Lucejko, und Lyn Wadley. 2015. »A Milk and Ochre Paint Mixture Used 49,000 Years Ago at Sibudu, South Africa«. *PLOS ONE* 10 (6): e0131273. https://doi.org/10.1371/journal.pone.0131273.

Whitehead, Alfred North. 1917. »Technical education and its relation to science and literature«. *The aims of education and other essays,* 66–92.
Winawer, Jonathan, Nathan Witthoft, Michael C. Frank, Lisa Wu, Alex R. Wade, und Lera Boroditsky. 2007. »Russian Blues Reveal Effects of Language on Color Discrimination«. *Proceedings of the National Academy of Sciences* 104 (19): 7780–85. https://doi.org/10.1073/pnas.0701644104.
Wittgenstein, Ludwig. 1984. *Bemerkungen über die Philosophie der Psychologie. Letzte Schriften über die Philosophie der Psychologie. Werkausgabe, Band 7.* 1. Frankfurt am Main: Suhrkamp Verlag.
Wolf, Gary. 1996. »Steve Jobs: The Next Insanely Great Thing«. *Wired,* 1. Februar 1996. https://www.wired.com/1996/02/jobs-2/.
Wolfram, Stephen. 2015. »Untangling the Tale of Ada Lovelace – Stephen Wolfram Writings«. 2015. https://writings.stephenwolfram.com/2015/12/untangling-the-tale-of-ada-lovelace/.
Wong, Sam. 2015. »Did Climate Change Jump-Start Human Evolution in East Africa?« *New Scientist,* April. https://www.newscientist.com/article/mg22830464-200-did-climate-change-jump-start-human-evolution-in-east-africa/.
Woolley, Benjamin. 1999. *The Bride of Science: Romance, Reason and Byron's Daughter.* Macmillan.

Zermelo, Ernst. 1913. »Über eine Anwendung der Mengenlehre auf die Theorie des Schachspiels«. In *Proceedings of the fifth international congress of mathematicians*, 2:501–504. Cambridge University Press Cambridge, UK.

Zilhão, João. 2006. »Genes, Fossils, and Culture. An Overview of the Evidence for Neandertal–Modern Human Interaction and Admixture«. *Proceedings of the Prehistoric Society* 72: 1–20. https://doi.org/10.1017/S0079497X00000761.

Nachweise

Shakespeares Sonett (S. 64):
Shakespeare, William, Shakespeares Sonette, übersetzt von Christa Schuenke, dtv, München 2011. Mit freundlicher Genehmigung von dtv Verlagsgesellschaft mbH & Co. KG

René Magritte, »Der Verrat der Bilder« (S. 81):
VG Bild-Kunst, Bonn 2021

Pablo Picasso, »Les Demoiselles d'Avignon« (S. 188):
Succession Picasso/VG Bild-Kunst, Bonn 2021
Edmond de Belamy (S. 216):
picture alliance/AP Photo | Christies

Personen- und Sachregister